COLLECTION DE TEXTES

POUR SERVIR A L'ÉTUDE ET A L'ENSEIGNEMENT DE L'HISTOIRE

LA

CHRONIQUE DE NANTES

(570 environ-1049)

Publiée avec une introduction et des notes

PAR

RENÉ MERLET

Archiviste d'Eure-et-Loir

PARIS
ALPHONSE PICARD ET FILS, ÉDITEURS
Libraires des Archives nationales et de la Société de l'École des Chartes
82, RUE BONAPARTE, 82

1896

COLLECTION DE TEXTES

POUR SERVIR A L'ÉTUDE ET A L'ENSEIGNEMENT DE L'HISTOIRE

LA
CHRONIQUE DE NANTES

(570 environ -1049)

Publiée avec une introduction et des notes

PAR

RENÉ MERLET

Archiviste d'Eure-et-Loir

PARIS
ALPHONSE PICARD ET FILS, ÉDITEURS
Libraires des Archives nationales et de la Société de l'École des Chartes.
82, RUE BONAPARTE, 82

—

1896

LA
CHRONIQUE DE NANTES

L⁴⁵/₆₀

L19

A

M. A. DE LA BORDERIE

MEMBRE DE L'INSTITUT

HOMMAGE RESPECTUEUX ET RECONNAISSANT

INTRODUCTION

I.

ÉDITIONS ET MANUSCRITS

UTILISÉS POUR RECONSTITUER LA CHRONIQUE DE NANTES.

La *Chronique de Nantes*, source presque unique de nos informations sur l'histoire de Bretagne au x° siècle, n'a été éditée qu'une seule fois, en 1707, par dom Lobineau [1], et encore cette édition n'est-elle que fragmentaire. Il peut paraître étonnant que l'on n'ait pas depuis lors publié intégralement cette chronique ; mais cela s'explique par ce qu'on ne possède plus le manuscrit original où elle était transcrite, et qu'on n'en a point de copie complète. De nos jours, les érudits bretons semblent avoir espéré retrouver ce manuscrit, qui, au siècle dernier, avait échappé aux investigations des Bénédictins, et c'est, je crois, dans l'attente de cette trouvaille, qu'on a négligé de rééditer un texte, dont on s'accorde à reconnaître l'importance. Mais, après les recherches faites de tous côtés, il y a lieu de penser qu'on ne découvrira peut-être jamais ce manuscrit, perdu depuis plusieurs

---

[1]. *Histoire de Bretagne*, t. II, col. 35-49. L'édition de dom Lobineau a été entièrement reproduite par dom Morice, en 1742, dans le tome 1er des *Preuves de l'Histoire de Bretagne* (col. 135-149), et partiellement par dom Bouquet, en 1749 et 1752, dans les tomes VII et VIII du *Recueil des Historiens des Gaules et de la France* (p. 217-221 et 275-278).

siècles : c'est pourquoi je n'ai pas jugé inopportun de tenter à nouveau une œuvre de restitution que l'on a jusqu'à présent hésité à entreprendre.

Dom Lobineau a placé en tête de son édition le titre suivant : *Chronicon Namnetense, restitutum auxilio fragmentorum ejusdem, a Petro Le Baud laudatorum, quae in Chronico Briocensi reperta sunt; et veteris collectionis manuscriptae, quae in ecclesia Namnetensi asservatur.* Pour établir le texte de la *Chronique de Nantes*, dom Lobineau a donc fait usage de trois compilations diverses, où se rencontraient des fragments plus ou moins importants de l'œuvre qu'il se proposait de reconstituer. Ces compilations sont : 1º l'*Histoire de Bretagne* de Pierre Le Baud[1] ; 2º la *Chronique de Saint-Brieuc* ; 3º un *Recueil manuscrit* (*Vetus collectio manuscripta*), alors conservé dans les archives de l'église de Nantes, et sur lequel dom Lobineau ne nous a laissé aucun renseignement précis[2].

De ces ouvrages les deux premiers sont actuellement connus ; quant au troisième, il n'existe plus aujourd'hui, et c'est la disparition de ce *Recueil manuscrit*, qui donne une certaine valeur à l'édition de dom Lobineau. Il est évident, en effet, que les variantes, qui ne se retrouvent ni dans l'*Histoire de Bretagne* de Pierre Le Baud, ni dans la *Chronique de Saint-Brieuc*, proviennent du *Recueil manuscrit de l'église de Nantes*. Je les ai toutes relevées avec soin et les ai publiées en les accompagnant de la lettre D, qui est celle dont je me suis servi pour désigner l'édition de dom Lobineau tout entière : j'ajouterai que ces variantes ont en général peu d'importance.

Dom Lobineau, à ce qu'il semble, aurait pu tirer meilleur parti des sources dont il disposait. S'il est excusable de n'avoir pas utilisé plusieurs manuscrits, qui n'avaient point encore été

---

1. Cette *Histoire* avait été publiée en 1638, à Paris, par d'Hozier en un volume in-folio. C'est de cette édition que dom Lobineau fit usage : mais, comme on le verra par la suite, il existe une autre *Histoire de Bretagne* inédite du même P. Le Baud, que dom Lobineau n'a pas utilisée et dont il importe de se servir pour reconstituer le texte de la *Chronique de Nantes*.

2. D'après les différents récits extraits par dom Lobineau de ce *Recueil*, on voit que cette compilation assez confuse avait été formée, au XVe siècle probablement, par un chanoine de Nantes, et qu'elle offrait une grande analogie avec un autre recueil manuscrit, appartenant aujourd'hui à M. A. de la Borderie et dont il sera question plus loin.

signalés de son temps, il lui eût été possible, en comparant plus attentivement l'une à l'autre l'*Histoire* de P. Le Baud et la *Chronique de Saint-Brieuc*, d'améliorer son œuvre et de la compléter. Pour faire voir combien son édition est insuffisante, je dirai que, sur les cinquante-deux chapitres dont je publie le texte, vingt y font totalement défaut[1], six manquent pour la plus grande partie ou sont résumés en quelques mots[2], trois sont conçus en termes différents[3]. Quant aux vingt-trois autres chapitres, on y remarque encore çà et là de graves omissions[4]. Mieux qu'aucune autre considération, ce simple exposé montre qu'il n'était pas inutile de rééditer la *Chronique de Nantes*.

Jusqu'à la fin du XVe siècle, les chanoines de la cathédrale de Nantes conservèrent dans leurs archives le manuscrit, peut-être autographe, du chroniqueur nantais. Un procès-verbal, daté du 11 mars 1491, prouve qu'à cette date ce manuscrit était enfermé sous clefs dans le *Trésor des lettres de ladite église*. Ce curieux procès-verbal mérite d'être reproduit ici en partie[5]:

A tous ceux qui ces présentes lettres verront et orront Jehan Le Clerc et Jehan Chevalier, notaires en la court de Nantes, salut en Nostre Seigneur. Sçavoir faisons que, le vingt-neuviesme de décembre derroin passé, le roy, nostre souverain seigneur, lors estant en la librairie de l'église cathédrale de Nantes, et avecques luy, entre autres, Messieurs l'évêque de Sainct-Mallo et le président de Ganat, nous commanda, commist et députa pour prendre et recepvoir, des arches et escrins de ladite église, certaines lettres et chartres anciennes, qui nous seront demonstrées et communiquées par les chanoines et supposts d'icelle, et dont il avoit baillé la déclaration à maistre Charles

---

1. Ce sont les chapitres I, II, IX, XV, XVI, XVII, XVIII, XIX, XX, XXXIII, XXXV, XLIII, XLIV, XLV, XLVII, XLVIII, et les chapitres I, II, III et IV des *Miracula*.
2. Chapitres XII, XXVI, XXVIII, XXXVI, XXXVII et XLII.
3. Chapitres XI, XIII et XXI.
4. Voir surtout chapitres III, VI, X, XXVII, XXXI et XXXIX.
5. Je dois la communication de cet acte à l'obligeance de M. A. de la Borderie, qui m'a adressé à ce sujet les renseignements suivants: « La pièce, dont « je vous envoie la copie, a été vue et transcrite par moi, il y a environ qua« rante ans, dans ce que je n'ose pas appeler les archives du Chapitre de « Nantes: c'était une armoire, percée de trous dans son fond et ses parois, « reléguée dans le logement du suisse de la cathédrale, et où s'entassaient, « pêle-mêle avec de vieilles nippes d'enfants de chœur, certaine quantité de « paperasses sans aucun ordre. »

Meschinot, chantre de la dite église; et icelles lettres et chartres exempler, colationner et réduire en forme publicque et autenticque, que foy y soit adjoutée. Pourquoy nous, dessusdits notaires, en obéissant aux commandements dudit seigneur et vacant à ladite susdiction, le derrein jour de janvier ensuivant, nous suîsmes transportez à ladite église et ou revestiaire d'icelle, où sont les lettres et chartres de ladite église en coffres et escrins fermez, et illocques trouvasmes ledit président, maistre Guillaume Larchier, doyan, ledit Meschinot, chantre, Pierre Besiclo et Jacques de la Motte, chanoines de ladite église et vicaires, le siège épiscopal vacant, avecques maistre François, Pastorel, Jehan Allis, Jehan Leprince, aussi chanoines d'icelle; lequel président, en présence des dessusdits, nous a advertiz et commandez de par ledit seigneur procéder et besoigner au faict de ladite commission et commandement o toute diligence. Lesquels vicaires et chanoines, après avoir ouy nostre charge et pétition, ont franchement et libéralement faict ouvrir lesdits coffres et escrins, paradvant fermez à troys claveures et troys clefs gardées par ledit Meschinot, maistre François Pastourel et Jehan Allis, chanoines, par chaqun d'eux une clef; lesquelx, en présence desdits vicaires, jurèrent et firent foy avoir loyaument et sans fraude jusques lors lesdites clefs gardées et conservées, et, après ouverture desdits coffres faicte, monstrèrent lesdites chartres et lettres à nous, dits notaires, saines et entières, sans aucune suspicion, comme de primo face apparoissoit, qui, selon ladite déclaration, les pransesîsmes et receumes, selon ce que cy après est faict mention, pour icelles doubler, exempler et colationner, comme dict est, en la présence desdits doyen et chantre. Et ont lesdits vicaires, en tant que mestier est, décerné foy estre adjoutée à la copie, qui par nous notaires sera faicte, comme à l'original. — Premièrement exhibèrent une *Chronicque ancienne, escripte en parchemin en lettres de forme*, gardée au trésor des lettres de ladite église, dans laquelle Chronicque, entre autres choses, est contenue une lettre insérée, par laquelle Herispogius, roy de Bretagne, rendit à l'église de Nantes la moitié du revenu de l'imposition sur les marchandises deues à la prévauté de Nantes, que ses prédécesseurs avoient empesché, comme est contenu en ladite Chronicque, de laquelle la teneur ensuist.

La charte du roi Erispoé est transcrite en entier à la suite de ce procès-verbal. Or Pierre Le Baud et le chroniqueur de Saint-Brieuc, qui eurent entre les mains le texte complet de la *Chronique de Nantes*, témoignent que cette charte en faisait réellement partie[1]. La *Chronicque ancienne, escripte en parchemin en lettres de forme*, conservée en 1491 dans les Archives du

---

1. Voir chapitre xiv, p. 44-48.

chapitre nantais, était donc un manuscrit de la *Chronique de Nantes*, peut-être même le manuscrit autographe.

Depuis la fin du xv° siècle, on perd la trace de ce précieux volume, sans qu'il soit possible de se rendre compte de la cause de sa disparition ; et malheureusement, comme je l'ai déjà dit, aucune copie intégrale n'en est parvenue jusqu'à nous.

Dans le temps même, où fut rédigé le procès-verbal qu'on vient de lire, un prêtre manceau, nommé Pierre Le Baud[1], s'occupait activement de compulser les anciennes annales conservées dans les églises et les monastères de Bretagne. Le Baud était un compilateur qui, chose rare à cette époque, avait, jusqu'à un certain point, l'intuition de la véritable méthode historique. Dès 1486, à la prière de Marguerite, duchesse de Bretagne, il avait rédigé une *Histoire abrégée des ducs et princes de Bretagne*[2]. Il dit à la fin de cet ouvrage: « Ces choses sont escriptes en livres et cronicques non coj 1ouz » (f° 19 v°). Le 4 octobre 1498, la reine Anne de Bretagne lui fit expédier des lettres pour avoir communication de tous les titres des chapitres, abbayes, communautés et archives du pays[3]. En vertu des ordres de la reine, qui lui ouvraient toutes les bibliothèques de la région, Pierre Le Baud put augmenter promptement la collection de notes qu'il avait déjà formée depuis de longues années[4] ; et, des documents ainsi assemblés, il composa entre 1498 et 1505 une *Histoire de Bretagne* qu'il dédia à la reine Anne. Le manuscrit

---

1. Pierre Le Baud naquit vers le milieu du xv° siècle, du mariage de Pierre Le Baud, seigneur de Saint-Ouen au Maine, avec Jeanne, fille bâtarde de Patri, seigneur de Châteaugiron et de Derval. Il embrassa l'état ecclésiastique et devint successivement secrétaire de Jean de Châteaugiron, orateur de la duchesse de Bretagne, Marguerite, chantre de l'église collégiale de Saint-Tugdual de Laval, trésorier de la Magdeleine de Vitré, aumônier de Guy XV, comte de Laval, conseiller et aumônier d'Anne de Bretagne, laquelle le fit élire évêque de Rennes en 1505 ; mais Pierre Le Baud mourut en cette même année, avant que ses lettres de provision ne fussent venues de Rome (Voir Du Paz: *Histoire généalogique de plusieurs maisons illustres de Bretagne*. Paris, 1620, in-folio, p. 258, et Hauréau, *Histoire littéraire du Maine*, II, 165-176).

2. Cette histoire, inédite, je crois, est conservée à la Bibliothèque Nationale, ms. français 6011.

3. D. Lobineau, *Histoire de Bretagne*, I, 823. Cf. plus loin, p. xxxvi n°.

4. Comme on le verra par la suite, P. Le Baud, dès 1480 au plus tard, avait entrepris le dépouillement des vieilles chroniques armoricaines.

original de cette histoire était, au commencement du xviie siècle, en la possession de Sébastien de Rosmadec, baron de Molac, gouverneur de Quimper-Corentin. Sébastien de Rosmadec communiqua son manuscrit[1] à d'Hozier, qui, en 1638, l'édita à Paris, chez Gervais Alliot, en un volume in-folio.

Le plan de l'*Histoire de Bretagne* est bien conçu. Pierre Le Baud a le plus souvent traduit littéralement et abrégé quelquefois les principaux passages des annales et chroniques qu'il découvrit au cours de ses investigations dans les archives bretonnes. Il a ensuite juxtaposé, suivant un ordre rigoureusement chronologique, tous ces extraits de vieux auteurs, et il en a formé une compilation extrêmement précieuse non seulement pour l'histoire de la province, mais aussi pour l'histoire générale de la France. En effet, un grand nombre de documents qu'il eut entre les mains ont aujourd'hui disparu, et, quand on considère avec quelle exactitude il a reproduit les œuvres que nous connaissons d'ailleurs, on est tenté d'accorder à ses traductions d'annales perdues une confiance approchante de celle qu'on aurait pour les originaux eux-mêmes. Le Baud a, en outre, constamment indiqué à quelles sources il empruntait son récit.

On peut se rendre compte ainsi qu'il a traduit presque in-extenso la *Chronique de Nantes* et l'a insérée dans son *Histoire de Bretagne*. Je regarde comme certain qu'il eut communication du manuscrit, conservé en 1491 dans les Archives du Chapitre de Nantes; mais je pense que, lorsqu'il rédigea son *Histoire*, il n'utilisa pas l'original même. Il dut se servir d'une copie qu'il en avait fait faire; car quelques variantes, telles que *Carnotensis* au lieu de *Tarvanensis* (voir plus loin, p. 41 et 43), *Namnetensi* au lieu de *Venetensi* (p. 41), *Cainone* au lieu de *Rainone* (p. 67), *vicis et foris* au lieu de *intus et foris* (p. 92), *portum Tararium* au lieu de *portam Carariam* (p. 95), etc., constituent des erreurs qu'il n'aurait sans doute pas commises, s'il eût eu alors le manuscrit original sous les yeux. Mais, d'autre part, la copie qu'il employa dérivait directement du manuscrit de Nantes,

---

1. Ce manuscrit original est aujourd'hui conservé à Londres au Musée britannique, fonds Harléien, n° 4371. Voy. Le Roux de Lincy, *Vie de la reine Anne de Bretagne*, t. II, p. 37. La Bibliothèque Nationale en possède une copie presque contemporaine (fonds français, nouv. acq., n° 2615).

comme le montre le fait suivant. Deux auteurs inconnus, probablement chanoines de la cathédrale de Nantes, composèrent au xv° siècle une double compilation latine, où ils firent entrer divers chapitres empruntés à la *Chronique de Nantes*. L'une de ces compilations est celle qu'a signalée dom Lobineau sous le titre de *Vetus collectio manuscripta ecclesiae Namnetensis* [1]; l'aut o, dont il sera parlé plus loin, appartient aujourd'hui à M. A. de la Borderie. Il paraît incontestable que ces deux auteurs, nantais d'origine, copièrent sur le manuscrit original de la *Chronique*, alors dans les archives du chapitre, les passages qu'ils ont reproduits dans leurs compilations. Or l'un et l'autre nous ont conservé le texte du chapitre xlvi de la *Chronique de Nantes*, et l'une et l'autre transcription nous offrent pour ce chapitre une même lacune de quelques lignes (voir plus loin, p. 136). Il en résulte qu'en cet endroit le manuscrit original était lacéré ou bien que l'usure du parchemin avait rendu le passage illisible; et, comme cette même lacune se remarque dans la traduction de P. Le Baud, on en peut conclure que la copie, dont cet historien fit usage, avait été prise aussi sur le manuscrit nantais.

L'ouvrage de Pierre Le Baud est, de tous les recueils manuscrits ou imprimés actuellement connus, celui qui renferme le plus grand nombre d'extraits de la *Chronique de Nantes*. Le soin extrême, que Le Baud apporte ordinairement à recueillir les moindres faits intéressant l'histoire de Bretagne aux époques anciennes, est un sûr garant qu'il n'a dû passer sous silence aucun passage important de cette Chronique. On peut s'en convaincre aisément. Dom Martène, en effet, a publié, en 1717, un long fragment de la *Chronique de Nantes*. Ce fragment, dont je parlerai tout à l'heure, embrasse, dans mon édition, les chapitres vi à xxii, qui sont complets et se suivent sans offrir de lacune. Or, sur ces seize chapitres, Le Baud en a traduit ou résumé quatorze.

D'ailleurs, la plupart des passages de la *Chronique de Nantes*, que Le Baud a négligé d'insérer dans son *Histoire de Bretagne*, dédiée à la reine Anne, ont été reproduits par lui dans une autre compilation française encore inédite. Cette compilation avait été

---

1. Voir plus haut, page viii, n. 2

rédigée par Le Baud, dès 1480 environ, à la prière de Jean, sire de Derval et de Châteaugiron[1], dont il était secrétaire. L'auteur s'exprime ainsi dans la Préface: « Je, Pierre Le Baut, secrétaire « de hault et puissant Jehan, sire de Derval, de Combour, de « Chasteaugiron, de Rogé et de Saint-Mars, mon seigneur très « redoubté, non de mon propre mouvement ne audace, mais « contrainct par l'estroit lien de son commandement, emprins et « craintivement me suys aventuré à escripre la compillacion des « cronicques et ystoires des très nobles roys et princes de Bre- « taigne Armoricque[2]. » — Le manuscrit original de cette seconde compilation est actuellement à la Bibliothèque nationale de Paris (fonds français, n° 8266). C'est un magnifique volume in-folio en vélin, du xv° siècle, de 399 feuillets, orné de très belles miniatures. L'une d'elles représente Pierre Le Baud lui-même à genoux, offrant son manuscrit à Jehan de Châteaugiron, entouré de sa famille[3].

Au moyen de ces deux ouvrages de Pierre Le Baud, l'un dédié à la reine Anne de Bretagne, l'autre à Jean de Châteaugiron, on peut reconstituer la traduction française à peu près complète de la *Chronique de Nantes*. J'ai désigné, dans mon édition, le premier de ces ouvrages par la lettre *E*, le second par la lettre *F*.

Possédant la traduction française de la plus grande partie de la *Chronique de Nantes*, il m'a été possible de résoudre certaines difficultés que présentait la restitution du texte latin, et de retrouver divers morceaux de cette *Chronique*, là où personne ne paraissait en avoir soupçonné l'existence. Le plus important de ces morceaux est celui qui fut publié en 1717 par dom Martène sous le titre de *Fragmentum historiae Britanniae Armoricae*[4],

---

1. Jehan de Châteaugiron mourut le 31 mai 1482, comme en témoigne son épitaphe, publiée par Du Paz, *Hist. généal. de plusieurs maisons ill. de Bret.*, p. 173.
2. Ms. français, 8266, f° 5 r° et v°. — Cette compilation est divisée en trois parties: la première comprend 18 chapitres, la deuxième 32, la troisième 247 ; elle s'arrête à 1458, date de la mort du duc Arthur III.
3. Cette miniature a été reproduite en gravure dans l'*Hist. de Bretagne* de dom Lobineau, qui nous apprend qu'au commencement du xviii° siècle ce manuscrit appartenait à M. de Piré-Rosnyvinen (*Hist. de Bretagne*, I, 822). — La bibliothèque municipale d'Angers possède une copie ancienne de ce manuscrit (Hauréau, *Hist. littéraire du Maine*, II, 167).
4. Doms Martène et Durand, *Thesaurus novus anecdotorum*, III, col. 829-844.

d'après un manuscrit de la Chartreuse du Val-Dieu au diocèse de Sées[1]. Soit que ce manuscrit du Val-Dieu fût évidemment incomplet, soit pour quelque autre motif, dom Martène comprit qu'il n'avait sous les yeux qu'une portion d'une chronique plus considérable[2], comme le prouvent le titre qu'il mit en tête de son édition, et aussi les mots qu'il ajouta à la fin : *et cetera, non plura codex manuscriptus*. Mais le savant bénédictin ne sut pas déterminer à quelle œuvre appartenait ce Fragment.

Il lui eût été d'ailleurs assez difficile d'identifier le texte qu'il venait de découvrir avec celui de la *Chronique de Nantes*, tel qu'il avait été établi, en 1707, par dom Lobineau. Le texte de dom Lobineau présentait tant d'omissions et d'incorrections, qu'il était naturel de penser que les deux récits émanaient d'auteurs différents. Cela est si vrai que dom Bouquet, en 1749, inséra l'un et l'autre dans son *Recueil des Historiens des Gaules et de la France*[3], sans s'apercevoir qu'il reproduisait deux fois la même œuvre[4]; et, encore aujourd'hui, on se réfère habituellement au *Fragment du Val-Dieu* et à la *Chronique de Nantes* comme à deux sources historiques distinctes, de valeur diverse.

Que le *Fragment du Val-Dieu* soit un simple extrait de la *Chronique de Nantes*, c'est ce qu'il est aisé de faire voir. En effet, sur les seize chapitres, dont se compose ce *Fragment*[5], quatorze ont été traduits littéralement ou fidèlement résumés par Le Baud dans son *Histoire de Bretagne*, et, en tête de chacun de ces chapitres, Le Baud prévient son lecteur qu'il ne fait que reproduire le récit même de la *Chronique de Nantes*. Il se sert des expres-

---

1. *Ex manuscripto Cartusiae Vallis-Dei, in diocesi Sagiensi, cujus manuscriptos libros, annuente R. P. domno Innocentio Le Tellier, illius eremi moderatore dignissimo, nec vulgari eruditione praedito, pervolvere mihi licuit.* (*Ibid.*, col. 829). D. Martène ne nous a laissé aucune description du manuscrit de la Chartreuse du Val-Dieu. La bibliothèque municipale d'Alençon a recueilli une grande partie des volumes de l'ancien couvent du Val-Dieu ; mais le manuscrit, signalé par D. Martène, y a été vainement recherché.
2. Dans le manuscrit du Val-Dieu, le récit s'arrêtait à l'année 889 ; et cependant D. Martène suppose que l'auteur de ce récit écrivait au XIIe siècle (*Ibid.*, col. 829).
3. Tome VII, p. 46-52 et 217-221.
4. Dom Bouquet présume que le *Fragment du Val-Dieu* a été composé au IXe siècle, et la *Chronique de Nantes* au XIe.
5. Chapitre VI à XXII de mon édition.

sions suivantes : « Dit l'acteur de la dessus nommée Chronicque
« de Nantes (voir plus loin, p. 18); — Selon ladite Chronicque
« (p. 27); — Selon l'acteur des Chronicques de Nantes (p. 31);
« — Raconte l'acteur de la Chronicque de l'église de Nantes
« (p. 32); — Dit l'acteur des Chronicques de l'église de Nantes
« (p. 42) », etc. Quant aux deux chapitres non traduits par Le
Baud[1], ils se rapportent uniquement à l'histoire de la ville de
Nantes, et c'est en raison de leur intérêt tout local que Le
Baud les a passés sous silence. Les seize chapitres qui forment le
Fragment du Val-Dieu appartiennent donc bien à la *Chronique
de Nantes*, et, comme ils offrent exactement le même ordre dans
l'*Histoire* de P. Le Baud et dans l'édition de dom Martène, il en
résulte que nous avons là le texte primordial d'une partie importante de notre *Chronique*[2].

Ces chapitres, par un singulier hasard, sont ceux qui avaient
été le plus corrompus et le plus mutilés par les compilateurs du
xve siècle, et l'édition de dom Martène permet de suppléer heureusement aux nombreuses lacunes que présentent en cet endroit
les autres manuscrits. L'édition de dom Lobineau témoigne ici
de l'insuffisance des divers recueils alors mis en œuvre; car,
bien qu'ayant à sa disposition la traduction de Pierre Le Baud, il
ne put retrouver en tout ou en partie le texte latin des chapitres
IX, XI, XII, XIII, XV, XVI, XVII, XVIII, XIX et XX, soit dix chapitres
sur seize que contient le *Fragment du Val-Dieu*. Pour combler
les vides qu'il sentait exister dans son essai de restitution,
il emprunta à la *Vetus collectio manuscripta ecclesiae Nannetensis* le récit de la mort du duc Salomon et des troubles qui

---

1. Ce sont les chapitres IX et XX de mon édition. Encore faut-il observer
que la traduction du chapitre IX se retrouve dans la compilation inédite de P.
Le Baud, dédiée à Jean de Châteaugiron, ms. fr. 8266, f° 114, r°. (Voir
plus loin, p. 25).
2. Un écrivain nantais du siècle dernier, l'abbé N. Travers, avait reconnu
que le *Fragment du Val-Dieu* constituait une partie de la *Chronique de
Nantes*. L'œuvre de cet érudit, demeurée manuscrite jusqu'en 1836, a été
alors publiée à Nantes, sous le titre d'*Histoire de la ville et du comté de
Nantes*. On y lit à la page 130 du tome Ier : « Nous trouvons tous ces faits
« dans la *Chronique de Nantes*. Dom Lobineau qui l'a cru tout à fait
« perdue, a tâché de la rétablir sans y avoir entièrement réussi. Doms Martène et Durandus ont publié un grand fragment sous le nom de *Fragment
« d'histoire de Bretagne*..... Dom Lobineau n'a point connu le fragment
« donné par ses confrères. »

suivirent cet événement en Bretagne (*Hist. de Bret.*, II, col. 42). Mais ce récit n'a jamais fait partie de la *Chronique de Nantes*, et il constitue une interpolation. Le *Fragment du Val-Dieu* et l'*Histoire* de Pierre Le Baud en font foi [1].

Le manuscrit de la Chartreuse du Val-Dieu, que dom Martène eut entre les mains, mais dont il n'a indiqué ni l'âge ni l'état matériel, avait été copié, je crois, sur l'exemplaire conservé dans les archives du Chapitre de Nantes. Voici sur quel indice, assez léger d'ailleurs, je fonde cette opinion que la perte de l'original m'empêche d'établir plus solidement. Le Baud, qui eut communication du manuscrit de Nantes, rapporte, dans son *Histoire de Bretagne* (E, p. 117), que la lettre du pape Nicolas Ier au duc Salomon commençait dans ce manuscrit par les mots, *Nicolaus, episcopus, Salomoni, regi Britonum*. Ce simple titre d'*episcopus*, pris par le pape Nicolas, est contraire à l'usage de la chancellerie pontificale. C'est du reste une leçon particulière au manuscrit de Nantes ; car les autres recueils, où a été anciennement transcrite cette lettre de Nicolas Ier à Salomon, présentent la formule habituelle, *Nicolaus, episcopus, servus servorum Dei*. Or ces trois derniers mots, qui faisaient défaut dans le manuscrit de Nantes, manquaient également dans celui de la Chartreuse du Val-Dieu (Voir plus loin, p. 57 et 58). Le *Fragment du Val-Dieu* semble donc avoir été extrait à une époque indéterminée du manuscrit nantais. Ce fragment, tel qu'il a été publié par dom Martène, est désigné par la lettre *B* dans mon édition.

Après les deux compilations de Pierre Le Baud, dont il a été déjà question, le recueil historique, qui contient la portion la plus considérable de la *Chronique de Nantes*, est celui qui est connu sous le nom de *Chronique de Saint-Brieuc*. Cette œuvre, rédigée en latin, est en grande partie inédite [2]; elle a été, en 1890, l'objet d'une étude spéciale de la part de M. P.-A. de Berthou, qui en a fait le sujet de sa thèse de sortie de l'École des Chartes [3].

---

1. Le Baud, qui a reproduit dans son *Histoire de Bretagne*, p. 122, 123, ce récit de la mort de Salomon, témoigne l'avoir extrait d'Annales distinctes de la *Chronique de Nantes*, annales qu'il désigne sous le nom de *Chronicques annaulx*.

2. Des fragments de la *Chronique de Saint-Brieuc* ont été publiés dans l'*Histoire de Bretagne* de dom Morice (t. I des *Preuves*), et dans le tome XII du *Recueil des Historiens des Gaules et de la France*.

3. Le travail de M. de Berthou n'a pas encore été publié, mais les conclu-

D'après M. de Berthou, le chroniqueur de Saint-Brieuc acheva la rédaction de son ouvrage vers l'année 1415. C'était un ecclésiastique, qui « écrivait avec un but politique, exaltant sans « cesse les Bretons aux dépens des Anglais et des Français »[1]. Il a inséré dans sa compilation la *Chronique de Nantes* presque tout entière.

Ses emprunts commencent au récit de quatre miracles, survenus à Nantes dans le cours du xe siècle[2]. Ces récits miraculeux constituent en quelque sorte un hors d'œuvre ; mais on y trouve diverses allusions à des événements, qui ne sont rapportés que dans la *Chronique de Nantes* elle-même. D'ailleurs, de part et d'autre, le style est identique, et nous savons par Le Baud que le chroniqueur de Nantes avait effectivement rédigé un *Livre de miracles*[3]. Voilà donc deux ouvrages sortis de la plume d'un même écrivain ; l'un servait de préface ou de suite à l'autre, et ils étaient certainement transcrits ensemble dans le manuscrit original, que possédaient au xve siècle les chanoines de la cathédrale de Nantes. C'est dans ce manuscrit que Le Baud prit connaissance du *Livre des Miracles*, et ce doit être là aussi que le chroniqueur de Saint-Brieuc copia les quatre faits merveilleux dont il nous a conservé le texte.

Ces quatre récits légendaires composaient-ils à eux seuls ce que Le Baud appelle le *Livre des miracles* ? Cela est peu probable ; il est cependant impossible d'affirmer le contraire. D'autre part, le *Livre des Miracles* servait-il d'introduction à la *Chronique de Nantes*, ou bien lui faisait-il suite ? A s'en tenir aux témoignages de Le Baud et du chroniqueur de Saint-Brieuc, on serait tenté de croire que la relation des miracles occupait la première place dans le manuscrit du Chapitre nantais. Mais, comme au point de vue chronologique, ces faits merveilleux sont postérieurs à la plupart des événements rapportés par la *Chronique*;

---

sions principales en sont résumées dans les *Positions des thèses soutenues par les élèves de la promotion de 1890*, Mâcon, 1890, in-8° p. 1 à 30.

1. *Ibid.*, p. 1.
2. Ce début est indiqué par une note marginale, placée vis-à-vis le récit du premier miracle. Cette note est ainsi conçue : *Cronice civitatis Namnetensis*; elle se lit en marge d'un des manuscrits de la *Chronique de Saint-Brieuc* (ms. lat. 9888 de la Bibl. Nationale, f° 65 r°, col. 2).
3. Le Baud désigne le chroniqueur de Nantes sous le titre d'*acteur du livre des miracles et chronicques de l'église de Nantes* (E. p. 143).

que, de plus, ils se réfèrent expressément à celle-ci, et que, d'ailleurs, ils forment une œuvre distincte, laquelle probablement ne nous est pas parvenue en entier, je les ai renvoyés en appendice, les publiant sous le titre de *Miracula ecclesiae Namnetensis*.

Le *Livre des miracles* mis de côté, le premier chapitre de la *Chronique de Nantes* se présente de la même manière dans la traduction française de Pierre Le Baud et dans la compilation latine du chroniqueur de Saint-Brieuc. Ce chapitre contient la description de la basilique, construite à Nantes par l'évêque Félix au vi{e} siècle ; puis, par une transition assez brusque, vient le récit de l'invasion normande, qui, en 843, sous le gouvernement du duc de Bretagne, Nominoé, et sous le règne des fils de l'empereur Louis le Pieux, causa la ruine de cet antique monument.

Les chapitres suivants ont été complètement défigurés par le chroniqueur de Saint-Brieuc dans une intention toute politique. Cet écrivain, admirateur déclaré de tous les faits et gestes de la nation bretonne, a remanié à sa guise la partie de la *Chronique de Nantes*, correspondant aux règnes de Nominoé, d'Erispoé et de Salomon (années 843-874 ; ch. vi-xxi). L'auteur de la *Chronique de Nantes* était loin en effet de glorifier tous les actes des rois bretons du ixe siècle ; aussi le compilateur de Saint-Brieuc a-t-il supprimé, interpolé ou amplifié à dessein de nombreux passages dans l'œuvre de son devancier, afin de présenter sous un jour plus favorable la politique de Nominoé et de ses successeurs. Il en résulte que j'ai eu peu de parti à tirer de la *Chronique de Saint-Brieuc* pour l'établissement du texte des chapitres vi à xxi de mon édition. Mais, je l'ai déjà dit plus haut, cette portion de la *Chronique de Nantes* nous a été précisément conservée tout entière par le *Fragment du Val-Dieu* ; il m'a été ainsi très facile de faire dans la *Chronique de Saint-Brieuc* le départ de ce qui appartenait en propre à l'original et de ce qu'il fallait rejeter comme apocryphe.

A dater de la mort du duc Salomon, l'histoire de Bretagne n'offre plus guère, pendant près d'un siècle, que le tableau des luttes acharnées que les princes bretons soutinrent contre les Normands. Le chroniqueur de Nantes a relaté ces luttes avec détails. Il se montre dès lors narrateur assez impartial, formulant rarement soit une louange soit un blâme ; mais du simple exposé des faits se dégage une impression tout à l'avantage des ducs de Bretagne et comtes de Nantes, Alain le Grand, Alain Barbetorte, Hoël et Guérech (années 888-988 ; ch. xxi-xlii). Le compilateur de Saint-Brieuc pouvait donc puiser abondamment dans cette seconde partie de la *Chronique de Nantes* sans crainte de nuire au prestige de la nation armoricaine; et il l'a fait avec d'autant plus de soin que les autres sources historiques étaient extrêmement pauvres en renseignements sur cette période de l'histoire de Bretagne. D'une comparaison minutieuse avec la traduction française de Pierre Le Baud, il résulte que la *Chronique de Saint-Brieuc* renferme le texte à peu près intégral des chapitres xxi à xxvii, xxix à xxxiv, xxxvi à xlii de la *Chronique de Nantes*, soit 20 chapitres sur 22.

C'est au récit de la mort du comte Guérech, survenue en 988 environ, que le compilateur de Saint-Brieuc a brusquement arrêté ses emprunts à la *Chronique de Nantes*. Guérech, en effet, fut le dernier comte de Nantes du xe siècle, dont l'influence prédomina en Bretagne. Après lui, le gouvernement de la province passa définitivement entre les mains des comtes de Rennes. Le chroniqueur de Saint-Brieuc, qui s'appliquait spécialement à retracer l'histoire des ducs de Bretagne, ne trouva plus rien à tirer de l'œuvre du chroniqueur nantais, dont l'attention continuait à se concentrer tout entière sur les comtes et les évêques de Nantes. — Le manuscrit autographe de la *Chronique de Saint-Brieuc* est aujourd'hui perdu ; mais on en possède deux copies du xvie siècle à la Bibliothèque Nationale de Paris, sous les numéros 6003 et 9888 du fonds latin. C'est à ces deux manuscrits que j'ai emprunté le texte latin désigné par la lettre *A* dans mon édition.

La dernière partie de la *Chronique de Nantes* (années 988-1049 ; ch. xliii-xlviii), rédigée par un écrivain presque contemporain des faits qu'il relate, est celle qui, sans contredit, est la plus digne de foi ; malheureusement c'est aussi celle dont la physionomie originale s'est le moins bien conservée. La traduction de Le Baud, toujours exacte et complète, nous fournit la substance même du récit ; mais le texte latin fait trop souvent défaut. On vient de voir que la *Chronique de Saint-Brieuc* n'est plus ici d'aucune utilité. Cependant, grâce à l'obligeance d'un érudit, aujourd'hui chef incontesté de l'école historique de Bretagne, M. A. de la Borderie, il m'a été possible de rétablir dans leur forme primitive les trois derniers chapitres de la *Chronique de Nantes*.

Ces chapitres ont été insérés au xv° siècle dans une sorte de compilation informe, dont le manuscrit appartient à M. de la Borderie. Cette compilation offre une grande analogie avec celle que dom Lobineau a désignée sous le nom de *Vetus collectio manuscripta ecclesiae Namnetensis*. Toutes deux datent du xv° siècle, toutes deux ont été vraisemblablement composées par un chanoine de la cathédrale de Nantes, enfin elles contiennent l'une et l'autre les mêmes extraits d'un certain nombre de chroniques. Ces divers points de ressemblance avaient fait croire à M. de la Borderie, que le manuscrit dont il est possesseur n'était autre que celui qu'avait autrefois utilisé dom Lobineau et que l'on croyait perdu. Voici ce qu'il écrivait à ce sujet en 1864 :
« Ce recueil est celui que dom Lobineau et dom Morice ap-
« pellent *Vetus collectio manuscripta ecclesiae Namnetensis*, et
« que nous avons eu le bonheur de retrouver à Nantes, il y a
« quelques années, au moment même où la dent des rats com-
« mençait à l'entamer. C'est un volume en papier petit in-folio,
« où une main du xv° siècle a entassé dans un grand désordre,
« d'une écriture très hâtée et souvent très difficile à déchiffrer,
« une foule d'extraits divers de chartes, de chroniques, de
« textes historiques de toute nature, tous relatifs à la Bretagne.
« Nos bénédictins bretons ont largement moissonné dans ce
« champ, où il reste encore à glaner[1]. » — Cependant, en examinant plus attentivement le manuscrit qui lui appartient, M. de la Borderie a découvert des divergences entre ce recueil et la *Vetus collectio manuscripta* de dom Lobineau. Particulièrement en ce qui concerne la *Chronique de Nantes*, ces divergences sont très sensibles. Ainsi le chapitre xlvi, qui se trouve dans l'un et l'autre recueil, présente de part et d'autre des variantes, qui ne peuvent guère s'expliquer par des fautes de lecture : *Alanum* au lieu de *Gosfridum* (p. 136) ; *principio* au lieu de *principatu* (p. 137) ; *ceperunt* au lieu de *fecerunt* (ibidem), etc. De plus, dans le manuscrit de M. de la Borderie, les chapitres xlvii et

---

1. *Bibl. de l'Ec. des Chartes*, t. xxx (1863-64), p. 103, note 3.

xlviii suivent immédiatement le chapitre xlvi. Or dom Lobineau n'a reproduit ni l'un ni l'autre de ces chapitres dans son édition de la *Chronique de Nantes;* et il est clair que le savant bénédictin se fût bien gardé de les omettre, si la *Vetus Collectio* les eût contenus. D'où il résulte que le manuscrit de dom Lobineau et celui de M. de la Borderie sont deux manuscrits différents. Cette opinion est aujourd'hui celle de M. de la Borderie, qui m'a prié de donner à son recueil le nouveau titre de *Collectio manuscripta de rebus Britanniae.* J'ai désigné ce recueil par la lettre C dans mon édition.

Tels sont les ouvrages imprimés et manuscrits, où j'ai retrouvé des fragments de la *Chronique de Nantes;* c'est au moyen de ces matériaux que j'ai tenté de reconstituer l'œuvre disparue.

II.

ÉTABLISSEMENT DU TEXTE.

Le tableau, imprimé ci-contre, résume les conclusions principales du chapitre précédent. On y voit que les diverses parties de la *Chronique de Nantes,* qui nous ont été transmises soit par des copies encore existantes soit par d'anciennes éditions, dérivent toutes d'une source unique, qui est le manuscrit original, actuellement perdu, mais conservé jusqu'à la fin du xv° siècle dans les Archives du Chapitre de Nantes. Ces différentes copies ou éditions forment donc une seule famille et doivent être utilisées, chacune au même titre, pour la reconstitution du texte primordial. Il s'ensuit que les leçons, fournies par deux ou trois d'entre elles, ont été généralement préférées aux leçons qui ne se trouvent que dans une ou deux. A égalité numérique, les leçons les moins satisfaisantes ont été rejetées en notes.

Il n'est pas probable que la *Chronique de Nantes* fût primitivement divisée en chapitres ou paragraphes; mais, pour mettre plus de clarté dans le récit et pour faciliter les références, il a paru avantageux de séparer les uns des autres les divers épisodes et d'en faire autant de chapitres distincts.

Il me reste à rendre compte des motifs qui m'ont déterminé à publier, en regard du texte latin, la traduction française de

TABLEAU DES MANUSCRITS ET ÉDITIONS

ÉTABLISSEMENT DU TEXTE

Manuscrit original de la *Chronique de Nantes*, conservé jusqu'à la fin du xve siècle dans les archives du Chapitre de la cathédrale de Nantes, *perdu*.

- Ms. original de la *Chronique* de Saint-Brieuc, *perdu*.

- *Vetus collectio manuscripta ecclesiae Nannetensis*, utilisée par D. Lobineau, *perdu*.

    — **A.**
    Mss. latins 6003 et 9888 de la Biblioth. nationale de Paris (xvie siècle).

- Ms. utilisé par Pierre Le Baud, *perdu*.

    — **E.**
    Traduction française de P. Le Baud, insérée dans son *Histoire de Bretagne*, imprimée en 1638.

    — **F.**
    Autre traduction française de P. Le Baud, insérée dans son *Histoire de Bretagne*, ms. français 8266 de la Biblioth. nationale de Paris (xve siècle).

- Ms. de la Chartreuse du Val-Dieu, *perdu*.

    — **B.**
    Édition de D. Martène dans le tome III du *Thesaurus novus anecdotorum* (1717).

- **C.**
    Collectio manuscripta de rebus Britanniae, ms. appartenant actuellement à M. A. de La Borderie (xve siècle).

— **D.**
Édition de la *Chronique de Nantes*, imprimée par D. Lobineau dans le tome II de son *Hist. de Bretagne* (1707); réimprimée par D. Morice dans le tome I des *Preuves de l'Hist. de Bretagne* (1742); réimprimée particllement par D. Bouquet dans les tomes VII (1749) et VIII (1752) du *Recueil des Histor. des Gaules et de la France*.

Pierre Le Baud. Le premier de ces motifs est que l'œuvre de Le Baud sert en quelque sorte de pièce justificative à mon édition. En effet, comme on ne possède plus de copie intégrale de la *Chronique de Nantes* et qu'il a fallu la reconstituer morceau par morceau, le fil conducteur dans ce travail de patience a été constamment la traduction de l'historien breton, qui, à peu de choses près, est complète. Pierre Le Baud dit à chaque instant qu'il emprunte tel ou tel renseignement, tel ou tel récit à la *Chronique de Nantes*, et j'aurais été obligé, presque à toutes les pages, d'invoquer son autorité et de citer ses propres expressions, pour me justifier d'avoir inséré dans mon édition un grand nombre de passages extraits de compilations diverses. Il était plus simple et moins fastidieux de publier in-extenso la traduction même qui me servait à la fois de guide et d'appui.

D'autre part, malgré les recherches faites de tous côtés, il m'a été impossible de restituer le texte latin de cinq chapitres de la *Chronique de Nantes* cités et traduits par P. Le Baud[1]. Force m'a donc été, pour ces chapitres, d'introduire dans mon édition le texte français, et, pour qu'on sût exactement quelle confiance méritaient ces récits qui ne nous sont pas parvenus en leur forme première, il était bon que le lecteur pût se rendre compte, par le plus grand nombre d'exemples possible, de l'exactitude et de la fidélité avec lesquelles Le Baud a presque toujours traduit la vieille *Chronique de Nantes*.

J'ai dit précédemment que Le Baud nous a laissé de cette *Chronique* deux traductions distinctes, qui se complètent mutuellement. J'ai relevé tous les emprunts, qui, figurant dans l'une, ne se retrouvaient pas dans l'autre. Quant aux cinq chapitres, dont le texte latin n'a pu être rétabli, j'en ai publié, séparément et in-extenso, les deux traductions françaises; car, dans ce cas particulier, les moindres variantes étaient nécessaires à connaître.

Il y aurait maintenant lieu de se demander si tous ces fragments de la *Chronique de Nantes*, recueillis de côtés divers, se soudent exactement les uns aux autres et forment une œuvre complète. Il ne m'appartient pas de répondre d'une façon posi-

---

1. Ce sont les chapitres XXVIII, XXXV, XLII, XLIV et XLV.

tive à cette question. Toutefois, on peut constater à la lecture que la narration se poursuit d'un chapitre à l'autre et s'enchaîne de telle sorte que nulle part il n'y a de solution de continuité apparente. J'ai signalé, à la vérité, en deux endroits des lacunes certaines (p. 96 et 136) ; mais ces lacunes ne comprennent guère plus d'une phrase ou deux ; et elles ont probablement pour cause quelque déchirure ou usure du parchemin dans le manuscrit original, aujourd'hui perdu. Je crois donc avoir reconstitué à peu près intégralement la *Chronique de Nantes*, mettant à part le *Livre des miracles*, sur lequel il est impossible de se prononcer.

III.

LE CHRONIQUEUR DE NANTES.

L'auteur de la *Chronique de Nantes* n'a, en aucun endroit de son œuvre, indiqué son nom ni sa condition. Pierre Le Baud ne le désigne jamais que sous le titre très vague d'acteur de la *Chronicque de l'église de Nantes*, ou encore d'acteur du *livre des miracles et chronicques de l'église de Nantes*. Mais, s'il paraît impossible de découvrir le nom de cet écrivain, du moins est-il permis de se rendre compte du temps où il vécut, de la situation qu'il occupa et des circonstances au milieu desquelles il composa son ouvrage.

Jamais, à ma connaissance, on n'a tenté de résoudre ces deux dernières questions ; mais, en revanche, les avis les plus divers ont été émis sur le fait de savoir à quelle époque fut rédigée la *Chronique de Nantes*. Dom Bouquet suppose qu'elle fut écrite à la fin du xie siècle ; dom Martène pense que ce fut au xiie ; enfin certains critiques modernes ont cru tantôt qu'elle remontait au ixe ou xe siècle [1], tantôt qu'elle ne datait que du xiiie siècle [2].

---

1. Cf. abbé Duchesne, *Catalogues épiscopaux de la province de Tours*, p. 75 et 96, note 1.
2. Cf. L. Maître, *Géographie historique de la Loire-Inférieure*, dans les *Annales de Bretagne, Revue de la Faculté des lettres de Rennes*, année 1895, p. 361.

La raison de cette multiplicité d'opinions est sans doute l'insuffisance même des moyens d'information dont disposaient jusqu'à ce jour les érudits. La *Chronique de Nantes* n'étant connue que par l'édition de dom Lobineau et par la traduction de P. Le Baud, c'est aux ouvrages de ces deux historiens qu'on a eu nécessairement recours pour déterminer l'âge et la valeur de ce document. J'ai déjà montré combien l'édition de dom Lobineau est défectueuse et incomplète, et l'on s'explique aisément qu'il soit difficile de porter un jugement certain sur un texte aussi imparfait. Dom Lobineau a en outre commis par inadvertance une erreur qui a pu et pourrait encore être cause d'une confusion fâcheuse. Il cite, dans son *Histoire de Bretagne*[1], à la date de 1101, un récit, relatif à la mort du comte de Nantes Mathias II, récit qu'il prétend avoir emprunté à la *Chronique de Nantes*. Il en résulterait que cet ouvrage ne fut achevé qu'au xiie siècle au plus tôt.

Mais je m'empresse de dire qu'il n'y a aucun compte à tenir de cette fausse citation; car on sait d'une façon certaine que le récit dont il s'agit[2] faisait partie d'*Annales* que Le Baud désigne sous le nom de *Chronicques annaux*[3]. Or, au témoignage même de Le Baud, il y a entre la *Chronique de Nantes* et les *Chronicques annaux* une différence essentielle, qui est celle qui existe entre une chronique et des annales quelconques : la première, composée sous forme narrative, ne mentionne presque jamais en quelle année est survenu tel ou tel événement; les autres ne signalent aucun fait sans indiquer à quelle année ce fait appartient[4]. Le Baud, dans son *Histoire de Bretagne*, se

---

1. Tome I, p. 118.
2. Voici ce récit, tel qu'il a été reproduit par le chroniqueur de Saint-Brieuc : *Mathias, comes Namnetensis, Hoelis ducis et Hazevis filius, diabolo instigante et pravo consilio iniquorum suorum baronum et vassalorum, cimiterium ecclesiae Namnetensis, videlicet beatorum apostolorum Petri et Pauli violavit, res canonicorum ejusdem ecclesiae Namnetensis injuste diripiendo, unde manifestissime apparuit ipsum et suos coadjutores ultione divina esse peremptos, anno domini M° C° primo* (Biblioth. Nat., ms. latin 6003, f° 90 r°, col. 1).
3. Voir Le Baud, *Histoire de Bretagne*, p. 172. — Je reparlerai au chapitre suivant avec quelque détail de ces *Chronicques annaux*, auxquelles Le Baud a fait de nombreux emprunts.
4. Le Baud, dans l'épilogue de son Histoire manuscrite de Bretagne, s'ex-

réfère deux fois aux *Annaux de l'église de Nantes*, sous les dates de 1226 et de 1246[1]. C'est, en confondant à tort ces *Annaux* avec la *Chronique de Nantes*, que certains érudits ont pu croire que cette dernière avait été rédigée au xiii° siècle.

En réalité, l'œuvre que l'on désigne sous le nom de *Chronique de Nantes* se termine par le récit de la déposition de l'évêque Budic au concile de Reims, que présida le pape Léon IX en 1049. Aucun événement plus moderne n'y est relaté : mais on y remarque une allusion au décès du comte Mathias Ier, qui mourut en 1050[2]. L'année 1050 est donc une limite après laquelle se place la date de rédaction que je cherche à déterminer. D'autre part, cette date doit être peu postérieure à 1050. L'auteur, en effet, dans les derniers chapitres, où il traite de l'histoire de Nantes pendant la première moitié du xi° siècle, semble ne s'être inspiré que de ses propres souvenirs ou de ceux de ses contemporains ; en tous cas, il n'indique ni ne laisse entrevoir nulle part à quelles sources écrites il aurait puisé son récit. En outre, à la façon dont il raconte certains épisodes de la vie des anciens comtes de Nantes, tels que le siège de Paris de 946, la mort d'Alain Barbetorte (952), l'empoisonnement de Drogon par Foulques d'Anjou (vers 958), l'assassinat des comtes Hoël et Guérech (981-988 environ)[3], etc., on juge que ces narrations, qu'il a manifestement empruntées à la tradition populaire, étaient de formation relativement récente. Les faits véridiques s'y mêlent d'une manière très appréciable aux faits purement

---

prime ainsi à ce sujet : « Certifiant, dit-il au sire de Derval, et bien le savez, « que en ceste compillation n'ay riens adjousté ne mis que ailleurs je n'aye « trouvé rapporté, savoir l'une partie par *cronicques auctenticques* des-« quelles ay nommé aucuns des acteurs, et d'iceulx ay en plusieurs lieux es-« cript les rapports sans aucune mutacion de langaige, et l'autre partie par les « *notaires* qui descripsirent les *annuaires*, savoir unes brieves cronicques « ainsi nommées pour ce que elles procèdent par les ans. » (Bibl. Nat., ms français 8266, f° 394 r°).

1. *Histoire de Bretagne*, p. 226 et 239. — On ne sait pas au juste ce qu'étaient les *Annaux de l'église de Nantes*. Comme tant d'autres documents vus et utilisés par Le Baud, ces annales ont disparu.

2. A propos de la réconciliation de l'évêque Budic et du comte Mathias, le chroniqueur de Nantes s'exprime ainsi : *et ex eo tempore ambo, pariter connexa copulatione conjuncti dilectionis, usque ad finem vitae suae non sunt separati* (ch. xlviii, p. 141). — Budic et Mathias moururent presque en même temps, l'un en 1049, l'autre en 1050.

3. Cf. ch. xxxiii, xxxiv, xxxvi, xxxvii, xl et xliii.

légendaires, et il en résulte qu'à l'époque où ces narrations ont été consignées, la mémoire d'Alain Barbetorte et de ses enfants était pour ainsi dire encore vivante à Nantes.

Du reste le chroniqueur nous a lui-même inconsciemment révélé le temps où il écrivait : car, en signalant un prodige étrange qui se serait produit à Nantes sous le gouvernement du comte Judicaël (992-1004), il affirme en avoir eu connaissance par plusieurs personnes qui l'avaient vu de leurs yeux [1]. On ne saurait donc faire descendre après 1080 environ la date à laquelle il se mit à l'œuvre.

On peut se demander si cet auteur, qui vivait au XI° siècle, a seul composé la *Chronique* tout entière, ou s'il a copié un récit antérieur qu'il aurait simplement continué. Cette dernière hypothèse a été récemment émise par M. de la Borderie. L'éminent historien suppose que la *Chronique de Nantes* a été écrite en deux fois. La première rédaction daterait de la fin du IX° siècle [2], la seconde du milieu du XI°. Le *Fragment du Val-Dieu*, publié par dom Martène, représenterait la première rédaction [3]. Ce *Fragment*, en effet, nous l'avons vu, se termine à l'année 889 ; mais j'ai montré plus haut que, suivant dom Martène lui-même, c'est une cause accidentelle, qui, dans le manuscrit du Val-Dieu, a occasionné l'interruption du récit en cette année 889. D'ailleurs, la preuve que ce *Fragment* n'est pas une œuvre de la fin du IX° siècle, c'est qu'il y est fait allusion à la prise de Nantes par les Normands, en 919, sous le règne de Charles le Simple. Le surnom de *simplex*, attribué ici au roi Charles, rejette même la composition du *Fragment du Val-Dieu* à une époque bien postérieure à 919 [4].

---

1. *In urbe Namnetica miraculum grande factum est, quod minime oblivioni tradere voluimus, sed, sicut videntes illud nobis scribentibus enarraverunt, huic paginae scriptum commendare studuimus* (voir plus loin, p. 147).

2. « La Chronique de Nantes dut être pour cette partie [règne d'Erispoé] « écrite au plus tard sur la fin du IX° siècle » (*Erispoé, roi de Bretagne*, dans la *Revue de Bret., de Vendée et d'Anjou*, 1891, t. I, p. 191). — Cf. *ibidem*, 1889, t. II, p. 67.

3. « Le texte de la Chronique de Nantes concernant la mort d'Erispoé a « été conservé dans le *Fragment d'Histoire de Bretagne de la Valdieu*, « certainement composé quelques années avant la fin du IX° siècle » (*ibidem*, 1891, t. I, p. 191, note 3).

4. *Quando Normanni iterum tempore Karoli simplicis urbem Nam-*

Rien n'autorise donc à croire que la *Chronique de Nantes* ait été rédigée à plusieurs reprises par différents auteurs. L'unité de style, qui se maintient dans cet ouvrage depuis le commencement jusqu'à la fin, l'emploi de certaines expressions caractéristiques également réparties dans l'ensemble du récit[1], la cohésion des divers chapitres entre eux et d'autres indices du même genre[2] ne me permettent pas de douter que ce travail n'ait été entrepris et mené à terme par un seul et même écrivain.

Il y a, à la vérité, un chapitre, le dix-neuvième, qui a priori pourrait passer pour avoir été conçu à la fin du IXe plutôt qu'au milieu du XIe siècle. Ce chapitre renferme une sorte de diatribe contre la nation bretonne; et il révèle une animosité que l'on ne s'attend pas à rencontrer vers l'an 1050 entre les Nantais et les Bretons. Cependant il suffit de l'analyser en détail pour constater que rien n'autorise à y voir une œuvre distincte du reste de la *Chronique de Nantes*.

L'auteur de ce chapitre ne fait que reproduire, en les amplifiant, les accusations portées contre les Bretons par les pères du concile de Soissons en 866. Dans la lettre qu'ils ont adressée au pape Nicolas Ier, lettre que le chroniqueur de Nantes a insérée dans son ouvrage[3], les évêques réunis à Soissons se plaignent de l'obstination des Bretons qui se refusent à reconnaître la suprématie religieuse de l'archevêque de Tours. Ils ajoutent: *Unde fit ut nullus cultus religionis inter eos, nullus disciplinae vigor haberi possit in illis; quoniam, quum sint barbari feritate nimia tumidi, nullis sacris institutis obediunt, nullis praeceptionibus sanctorum patrum se subdunt; sed pro libitu insipientiae malevolentiaeque suae cuncta peragunt*[4].

---

neticam omnino desertam fecerunt, haec omnia deperierunt (ch. xvii, p. 57).

1. Voir plus loin, page xxx, n. 2.
2. Il faut noter en particulier les formules de pure phraséologie qui servent de transition d'un chapitre à l'autre et qui se reproduisent fréquemment dans tout le corps de l'ouvrage. Telles sont: *ut sequitur* (ch. v, p. 13); *sicut in serie hujus relationis continetur* (ch. vii, p. 22); *satis in futuro narrabitur, sicut series hujus relationis exiget* (ch. x, p. 27), etc. — Cf. ch. i, p. 3, ch. xiii, p. 44, ch. xv, p. 51, ch. xxi, p. 68, ch. xxv, p. 75, ch. xxvii, p. 83, ch. xxxvii, p. 107, ch. xli, p. 119, et ch. iii et iv des *Miracula*, p. 146 et 147.
3. Voir ch. xvi, p. 51 et suiv.
4. Voir plus loin, p. 53.

Si maintenant l'on se reporte au texte du chapitre XIX, on s'aperçoit que l'auteur y formule les mêmes griefs en employant parfois les mêmes expressions: *Nec mirum, quia in illis Britannis nullus cultus religionis, nullus timor christianitatis, nullus amor perfectae dilectionis videtur haberi: nec leges custodiunt, nec praeceptis obediunt, nec ullis decretis intendunt*[1].

Les pères du concile de Soissons poursuivent leur réquisitoire en reprochant aux Bretons d'avoir envahi l'évêché de Nantes: *Neque ullo pacto a coepto pravitatis suae repressi sunt itinere. Hinc fit quod hactenus parochiam Namneticam a muro ejusdem urbis praesignato fratri nostro Actardo subreptam habeant: sed et res omnes ejusdem sedis obstinata pervasione detineant.*

Ce passage est ainsi paraphrasé au chapitre XIX: *Et in malitia sua persistentes, jus Turoricae metropolis violentia sua excissum, disruptum, atque parochiam Namneticam cum sede Quiriacae aulae usque modo retinuerunt, nunquam inde poenitentiam agentes.* L'auteur a poussé l'imitation jusqu'à substituer à *hactenus* les mots *usque modo*, créant ainsi une confusion, puisque ce qui était vrai en 866, pouvait ne plus l'être à l'époque où il écrivait. Il reconnaît d'ailleurs implicitement s'être inspiré de la lettre du concile de Soissons; car il ajoute: *His itaque calumniis, sicut superius narratur, satis peractis et ad nullum finem protractis.* Il ne s'est pas contenté cependant de reproduire contre les Bretons ces reproches déjà sévères; il leur a adressé de sa propre initiative un certain nombre d'injures bien plus violentes et il termine la série de ses invectives en les traitant d'hommes diaboliques, *sicque illi diabolici viri*, etc. Mais ici le doute n'est plus possible. Nous sommes en présence d'une phrase écrite par celui-là même qui, vers le milieu du XI° siècle, rédigea la *Chronique de Nantes* tout entière. C'est, en effet, avec une fréquence significative, que reviennent dans son récit, depuis le commencement jusqu'à la fin, les mots *ille diabolicus vir, illi viri diabolici*, expressions caractéristiques, dont il se sert pour désigner des hommes plus ou moins dépravés[2].

Force est donc d'admettre qu'aux environs de l'an 1050 les Nantais, ou du moins une certaine classe de Nantais, professaient

---

1. Voir plus loin, p. 64.
2. Cf pages 19, 64, 81, 96, col. 1, 110, 111, 117, 145.

à l'égard de la nation bretonne des sentiments d'hostilité que n'eussent point désavoués leurs ancêtres du ix° siècle. Mais on s'étonne que ces sentiments aient pu alors se produire au jour, et peut-être y a-t-il là l'indication du moment précis auquel écrivait le chroniqueur de Nantes.

Cela m'amène à dire quelques mots de la situation politique et religieuse de la ville de Nantes vers le milieu du xi° siècle. — A la mort du comte Mathias Ier, en 1050, la ville et le pays de Nantes étaient tombés en la possession de Judith, héritière du défunt et femme d'Alain Canhiart, comte de Cornouaille. A cette époque, bien que la réunion du comté de Nantes à la Bretagne fût déjà ancienne, la noblesse, le clergé et le peuple étaient encore par leurs coutumes et par leur langage beaucoup plus français que bretons. La fusion entre les deux races était loin d'être opérée.

Lorsqu'Alain Canhiart vint, avec son fils Hoël, prendre le gouvernement du comté de Nantes, il amena avec lui un grand nombre de seigneurs du pays de Cornouaille. Ceux-là étaient des Bretons bretonnants. Alain et Hoël leur distribuèrent les diverses charges de leur nouvelle cour[1], et aussi sans doute, au détriment du clergé, une partie des revenus ecclésiastiques. Les anciens conseillers du comte Mathias, pour ne pas perdre tout crédit, se virent contraints de faire bon accueil à ces étrangers. Dès lors les rapports devinrent plus intimes entre les Bretons et l'aristocratie nantaise ; et cependant, longtemps encore, dans les documents officiels, on continua à distinguer, parmi les personnes qui composaient l'entourage du comte, les seigneurs venus de Bretagne de ceux que leur naissance rattachait au pays nantais[2].

Il résulte de ce simple exposé que l'auteur inconnu, qui entre

---

[1]. D'après une charte de l'abbaye de Redon de l'an 1062, il semblerait que la cour du comte de Nantes fût presque entièrement composée de Bretons. On y lit en effet : *In curia Namnetensis comitis ceterorumque laicorum Britonum de causa ecclesie petivere judicandum* (Cartulaire de Redon, p. 382).

[2]. Cette distinction, entre les seigneurs bretons et nantais de la cour du comte, est clairement indiquée dans une charte de 1085 environ, où on lit à la fin : *Haec condonatio Namnetis fuit facta.... Cujus rei testes sunt, de laicis, Alanus, filius Riwaloni, Daniel de Palatio, Gaufridus Normannus, Warinus dapifer,* ceterique Namnetenses; *de Britonibus, Jestin, filius Daniel, Alan, filius Guegon, Gurmahalon, filius Glevian,* etc. (dom Lobineau, *Histoire de Bretagne*, II, 119).

les années 1050 et 1080 environ rédigea la *Chronique de Nantes*, n'était point un laïque. Car ce ne pourrait être que dans le voisinage de la cour qu'un tel historien se fût rencontré, et là nul n'aurait osé écrire contre la nation bretonne le chapitre injurieux que je signalais tout à l'heure. Cet auteur devait appartenir au clergé.

La place exceptionnelle, que l'histoire religieuse occupe dans la *Chronique de Nantes* suffirait à prouver ce fait. On y trouve la liste complète des évêques de Nantes depuis l'année 813 jusqu'en 1049 avec de nombreux détails sur leur vie et leur administration[1]; neuf chapitres sont consacrés aux origines de la séparation qui se produisit au ixe siècle, entre les évêchés bretons et la métropole de Tours[2]; on y lit aussi, outre la description de la cathédrale de Nantes, détruite et réédifiée à plusieurs reprises[3], la relation de faits merveilleux survenus dans les diverses églises de la ville et de la banlieue[4]. Enfin notre auteur eut communication des archives de l'évêché et du chapitre; c'est là qu'il découvrit les privilèges accordés par les ducs de Bretagne aux prélats et aux chanoines nantais, privilèges qu'il a eu soin d'insérer in-extenso dans son ouvrage[5]. Il était donc ecclésiastique, et j'ajouterai chanoine de la cathédrale de Nantes.

Les termes émus dont il se sert pour dépeindre l'état lamentable dans lequel les Normands avaient mis la cathédrale pendant leur long séjour à Nantes (919-937); les regrets que lui inspire la perte des richesses et des droits dont disposaient l'évêque et les chanoines, avant que l'invasion normande les eût forcés à s'exiler en Bourgogne; la mention des quatre chanoines, Létard, Oger, Hugues et Durand, qui seuls ne moururent pas en exil et purent rentrer à Nantes, lorsque les pirates en furent expulsés[6], tout cela me paraît révéler chez l'auteur une préoccupation singulière et un intérêt significatif pour ce qui touche à la mémoire de l'évêque et des membres du chapitre.

---

1. Cf. chapitres v, ix, x, xx, xxi, xxiii, xxiv, xxvi, xxxi, xxxv, xlii, xlvi, xlvii et xlviii.
2. Chapitres xi à xix.
3. Cf. ch. i, xxiv, xxviii, xxxv et xlii.
4. Voir ch. xxxvi et i, ii, iii, iv des *Miracula*.
5. Chapitres xiv, xxii et xxv.
6. Cf. ch. xxx, p. 92, et xxxi, p. 94.

Mais là où il se trahit pour ainsi dire lui-même, c'est lorsqu'il énumère, avec complaisance et non sans exagération, les possessions territoriales et les revenus de toutes sortes autrefois réunis entre les mains du pontife nantais, énumération qu'il termine par cette phrase caractéristique: *de his omnibus canonici ecclesiae Namneticae ad eorum stipendia tertiam partem possidebant*[1]. Ces mots, à ne s'y pas méprendre, ont été écrits par un chanoine de Nantes qui ne pouvait songer sans envie à l'antique opulence de ses prédécesseurs[2].

Il a donc existé, vers le milieu du xie siècle, dans le clergé nantais un parti hostile aux Bretons; et ce parti était assez puissant pour qu'il s'y soit rencontré un écrivain qui n'ait pas craint, au mépris du comte et des seigneurs de la cour, de publier contre le peuple breton une diatribe aussi passionnée que celle qui se lit au chapitre xix de notre chronique. Il n'est d'ailleurs guère admissible qu'un chanoine ait mis au jour cette diatribe à l'insu de l'évêque, et j'en conclurai qu'à un certain moment il a dû y avoir à Nantes conflit entre le pouvoir civil et le pouvoir religieux.

Jusqu'en ces derniers temps, il aurait été difficile de se prononcer sur la nature de ce conflit; car les érudits avaient embrouillé comme à plaisir la chronologie et l'histoire des pontifes, qui à cette époque administrèrent le diocèse de Nantes. Mais un travail récent, vraiment digne d'éloges, est venu dissiper en partie l'obscurité répandue sur cette page des annales nantaises. M. René Blanchard, dans un savant article paru l'an dernier[3], a établi les faits suivants. Après la déposition de Budic au concile de Reims, en 1049, le pape Léon IX nomma lui-même, comme évêque de Nantes, un prêtre italien Airard, qui était abbé du monastère de Saint-Paul de Rome. Airard prit possession du siège de Nantes vers le mois de juillet 1050. Il avait reçu du pape la mission spéciale de faire restituer aux églises de son diocèse les revenus et les biens dont s'étaient emparés les laïques, et aussi de combattre de

---

1. Voir plus loin, p. 95.
2. Il est bon de noter aussi que le manuscrit original de la *Chronique de Nantes* était la propriété des chanoines nantais, qui jusqu'à la fin du xve siècle le conservèrent soigneusement dans leurs archives (Voir plus haut, p. ix-x).
3. Cet article est intitulé, *Airard et Quiriac, évêques de Nantes (1050-1079)*; il a paru dans la *Revue de Bretagne, de Vendée et d'Anjou*, année 1895, t. I, p. 161-180, 241-255, 321-341.

tout son pouvoir la simonie, alors ouvertement pratiquée par le clergé nantais[1].

« Les prédécesseurs d'Airard, dit M. Blanchard[2], toléraient un
« mal très général alors : l'hérédité des biens ecclésiastiques ;
« eux-mêmes n'étaient pas exempts de tout reproche à ce sujet,
« et la déposition de l'évêque Budic, qui n'avait pu se défendre
« de simonie, expliquait suffisamment le choix qu'avait fait
« Léon IX d'un prélat étranger. Celui-ci, aussitôt arrivé dans son
« diocèse, s'était empressé d'enrayer le mal et d'obtempérer aux
« décisions des conciles; mais les abus étaient enracinés, et c'est
« vraisemblablement à vouloir les réprimer que le nouveau pon-
« tife devint impopulaire. »

Il est certain en effet qu'Airard, en raison même des réformes qu'il voulait opérer, ne tarda pas à rencontrer une vive opposition dans une certaine classe de la population nantaise. Son élection avait coïncidé avec la prise de possession du comté de Nantes par Alain Canhiart et son fils Hoël. Alain et Hoël, bretons de Cornouaille, étaient, comme leurs compatriotes, accoutumés à tolérer les plus graves désordres chez le clergé séculier. —
« En Bretagne, les évêchés relevaient du comte, les paroisses
« du seigneur, et ceux-ci, s'arrogeant le droit de nomination aux
« fonctions ecclésiastiques, en investissaient souvent des guerriers
« qui n'étaient pas clercs ou qui étaient des clercs fort peu recom-
« mandables. Il en résulta de regrettables écarts: des prêtres,
« quelques évêques même se marièrent, et l'on vit des femmes se
« qualifier de prêtresses, *sacerdotissae*. L'évêque de Quimper,
« Orscand, obtint d'Alain Canhiart, son frère, la permission
« d'épouser la fille du sire de Crozon, moyennant l'abandon d'une
« des terres du chapitre : cette femme, fière et hautaine, refusa un
« jour de saluer dans la cathédrale la comtesse de Cornouaille, et

---

1. La façon dont Airard s'acquitta de sa mission est assez nettement indiquée par son successeur Quiriac dans une charte de l'année 1064. On y lit :
*Quum in episcopatu Namnetensi venerabili episcopo Airardo succes-
serimus, vix aliquam totius episcopatus Namnetensis ecclesiam laica-
rum subjectione vel potestate personarum esse liberam [invenimus],*
LICET VENERABILIS PRAEDICTUS EPISCOPUS, DUM VIXERIT, OMNEM LAICALIS
PERSONAE CONDITIONEM VIRTUTE SPIRITUS SANCTI IN SUO EPISCOPATU A
DEI ECCLESIA EXPULISSET (*Gallia christiana*, XIV, *Instr.*, col. 172).
2. Mém. cité, p. 253.

« l'évêque, pour apaiser le courroux du comte, dut lui céder
« encore un autre domaine capitulaire[1]. »

On comprend quel appui durent trouver auprès d'Alain Canhiart et d'Hoël, devenus maîtres de Nantes, certains prêtres intéressés à maintenir ou même à introduire dans le diocèse quelques-uns de ces abus que l'évêque Airard, fidèle aux instructions du pape, s'efforçait de réprimer. Par la force de ces divers courants d'opinions, il se forma nécessairement à Nantes deux partis adverses. L'un, composé de tous les clercs ralliés à la politique de la papauté, et aussi des laïques désireux de résister à l'influence grandissante des Bretons, avait à sa tête l'évêque Airard, italien d'origine, qui ne pouvait ressentir que de l'antipathie pour la race bretonne dont il ne comprenait certainement ni la langue ni les mœurs. L'autre, le parti de la cour, comprenait tous les Nantais, prêtres ou laïques, qui pensaient obtenir du comte breton les faveurs que leur faisait espérer le changement de régime.

Ce dernier parti fut le plus fort. On possède une lettre écrite vers 1054 au pape Léon IX par le comte et par un certain nombre d'ecclésiastiques et de fidèles[2]. On y voit que la haine entre les deux camps était profonde : les auteurs de cette lettre se plaignent en termes excessifs du pontife que le pape leur a envoyé et ils demandent qu'on leur laisse la liberté de se choisir un autre pasteur. La situation ne devait pas tarder à devenir intolérable pour Airard ; il fut contraint d'abandonner son diocèse. Le 13 avril 1059, il était de retour à Rome et avait repris le gouvernement du monastère de Saint-Paul, où il mourut vers le mois de décembre 1060[3]. La cause des Bretons triomphait à Nantes. Aussitôt qu'Airard eut quitté la ville, le comte Hoël[4]

---

1. *La Bretagne aux grands siècles du moyen âge : résumé du cours d'histoire de M. A. de la Borderie*, Rennes, Plihon et Hervé, 1892, in-12, p. 94-95.

2. Voici l'adresse et la suscription de cette lettre : *Venerabili multumque verendo papae L. clerici Namnetensis ecclesiae et cum comite populus, humilem tantoque non indignam patri devotionem* (Martène, *Thesaurus novus anecdotorum*, I, col. 172).

3. Il vivait encore en septembre 1060 ; mais il était certainement mort au mois de mars 1064 (R. Blanchard, mém. cité, p. 179).

4. Alain Canhiart, père d'Hoël, mourut en 1058. Hoël devint en 1066 duc de Bretagne.

chargea son frère Quiriac d'administrer l'évêché. Quiriac, pendant quelque temps, prit le titre d'évêque désigné ; il ne fut consacré qu'au mois de janvier 1061[1], probablement lorsque la nouvelle de la mort d'Airard fut parvenue à Nantes. A dater de ce moment, le comté et le diocèse se trouvèrent entièrement soumis à la domination bretonne. Quiriac mourut en 1079, mais son frère Benoît lui succéda et conserva la possession de l'évêché jusque vers l'année 1112[2].

Cette longue digression sur un état de choses, naguères encore mal connu, était utile à faire, parce qu'elle permet de préciser l'époque à laquelle fut rédigée la *Chronique de Nantes*. J'ai montré que l'auteur était un chanoine, ennemi des Bretons. D'après ce qui précède, il paraît impossible d'admettre que cet auteur se soit mis à l'œuvre sous l'épiscopat des fils d'Alain Canhiart, Quiriac et Benoît, alors que le parti des Bretons prédominait de toutes parts, dans le clergé comme à la cour. La *Chronique de Nantes*, conforme aux visées politiques de l'évêque Airard et à celles de la papauté, a dû être composée à l'instigation d'Airard lui-même, et par conséquent entre les années 1050 et 1059. — Cette conclusion est confirmée par plusieurs observations qu'il me reste à exposer.

On sait que, jusque vers le milieu du IXe siècle, tous les évêchés de Bretagne relevaient juridiquement de la métropole de Tours. Mais, en l'année 848, le duc Nominoë, afin de rompre tous rapports entre les Bretons et les Francs, bouleversa de fond en comble cette organisation. Il créa un archevêché à Dol, et, détachant de la province de Tours les diocèses bretons, il les réunit à cette nouvelle métropole. Jamais l'entreprise de Nominoë ne fut approuvée ni par les papes ni par les évêques français : mais cependant, malgré la désapprobation du Saint Siège et les fréquentes réclamations des conciles, les prélats bretons persis-

---

1. R. Blanchard, mém. cité, p. 323.
2. Sous les longs épiscopats de Quiriac et de Benoît, la population nantaise dut perdre une partie de ses préjugés contre la nation bretonne. Cependant, il subsista dans le clergé une faction hostile aux Bretons, comme l'a montré dom Lobineau. Lorsque Benoît eut abandonné l'administration du diocèse à l'évêque Brice, un des premiers soins de celui-ci fut de mettre son église sous la protection du roi de France, Louis VI, témoignant ainsi combien la domination des Bretons lui était à charge (dom Lobineau, *Hist. de Bretagne*, I, 129).

tèrent, durant deux siècles environ, à se considérer comme indépendants du reste de l'église de Gaule et à se grouper autour de l'archevêque de Dol.

Il y avait presque cent ans que la métropole de Tours semblait même avoir renoncé à ses justes prétentions, lorsqu'au concile de Reims, en 1049, le pape Léon IX se décida à reprendre la poursuite de cette affaire. L'archevêque de Dol fut cité à comparaître au prochain synode qui devait se tenir à Rome le 29 avril 1050; mais il ne répondit pas à cet appel. Excommunié pour cause de simonie, il fut invité à venir se défendre lui-même au synode convoqué à Verceil le 1er septembre 1050 [1].

Le clergé de Tours de son côté ne resta pas inactif. Fort de l'appui du pape, il se mit à rechercher de tous côtés dans les archives de l'évêché les anciennes bulles des papes et les décisions des conciles qui témoignaient à l'envi des procédés irréguliers, au moyen desquels Nominoé avait proclamé de sa propre autorité l'indépendance de l'église de Bretagne.

Sur ces entrefaites, le pape Léon IX nomma comme évêque de Nantes l'italien Airard, qui, comme on l'a vu, avait été spécialement choisi pour remplir une mission des plus difficiles. Seul de tous les diocèses de Bretagne, celui de Nantes était jusque-là demeuré fidèle à la métropole de Tours [2]. En ce moment de crise, il fallait craindre la contagion de l'exemple, et il semblait nécessaire de confier le siège vacant à un prélat, qui osât résister

---

1. Cf. Hefélé, *Histoire des Conciles*, traduction de l'abbé Delarc, VI. p. 306 et 325. — Voir aussi Labbe, *Conciles*, IX, col. 993.
2. Les preuves de la soumission des évêques de Nantes au métropolitain de Tours sont nombreuses. Au IXe siècle, Actard et ses successeurs ne consentirent jamais à faire cause commune avec les évêques bretons, qui étaient parvenus à étendre leur juridiction sur la partie septentrionale du diocèse de Nantes (Voir plus loin, p. 40, 42, 64, 65 et 79). Vers 981, nous voyons Guérech se rendre à Tours pour se faire consacrer évêque de Nantes (*ibidem*, p. 116 et 117). Enfin les actes du concile de Reims témoignent qu'en 1049 l'archevêque de Dol n'avait que sept suffragants; le huitième évêché de Bretagne, celui de Nantes, n'avait donc pas cessé de reconnaître la suprématie de la métropole de Tours. — *Turonenses clerici querelam intulerunt super Dolensi episcopo, qui se cum septem suffraganeis a Turonensi archiepiscopo subtraxerat, sibique archipraesulis nomen contra fas vendicaverat* (Labbe, *Conciles*, IX, col. 1039. — Voir aussi D. Lobineau, *Hist. de Bretagne*, I, 94).

à la pression que pouvait exercer sur le clergé nantais le duc de Bretagne dont l'autorité s'étendait à tout l'évêché. C'est du sein de cette effervescence religieuse que sortit la *Chronique de Nantes*.

L'auteur, comme on devait s'y attendre, a longuement traité des origines du différend entre Dol et Tours, montrant ainsi qu'au temps où il écrivait cette question passionnait de nouveau les esprits. Partisan de l'évêque Airard, il a embrassé avec ardeur la cause de la métropole de Tours, et il a publié les principaux documents qui devaient servir de pièces à conviction dans le procès pendant en cour de Rome, entre autres une lettre où le pape Nicolas Ier blâme en termes formels la conduite du duc Nominoé. Mais, sur le point de transcrire cette lettre, il ne peut s'empêcher de déplorer la perte d'un grand nombre de titres qui auraient contribué à établir plus solidement le bon droit des archevêques de Tours. « Tous ces titres, dit-il, ont « disparu pendant l'invasion des Normands, et si la lettre de « Nicolas Ier n'avait été retrouvée de nos jours dans les archives « de l'église de Tours, il ne nous serait rien resté de ces temps « reculés [1]. »

Peut-être même servit-il alors d'intermédiaire entre l'évêque de Nantes et l'archevêque de Tours. Sa science incontestable des vieilles écritures et sa culture littéraire le désignaient à l'attention d'un parti, désireux de découvrir et de mettre en œuvre toutes les pièces susceptibles d'ébranler davantage la cause déjà chancelante de l'épiscopat breton. C'est sans doute à Tours qu'il prit copie de la lettre de Nicolas Ier; c'est là aussi qu'il dut avoir connaissance des catalogues épiscopaux de la métropole, ainsi que des canons promulgués par Hérard [2]. Un fait significatif montre bien qu'il joua un rôle assez important dans toute cette affaire.

A une époque voisine de celle dont nous nous occupons, le clergé de Tours mit en circulation une sorte de pamphlet connu sous le nom d'*Indiculus de episcoporum Britonum depositione*.

---

1. *Haec omnia deperierunt, et, nisi haec epistola in sede Turonica, ubi temporibus nostris reperta fuit, servaretur, minime reperirentur* (ch. xvii, p. 57-58).
2. Voir à ce sujet le chapitre suivant.

Cet *Indiculus*, œuvre de polémique dont le but évident était de créer un courant d'opinions contraire aux prétentions de l'archevêque de Dol, a été extrait presque mot pour mot de la *Chronique de Nantes*[1]. Il y a là une preuve certaine de l'autorité dont jouissait à Tours l'œuvre du chanoine nantais.

Lorsque la domination des comtes de Cornouaille se fut solidement établie à Nantes, et que, en face du nouvel état de choses, l'évêque Airard eut été forcé de quitter la cité, abandonnant au breton Quiriac l'administration du diocèse, ceux des prêtres nantais, qui étaient restés attachés à la cause de l'église de Tours, furent réduits au silence. D'ailleurs, à dater du concile qui se tint à Tours en 1060[2], le procès intenté à l'archevêque de Dol traîna quelque temps en longueur. Condamnés par les pères du concile de Saintes au mois de janvier 1081[3], plusieurs évêques bretons refusèrent de se soumettre aux décisions du concile, et ce procès ne fut terminé que cent ans plus tard par une sentence du pape Innocent III, qui obligeait l'évêque de Dol et ses suffragants à reconnaître la suprématie de la métropole de Tours[4].

La conclusion, qui ressort des discussions précédentes, est que l'auteur de la *Chronique de Nantes* composa son œuvre entre les années 1050 et 1059. Chanoine de la cathédrale de Nantes, il semble avoir entrepris ce travail à l'instigation de l'évêque Airard. Sur toutes les questions religieuses, qui divisaient alors le clergé nantais, il avait adopté la manière de voir de la papauté, et, fidèle à l'église de Tours, il s'était rangé dans le parti hostile aux Bretons. Mais, en raison même des passions dont il subissait l'influence, ses opinions ne pouvaient être exemptes de partialité, et par conséquent il ne faut pas admettre sans contrôle tout ce qu'il a écrit relativement aux origines du différend entre l'église de Bretagne et celle de Tours.

Si l'on veut pousser plus loin la recherche de son identité, il

---

1. Voir la discussion de cette question au chapitre suivant.
2. Cf. Mansi, *Collectio conciliorum*, t. XIX, col. 925-930.
3. Voir Héfélé, livre cité, VI, 610.
4. La bulle d'Innocent III est du 1er juin 1199. La meilleure édition de cette bulle est celle qu'en a donnée récemment M. L. de Grandmaison dans le *Cartulaire de l'archevêché de Tours* (*Mém. de la Soc. arch. de Touraine*, 1892, t. XXXVII, p. 137 et suiv.).

est bon de faire observer qu'au temps où il vivait, les hommes doués d'une réelle instruction littéraire n'étaient pas nombreux. En dehors du voisinage des églises cathédrales, il n'existait alors que peu d'endroits où l'on professât les lettres et les sciences. Les Universités n'étaient pas encore constituées, et seules les écoles capitulaires fonctionnaient régulièrement dans les cités épiscopales. On sait que la direction de ces écoles était toujours confiée à un dignitaire du chapitre, habituellement au chancelier, qui avait sous ses ordres un certain nombre de maîtres des études. C'est, suivant toute vraisemblance, parmi les chanoines, chargés à la fois des soins de la chancellerie et des enseignements de l'école, qu'on peut espérer distinguer celui qui a rédigé la *Chronique de Nantes*. Malheureusement, sous l'épiscopat d'Airard, aucun d'entre eux ne s'est signalé d'une façon particulière à l'attention des érudits, et c'est à peine si de cette époque les noms de quelques-uns des membres du chapitre sont parvenus jusqu'à nous[1]. Une découverte ultérieure permettra peut-être d'élucider ce problème, qui ne me paraît pas comporter actuellement de solution plus précise.

IV.

SOURCES DE LA CHRONIQUE.

Les renseignements précis et authentiques, que renferme la *Chronique de Nantes* sur l'histoire de Bretagne à l'époque carolingienne, prouvent que l'auteur a consulté et utilisé d'anciens documents écrits, qui avaient survécu aux dévastations exercées par les pirates danois pendant leur long séjour dans la cité nantaise. Malheureusement la plupart de ces documents n'existent plus aujourd'hui, et, si cette disparition ajoute à la valeur de l'ouvrage dont je m'occupe, elle rend difficile l'étude que je me propose de faire en ce chapitre.

---

1. On peut citer, sous l'épiscopat d'Airard, Alveus et Guillaume, archidiacres, Jean, Hubert, Durand, Etienne, Senfrid, Marcherius et Bili, chanoines de la cathédrale de Nantes (Cf. R. Blanchard, mém. cité, p. 244-248).

SOURCES DE LA CHRONIQUE

Le chroniqueur de Nantes n'a que très exceptionnellement fait mention des sources dont il a tiré profit. Cependant, il s'est au moins une fois départi de ce silence ; car, après avoir reproduit certaine relation d'un annaliste du ix° siècle, il adresse à son lecteur l'avertissement suivant : « Les notaires, dit-il, qui ont écrit « les annales que je viens de citer, n'ont pris aucun soin de « raconter les événements avec ordre, mais ils les ont relatés au « fur et à mesure qu'ils en étaient informés ; et, puisque par « paresse ou négligence ils ont laissé dans l'oubli tant de faits « dignes de mémoire, ils ne méritent ni trop d'éloges ni trop de « blâmes [1]. »

Le récit, qui a suggéré au chroniqueur l'observation précédente, se rapporte à la prise et au sac de la ville de Nantes par les Normands en 843. Ce récit a été composé par un contemporain du désastre. Il a été retrouvé au xvi° siècle par Bertrand d'Argentré dans un registre de chartes de l'abbaye de Saint-Serge d'Angers, où il était accompagné d'une autre note annalistique très curieuse relative au siège de la ville d'Angers par les Normands en 873 [2]. Ces deux textes, l'un de 843, l'autre de 873, sont les seuls fragments qui nous soient parvenus d'annales rédigées au ix° siècle dans l'ouest de la Gaule. A en juger par la valeur de ces fragments, on ne saurait trop déplorer la perte de l'œuvre historique à laquelle ils appartenaient [3].

---

1. *Notarii autem, qui hujusmodi annalia scripta descripserunt, minime narrationem rerum cunctarum curaverunt per ordinem referre, sed, sicut quaeque singularia a referentibus eis adnuntiabantur, sub nimia brevitate denotavere. Et, quia illorum inertia aut incuria tanta necessaria memoriae digna oblivioni data sunt, nec satis laudandi sunt nec vituperandi* (ch. vii, p. 18).

2. Cf. B. d'Argentré, *Histoire de Bretagne*, Paris, 1588, in-folio, p. 128 et 145. Ces deux fragments d'annales ont été reproduits par Duchesne, *Historiae Francorum Scriptores*, II, 386 et 400, et plus récemment par Mabille et Marchegay, *Chroniques des églises d'Anjou*, p. 129-133.

3. Mabille et Marchegay ont cru que les deux fragments publiés par d'Argentré appartenaient à la chronique de Saint-Serge d'Angers ; mais la découverte du manuscrit original de cette chronique a prouvé que c'était là une erreur (Voir L. Auvray, *Le manuscrit original de la chronique de Saint-Serge d'Angers*, dans la *Bibliothèque de l'Ecole des Chartes*, t. LIII, année 1892, p. 438, note 3). Cependant, en considération du lieu où ces fragments ont été trouvés par d'Argentré, j'ai donné aux annales dont ils faisaient partie le titre d'*Annales Sancti Sergii Andegavensis* (voir plus loin, p. 15). Mais je n'ai adopté ce titre que sous toutes réserves et faute d'avoir pu en découvrir un plus certain.

Le chroniqueur de Nantes, qui avoue avoir eu cette œuvre entre les mains, n'a point utilisé tout ce qu'elle contenait, puisqu'il a passé sous silence l'épisode du siège d'Angers par les Normands en 873. Mais il lui a emprunté plusieurs renseignements dignes de foi, qui, s'il ne les avait reproduits, ne seraient pas arrivés jusqu'à nous. Tels sont ceux qu'il a recueillis sur les comtes de Nantes, Richuin, Renaud et Lambert (ch. iv, p. 8-11). Les chapitres vii et viii (p. 18-25) ont probablement la même origine, et, pour cette raison, ils constituent l'un des passages les plus importants de la *Chronique de Nantes*. Enfin je regarde comme ayant été aussi puisée à cette source la narration des derniers temps de la vie du comte Lambert (ch. x, p. 29-30).

D'ailleurs, ces annales du ixe siècle ne sont pas les seules que notre auteur ait eues à sa disposition. Il a connu d'autres textes narratifs ayant trait à l'histoire de Bretagne pendant le xe siècle. Il y fait allusion à propos de l'invasion des Normands dans la Loire en 919. « Je veux, dit-il, faire savoir à la postérité, *ainsi « que je l'ai appris par plusieurs relations*[1], la façon dont les « Normands se sont alors emparés de Nantes, d'Angers et d'Or-« léans, dévastant les églises et incendiant les monastères, les « bourgs et les châteaux. »

Il est actuellement impossible de dire au juste quelles étaient ces relations mises à contribution par le chroniqueur de Nantes. Cependant je ferai observer qu'il existait encore à la fin du xve siècle, dans les archives et les bibliothèques de Bretagne, diverses annales, où étaient consignés certains faits véridiques remontant jusqu'au xe siècle. Ces annales ont été compulsées par Pierre Le Baud, qui les désigne dans son *Histoire de Bretagne* sous le titre générique de *Chronicques annaux*[2]. Je ne prétends

---

1. *Sicut in pluribus relationibus didicimus* (ch. xxvii, p. 83).
2. Le Baud désigne certainement sous ce nom de chronicques annaux plusieurs œuvres distinctes. En différents endroits de son *Histoire de Bretagne*, il se réfère aux annaux des églises de Dol, de Redon, de Nantes, d'Angers, etc. Ces annales, qui sont toutes perdues aujourd'hui, ont été peut-être en majeure partie composées postérieurement à la *Chronique de Nantes*; mais il est légitime d'admettre qu'elles ont emprunté à des annales plus anciennes le récit d'événements relatifs aux ixe et xe siècles. — Dom Lobineau s'est efforcé de reconstituer, d'après la *Vetus collectio manuscripta ecclesiae Namnetensis*, le texte des chronicques annaux; mais il n'est arrivé à former ainsi qu'une compilation sans grande valeur où entrent des éléments

pas reconstituer ici la physionomie primitive de ces chronicques annaux, qui, même à l'époque où vivait Le Baud, étaient peut-être déjà défigurées ; mais je voudrais montrer par quelques exemples que plusieurs fragments d'annales bretonnes, antérieurs à la chronique de Nantes, ont subsisté jusqu'à nos jours.

L'un de ces fragments se rapporte aux troubles qui survinrent en Bretagne à la suite de la mort du duc Salomon, et aux disputes qui s'élevèrent alors entre les comtes de Rennes, de Vannes, de Léon et de Goëllo[1]. Les historiens modernes ont à juste titre ajouté foi à cette relation qui semble dériver d'une source historique fort ancienne.

Un autre texte plus curieux encore a été mis au jour par Le Baud, qui, suivant sa méthode habituelle, l'a traduit en français, et, comme ce texte est assez court et que l'ouvrage de Le Baud se trouve seulement à la portée d'un petit nombre d'érudits, je reproduis ici le passage en entier. Il s'agit d'une victoire éclatante remportée en 931 par les Bretons sur les Normands :

« Juhaël, le comte de Rennes, fils de Bérenger, veant la liberté
« de ses pères troublée par les molestations des Normans, assem-
« bla exercito des Bretons, et entreprit les débouter du païs. Si
« les assaillit à Kan par bataille et premier Flestan leur duc, qui
« avecques grand puissance desdits Normans vint fièrement
« contre les Bretons espérant les vaincre comme ès temps de
« devant ; mais ledit Flestan fut navré dès le commancement de
« l'estrif, et cheut mort entre les siens. Lesquels adonc par celle
« adventure destituez d'espérance de victoire, cognoissants l'ini-
« mitié de leurs adversaires, furent moult angoesseux, et cuidans
« se retraire en Neustrie à leurs compagnons fuirent au rivage
« de la mer, où ils avoient plusieurs nefs ancrées ; mais, avant

---

empruntés aux œuvres les plus diverses (Voir *Histoire de Bretagne*, II, col. 351 et suiv.).

1. Ce fragment commence ainsi : *Hic Salomon rex*, etc...... et se termine par les mots *solitudinem redacta sit* (Cf. dom Lobineau, *Hist. de Bretagne*, II, col. 42). Dom Lobineau a trouvé ce récit dans la *Vetus coll. ms. eccl. Namn.*, et il l'a inséré dans son édition de la Chronique de Nantes ; mais la découverte du manuscrit de la Chartreuse du Val-Dieu a prouvé que dom Lobineau s'était mépris sur l'origine de ce fragment. P. Le Baud, dit d'ailleurs (*Hist. de Bretagne*, p. 122 et 123) qu'il a extrait le passage en question des *Chronicques annaux*, et ce témoignage aurait dû avertir dom Lobineau de son erreur.

« qu'ils peussent entrer dedans, ils furent rattains par les Bre-
« tons qui s'en vengèrent cruellement : car les uns navrez de
« plusieurs playes mortelles se précipitèrent dedans la mer sallée,
« et les autres détranchèrent sur les bords de leurs dits navires,
« et tant que de merveilleuse multitude desdits Normans, qui
« s'estoient assemblez contre Juhaël Bérenger, n'en demoura que
« peu en vie que les Bretons gardèrent pour en avoir rançon. Et
« de ceste victoire survint autre misère aux autres Normans,
« qui au païs estoient demourez : car les Bretons qui avoient
« vaincu Flestan prindrent audace d'envahir le demourant, et
« s'espandirent par la région : et, selon les Chronicques annaux,
« le jour de Saint Michel en l'an de Nostre Seigneur 931 occirent
« tous les Normans qu'ils peurent trouver en Bretagne après
« Flestan leur duc. Après laquelle occision, le surplus desdits
« Normans qui eschappèrent, effrayez par le péril de leurs com-
« pagnons, se retraïrent ès forts qu'ils tenoient, et par l'aide
« d'autres Normans qu'ils mandèrent quérir en Neustrie les def-
« fendirent contre les Bretons[1]. » — Flodoard, dans ses annales,
parle de ce massacre des Normands et de la mort de Flestan,
qu'il appelle Félécan[2]. La concordance de son témoignage avec
celui du récit traduit par Le Baud montre que ce récit lui-même
a été composé à une époque voisine de l'événement.

Enfin, comme dernier exemple, je signalerai un fragment de
chronique bretonne, dont le texte latin s'est conservé dans diverses compilations du XVe siècle et que Le Baud a également
traduit en français d'après les *Chronicques annaux* (*Hist. de
Bretagne*, p. 138). Il y est raconté comment le comte de Rennes
Conan parvint vers l'an 965 à se soustraire à la domination
qu'exerçait sur lui et les siens l'archevêque de Dol, Wicohenus[3].

---

1. *Histoire de Bretagne*, p. 132.
2. *Interea Brittones, qui remanserant Nordmannis in Cornu Galliae
subditi, consurgentes adversus eos qui se obtinuerant, in ipsis sollem-
niis Sancti Michaelis omnes interemisse dicuntur, qui inter eos mora-
bantur, Nordmannos, caeso primum duce illorum nomine Felecan*
(Flodoard, *Annales ad ann.* 931).
3. Voici, d'après la Chronique de Saint-Brieuc (ms. lat. de la bibl. nationale, n° 6003, f° 85 r°, col. 1), le texte de ce fragment : *Iste vero Conanus
primo patrem suum et matrem cum exigua familiola eorum a mensa et
tutela Wichoeni Dolensis archiepiscopi retraxit, deinde patrimonia
eorum et sua sibi viriliter vindicans, eumdem archiepiscopum ad sedem*

Ces quelques récits, indépendants de la *Chronique de Nantes*, suffisent, je crois, à prouver que celle-ci n'est point le premier essai historique qui ait été tenté en Bretagne, et que le chanoine de Nantes du xi° siècle put mettre à profit plus d'une relation écrite par des devanciers. Nous ne possédons plus que des fragments épars de ces relations, qui, à l'époque où fut rédigée la *Chronique de Nantes*, devaient être nombreuses encore, et, suivant toute vraisemblance, notre auteur se réfère à ces œuvres disparues, lorsqu'il dit au chapitre xxvii, *sicut in pluribus relationibus didicimus*.

Il me reste à passer rapidement en revue dans la *Chronique de Nantes* les principaux passages qui me semblent ne pouvoir dériver que de ces annales bretonnes, dont je me suis efforcé de saisir la trace. En première ligne, je noterai l'invasion des Normands dans la Loire en 919, la prise et la dévastation des villes de Nantes, d'Angers et de Tours, le siège d'Orléans, tous événements, qui, au dire de l'auteur lui-même, se trouvaient relatés de son temps dans plusieurs écrits (ch. xxviii, p. 84-86). Je citerai encore les divers combats qui forcèrent les Normands à évacuer la Bretagne (ch. xxix, p. 89), la prise de possession et la restauration de la ville de Nantes par le duc Alain Barbetorte (ch. xxxi, p. 92), le traité de paix entre Alain et le comte de Poitiers, Guillaume Tête d'Étoupes (ch. xxxii, p. 96), le mariage du duc de Bretagne avec la sœur de Thibaut le Tricheur, comte de Blois (ch. xxxiv, p. 102 et 103), les derniers instants d'Alain Barbetorte (ch. xxxvi, p. 105), la régence de Bretagne, confiée à Thibaut le Tricheur et à Foulques d'Angers pendant la minorité de Drogon, fils du duc Alain (ch. xxxvii, p. 107-109), le siège de Nantes par les Normands en 960 (ch. xxxviii, p. 111), les guerres des comtes de Nantes, Hoël et Guérech, contre Conan, comte de Rennes (ch. xxxix et xl, p. 113, 118 et 119), et enfin la lutte

---

propriam remisit. Nec his contentus, omnes alios consules, tunc propter divisionem procerum regionis quasdam portiones seu partes Britanniae occupantes, debellavit, patriamque suæ ditioni posuit, excepto comitatu Namnetensi, quem Gedecaelus comes post Guerech contra ipsum Conanum et contra Gaufridum, filium dicti Conani, defendit. Ce même texte est transcrit dans la compilation du xv° siècle, dont M. de La Borderie possède le manuscrit. Il a été déjà édité par dom Morice dans les *Preuves* de son *Histoire de Bretagne*, I, 33.

entre Conan, Foulques Nerra et Judicaël de Nantes, lutte qui se termina par la bataille de Conquereuil en 992 (ch. xlv, p. 127-132). Tous ces épisodes sont racontés d'une façon trop précise et trop circonstanciée pour qu'il soit possible d'admettre que le chroniqueur de Nantes en ait eu seulement connaissance par des traditions orales. Il vivait plus d'un siècle après la plupart de ces événements, à une époque où la légende s'était déjà emparée de la vie d'Alain Barbetorte et de ses descendants, et la mémoire des faits authentiques que je viens d'énumérer aurait été alors très affaiblie ou même se serait tout à fait évanouie, si elle n'eût été fixée en quelque sorte dans des documents écrits par de plus anciens annalistes.

Je ne conclurai pas néanmoins de ce qui précède que tout dans la *Chronique de Nantes* doive être accepté comme vérité historique. Vers le milieu du xie siècle, il circulait à Nantes, comme ailleurs, une foule de traditions populaires et religieuses. Notre auteur n'a eu garde de négliger cette source de renseignements, particulièrement appréciés par ses contemporains. Les récits, recueillis par lui soit dans le peuple soit dans le clergé, se distinguent en général aisément du reste de l'ouvrage grâce aux détails imaginaires, aux prodiges ou aux miracles qu'ils contiennent.

Il en est ainsi du combat singulier entre Alain Barbetorte et un guerrier saxon sous les murs de Paris, combat dont Alain sortit vainqueur et dont l'heureuse issue aurait motivé la retraite de toute une armée allemande (ch. xxxiv, p. 99-102). Comme l'a montré M. F. Lot, on récitait au xie siècle, dans l'ouest de la France, des poèmes épiques où ce combat occupait une grande place : toutefois, les Français attribuaient au comte d'Anjou, Geoffroy Grisegonelle, l'honneur d'une victoire que les Bretons reportaient à leur duc Alain Barbetorte [1].

Ces sortes de contes dramatiques et peu vraisemblables se rencontrent dans quelques autres chapitres ; 1° le chapitre xxxvii (p. 109-111), où Foulques d'Anjou, tuteur de l'héritier du duché de Bretagne, enseigne à la nourrice du jeune Drogon le moyen de faire périr l'enfant en lui versant sur la tête, tandis qu'il serait

---

1. Voir plus loin, p. 99, note 1.

au bain, un vase rempli d'eau bouillante ; 2° le chapitre XL (p. 114-117), où l'on voit le chevalier Galuron assassiner, pendant une partie de chasse, le comte de Nantes Hoël, à un moment où celui-ci était demeuré seul avec son chapelain qui lui récitait les vêpres ; 3° le chapitre XLIII (p. 124-126), où est raconté comment Héroïc, abbé de Redon, empoisonna le comte Guérech à l'instigation de Conan de Rennes. Il suffit de lire ces passages pour s'apercevoir du caractère épique et fabuleux qu'y revêt la narration. Ce sont là des produits de l'imagination populaire.

Mais le chroniqueur de Nantes ne s'est pas seulement inspiré de traditions épiques ; il a utilisé aussi un certain nombre de traditions religieuses. Tels sont les récits miraculeux qu'il a réunis en un recueil spécial (*Miracula*, ch. I à IV, p. 143-148). Telle est encore l'histoire de l'évêque Hesdren, forcé d'abandonner la ville de Nantes où l'on se moquait de lui, parce qu'il aurait, soi-disant, fait abattre un clocher pour avoir une pomme qui était au haut et qu'il croyait être en or, tandis qu'elle n'était qu'en laiton (ch. XXXV, p. 103-104). Cette histoire invraisemblable se racontait dans le clergé nantais cent ans après la mort d'Hesdren, et l'on ne peut rien en conclure si ce n'est qu'Hesdren avait laissé de son séjour à Nantes un souvenir peu favorable. C'est également de traditions religieuses que dépendent la légende de la fontaine Notre-Dame près de Nantes (ch. XXIX, p. 90), et celle de l'ensevelissement du duc Alain Barbetorte (ch. XXXVI, p. 106-107).

Parfois certains traits légendaires se trouvent mêlés à des faits véridiques, puisés à bonne source. Les chapitres XXIX, XXXVIII et XLII demandent à être étudiés à ce point de vue. Ils paraissent dériver en partie de documents écrits, mais certaines phrases y révèlent l'influence de l'imagination populaire. Ainsi ce portrait d'Alain Barbetorte (ch. XXIX, p. 88) : « Il était fort de corps, « hardi et courageux, et, lorsqu'il était à la chasse, il dédaignait « de tuer les sangliers et les ours avec sa lance, et les attaquait « armé seulement d'un bâton pris dans la forêt. » — Telle aussi cette phrase, où la veuve d'Alain Barbetorte compare la mort de son mari « à la chute d'un grand pieu, qui, fiché à l'embouchure « de la Loire, était un épouvantail pour les Normands [1] »

---

[1]. Le Baud a fait un contre-sens en traduisant cette phrase (Voir p. 112, col. 2).

(ch. xxxviii, p. 112). — L'épisode, où Guérech, comte de Nantes, rencontre Renaud Torench, poursuivant avec sa meute les ours, les sangliers et les cerfs dans les forêts du pays de Mauge, me paraît avoir aussi une couleur quelque peu légendaire (ch. xlii, p. 122). Néanmoins il est bon d'observer que, pour les événements voisins du xie siècle, les traditions recueillies par le chroniqueur de Nantes prennent une certaine apparence de véracité, et elles ne doivent plus sans examen être rejetées dans le domaine de la fable.

A dater de l'an mil environ, le récit de la *Chronique de Nantes* change de caractère. L'auteur ne s'occupe plus de l'histoire générale de la Bretagne. Ce qui concerne la ville de Nantes et en particulier les démêlés du comte et de l'évêque attirent toute son attention. Dès lors, ses informations personnelles le dispensent de recourir à d'anciennes annales ou à des traditions plus ou moins vraisemblables: il témoigne en effet connaître des personnes qui ont vécu à Nantes sous le gouvernement du comte Judicaël (992-1004)[1]; lui-même faisait sans doute partie du clergé nantais, alors que Budic et Gautier étaient évêques de la cité. En un mot, ce qu'il dit de l'histoire de Nantes au xie siècle (ch. xlvi-xlviii), il a pu le voir par lui-même ou l'apprendre par ses concitoyens.

Si, après ce coup d'œil d'ensemble jeté sur l'ouvrage, on analyse le texte en détail, on y distingue un certain nombre d'emprunts faits à des sources mieux connues que celles dont je me suis occupé jusqu'ici. Il y a un chapitre entre autres, qui mérite, à cause de son importance, d'être l'objet d'une analyse minutieuse, c'est celui où est exposée l'origine du différend survenu, au temps du duc Nominoé, entre les évêques de Bretagne et l'archevêque de Tours (ch. xi, p. 31-39). On admet généralement que ce chapitre a été composé tout entier au moyen de deux opuscules distincts, les *Gesta Sanctorum Rotonensium* et l'*Indiculus de episcoporum Britonum depositione*. Pour le premier de ces opuscules le fait est certain, mais il n'en est pas de même pour le second, sur l'autorité duquel, comme je voudrais le prouver, on s'est complètement mépris.

---

1. *Sicut videntes illud nobis scribentibus enarraverunt* (p. 147).

SOURCES DE LA CHRONIQUE

L'*Indiculus de episcoporum Britonum depositione* a été découvert au XVIIe siècle par Sirmond dans un manuscrit de l'abbaye du Mont-Saint-Michel, et publié par lui dans son édition des capitulaires de Charles le Chauve[1]. Mabillon et la plupart des érudits qui se sont occupés de l'histoire religieuse de la Bretagne ont regardé ce document comme l'œuvre d'un auteur bien informé et digne de foi[2]. Je ne sais ce qui a pu valoir à cet auteur une confiance que rien ne justifie. L'assemblée de Redon, qui fait le sujet principal du récit, constitue à elle seule une erreur qu'un écrivain contemporain n'eût pas commise; car une charte authentique de l'année 848 nous apprend que le synode, dans lequel plusieurs évêques bretons furent déposés par Nominoé, ne se tint pas à Redon, mais dans un château nommé Coitlouh[3]. Les actes de cette assemblée sont en outre relatés d'une façon invraisemblable. Enfin l'*Indiculus* débute par une phrase, qui se rattache assez mal à la suite de la narration et contient un anachronisme grossier. « Nominoé, y est-il dit, homme orgueilleux, envahit les « cités de Nantes, de Rennes, d'Angers et du Mans jusqu'à la « Mayenne; devenu maître de ces villes et territoires, il en con- « çut encore plus d'orgueil, et, méprisant les droits des Francs, « il songea à usurper le titre de roi. C'est pourquoi il résolut de « déposer les évêques de Bretagne et de leur substituer d'autres « prélats qui seraient à sa dévotion[4]. » Ces assertions sont abso-

---

1. *Karoli Calvi capitula.* Paris, 1623, in-8, *notae ad capitula*, p. 132. — Sirmond s'exprime ainsi (*ibidem*, p. 54) : *Narrat de ea controversia inter Turonensem et Dolensem archiepiscopum vetus indiculus quem in Sancti Michaelis in Mari bibliotheca vidi.* Ce document a été réédité plusieurs fois : je citerai seulement la réédition qu'en a donnée dom Bouquet dans le tome VII du *Recueil des hist. des Gaules et de la France*, p. 288-289.
2. Cf. Mabillon, *Acta SS. ord. S. Benedicti*, saec. IV, pars. 2, p. 186-187.
3. *Cartulaire de Redon*, p. 87.
4. *Nomenoius valde superbus urbem Namneticam, Redonicam ac etiam Andegavense territorium et Cenomannense usque Meduanam invasit. His autem urbibus et territoriis nominatis in sua ditione adsumtis, superbior exstitit et potentior, contemptoque jure Francorum regio, regem se fieri posse existimavit, multisque artibus, ut dolosus et fraudulentus, perquirens quibus id modis adsequeretur, reperit ut episcopos totius suae regionis aliqua seditione expelleret et alios concessione sua constitutos in locis illorum subrogaret, sicque facile conceptam tyrannidem posse perficere excogitavit* (dom Bouquet, livre cité, VII, 288).

lument fausses et telles qu'elles n'ont pu être imaginées qu'à une époque où on avait perdu tout souvenir exact des entreprises politiques et religieuses de Nominoé. Lorsque Nominoé opéra une sorte de révolution dans le personnel épiscopal de Bretagne, il n'avait en son pouvoir aucun des territoires sus indiqués ; bien plus, il n'en eut jamais la paisible possession, car il mourut au moment même où il cherchait à les conquérir. Le synode de Coitlouh, où furent déposés les évêques bretons est de 848, et ce ne fut que pendant l'hiver 850-851 que Nominoé envahit les pays de Rennes, de Nantes, d'Anjou et du Maine[1].

L'*Indiculus de episcoporum Britonum depositione* n'est donc pas, comme on l'a cru souvent, une œuvre composée à une époque voisine de celle où vivait Nominoé. C'est une production tardive, mise sans doute en circulation vers le milieu du xi° siècle, dans le temps où fut repris en cour de Rome le procès entre les archevêques de Dol et de Tours. Si l'on observe d'autre part que ce récit n'est qu'une paraphrase de la dernière partie du chapitre xi de la *Chronique de Nantes* (p. 36-39) ; que la mention relative aux conquêtes de Nominoé a été extraite presque mot à mot de la première partie (p. 32-33) de ce même chapitre, où elle a sa place naturelle, tandis que sa présence s'explique mal au début de l'*Indiculus*, qui traite d'une dispute religieuse et non pas de l'histoire des guerres de Bretagne, on arrive à cette conclusion que ce n'est point le chroniqueur de Nantes qui a utilisé l'*Indiculus*, mais que c'est l'*Indiculus* qui a été pour ainsi dire copié sur la *Chronique de Nantes*[2]. L'auteur de cet opuscule s'est à peine préoccupé de modifier le style du chroniqueur nantais, dont on retrouve la marque dans des expressions comme celle-ci,

---

1. R. Merlet, *Guerres d'indépendance de la Bretagne* dans la *Revue de Bretagne, de Vendée et d'Anjou*, année 1891.
2. Dom Lobineau a inséré le texte même de l'*Indiculus* dans son édition de la Chronique de Nantes, comme si cet opuscule faisait partie intégrante de la chronique. Une note marginale, placée par lui dans le tome Ier de son *Histoire de Bretagne* (p. 43), explique le motif de son erreur. Cette note, relative à l'*Indiculus*, est ainsi conçue : *Fragment, tiré du Mont-Saint-Michel par le P. Sirmond et cité par Le Baud comme de la Chronique de Nantes.* D. Lobineau a donc cru que Le Baud n'avait fait que traduire l'*Indiculus* ; mais il s'est trompé sur ce point comme sur plusieurs autres. Le Baud, en effet, a traduit le récit de la Chronique de Nantes, qui est beaucoup plus détaillé que celui de l'*Indiculus*.

multisque artibus, ut dolosus et fraudulentus, *perquirens quibus id modis adsequeretur, reperit ut*, etc.[1] Il faut donc, à mon avis, retrancher l'*Indiculus* du nombre des documents dont dérive le chapitre xi de la *Chronique de Nantes*.

Ce chapitre se divise, au point de vue des sources, en deux parties : la première est presque entièrement fondée sur des titres dignes de foi, la seconde n'est à proprement parler qu'une œuvre d'imagination.

Au commencement sont racontés la campagne de Nominoé au sud de la Loire, la destruction du monastère de Saint-Florent-le-Vieil et l'envahissement par l'armée bretonne des pays de Nantes, de Rennes, d'Angers et du Mans (p. 31-32). On a là un résumé exact des expéditions militaires de Nominoé depuis l'an 845 jusqu'en 851. La notion de ces faits authentiques n'a pu être empruntée qu'aux anciennes annales dont j'ai précédemment parlé. L'entrevue de Convoion, abbé de Redon, avec Nominoé (p. 33-34), le voyage de Convoion à Rome (p. 34), sa réception par le pape Léon IV (p. 34-36), son retour en Bretagne (p. 36) sont autant d'événements relatés en détail par l'auteur contemporain des *Gesta sanctorum Rotonensium*[2]. Mais au récit des *Gesta* l'auteur de la *Chronique de Nantes* a ajouté l'analyse d'une lettre adressée par le pape Léon IV à Nominoé (p. 34-35). Cette lettre, qui fut remise par Convoion à Nominoé lui-même[3], est aujourd'hui perdue. L'analyse que nous en a conservée le chroniqueur a donc une réelle valeur historique.

La seconde partie du chapitre xi (p. 36-39) est loin de contenir des renseignements aussi véridiques ; elle n'est pas cependant dénuée d'intérêt. Elle nous fait connaître en effet les idées reçues à Nantes et à Tours vers le milieu du xi° siècle au sujet des procédés qu'aurait employés Nominoé pour soustraire les évêques de

---

1. Cette tournure de phrase se rencontre fréquemment dans la Chronique de Nantes ; je cite ici quelques exemples qu'on pourrait multiplier. *Salomon Herispogium furtive aggrediens, ut iniquus et dolosus, interfecit* (p. 50) ; *Nomenoius exposuit illi fabuloso, ut erat alloquax* (p. 83) ; [*Lambertus*], ut erat affabilis, *et pro tunc fuit inventor malorum, alloquens induxit ut*, etc. (p. 12).
2. Cf. Mabillon, *Acta SS. ord. S. Benedicti, saec. IV, pars* 2, p. 211-213.
3. *Conoveus abbas referens Nomenoio de ejus mandatis Leonis papae responsionem* (voir plus loin, p. 36).

Bretagne à la juridiction de l'archevêque de Tours. Ces idées, les adversaires des Bretons se les étaient formées en interprétant à leur guise quelques documents du ixe siècle récemment découverts dans les archives ecclésiastiques de la province. Le chroniqueur de Nantes cite, comme les plus importants de ces documents, la lettre du pape Nicolas Ier au duc Salomon et celle des pères du concile de Soissons au pape Nicolas Ier. Ce sont ces deux lettres qui ont servi de point de départ à la composition quelque peu fantaisiste, mise au jour par le chanoine nantais.

Le pape Nicolas Ier, en écrivant au duc Salomon, lui rappelle que les prélats, chassés de leurs sièges par Nominoé, n'avaient pas été condamnés dans un concile d'évêques, mais dans une assemblée composée presque entièrement de laïques[1]. A la vérité ces prélats avaient avoué être coupables, mais c'était de force et par intimidation. *Qui, etsi crimen aliquod confessi esse dicuntur, potest credi quod vi vel formidine fassi tantum, et non confessi fuerint quod non fecerant, quia videbant laicos et saeculares quosque una cum rege contra se conspirantes*[2]. Cette dernière phrase laisse soupçonner l'existence d'intrigues machinées par Nominoé contre les pontifes qu'il voulait perdre. — Le chroniqueur de Nantes s'est manifestement inspiré de ces allusions assez vagues aux agissements du duc des Bretons. Il a imaginé toute la trame d'un complot, ourdi entre Nominoé et l'un de ses courtisans (ch. xi, p. 37). La pseudo-assemblée de Redon, la confession arrachée par violence aux évêques accusés, leur condamnation et leur fuite, tout cela se trouvait en substance dans la lettre du pape Nicolas Ier. Notre auteur s'est contenté d'inventer quelques incidents secondaires, afin de donner à son récit une plus grande apparence de réalité. Mais il ne s'est pas montré très habile dans le choix de ces incidents, car, par exemple, le rôle qu'il a attribué au courtisan de Nominoé n'a même pas le mérite de la vraisemblance.

Après avoir ainsi raconté l'expulsion des prélats bretons, il expose comment Nominoé créa trois nouveaux diocèses en Bretagne, ceux de Dol, de Saint-Brieuc et de Tréguier, et comment il

---

1. *Non ab episcopis, sed a laicis episcopos in regione tua esse dejectos* (voir plus loin, p. 59).
2. Voir plus loin, p. 60.

institua à Dol un siège métropolitain auquel il soumit tous les évêchés de la région (ch. xi, p. 38-39). — Dans aucun titre du ix° siècle il n'est fait mention de cette création de trois évêchés par Nominoé. La *Chronique de Nantes* est le plus ancien texte où soit relatée cette prétendue révolution, opérée par le duc breton dans l'organisation de l'Église de Gaule. On peut et l'on doit se demander à quelle source notre auteur a puisé ses informations sur ce point d'histoire ecclésiastique.

Et d'abord, comment a-t-il connu les noms des quatre évêques chassés par Nominoé? Suivant lui, ces évêques sont: Susan *Venetensis*, Félix *Corisopitensis*, Salocon *Dialetensis* et Libéral *Ocismorensis*, c'est-à-dire les évêques de Vannes, de Quimper, d'Aleth et de Saint-Pol-de-Léon. Ces noms affectent une forme archaïque qui attire l'attention. Il était d'usage au xi° siècle de désigner les évêques de Saint-Pol-de-Léon sous le titre d'*episcopus Leonensis* ou *Sancti Pauli Leonensis*, et ceux d'Aleth sous celui d'*episcopus Aletensis* ou *Sancti Macuti*. L'antique appellation d'*episcopus Ocismorensis* était depuis longtemps tombée dans un complet oubli. Quant à l'évêque d'Aleth, jamais il ne s'intitula *episcopus Dialetensis*. Cette dernière dénomination est une invention du chroniqueur de Nantes. — Il y avait des siècles que la cité des Ossismes (*civitas Ossismorum*) était disparue, et il est certain que, dès le ix° siècle, le diocèse de Saint Pol-de-Léon ne représentait plus que très imparfaitement ce territoire galloromain. La *civitas Ossismorum* est inscrite dans la *Notice des Gaules*, et c'est, grâce à ce fait, que le souvenir de cette circonscription administrative a pu se perpétuer d'âge en âge et parvenir à la connaissance des clercs du xi° siècle qui se piquaient de quelque érudition.

A l'époque même où fut rédigée la *Chronique de Nantes*, la Notice des Gaules dut être soumise à un examen attentif de la part du clergé de la province de Tours. On sait en effet que cette Notice, dont la composition date de l'an 400 environ, présente, pour diverses raisons qu'il serait superflu de rappeler ici, le tableau assez exact de l'organisation primitive de l'Église de Gaule. Lors donc qu'on voulut à Tours vers l'an 1050 établir la preuve que l'archevêque de Dol n'avait aucun droit au titre de métropolitain et que jamais la Bretagne n'avait formé une province ecclésiastique indépendante, le premier document qu'on songea à consulter fut la Notice des Gaules, qui faisait loi en cette matière. On crut, sur la foi de ce texte, que de toute antiquité l'évêque de Tours, comme métropolitain de la troisième province lyonnaise, avait exercé sa juridiction sur les huit cités de cette province, à savoir les cités du Mans, de Rennes, d'Angers, de Nantes, de Quimper, de Vannes, et celle des Ossismes et des Diablintes. Ces huit cités étaient les seules inscrites dans la Notice des Gaules; on en conclut que Dol, Saint-Brieuc et Tréguier, qui ne figuraient pas sur cette liste, n'avaient point été, à l'origine, siège d'un évêché, et l'on en arriva tout naturellement à supposer que la création de ces trois diocèses remontait au temps où Nominoé avait bouleversé l'ancienne organisation de la province. Quant aux deux cités à peu près inconnues des Ossismes et des Diablintes, on les identifia, la première avec l'évêché de Saint-Pol-de-Léon, ce qui était en partie exact; l'autre avec l'évêché d'Aleth, ce qui était une erreur.

Le chroniqueur de Nantes, qui s'est fait à ce sujet l'interprète des opinions du clergé de Tours, n'a pas hésité à tirer de la Notice des Gaules les conclusions que je viens d'indiquer. Parmi les cités de la troisième Lyonnaise, il y en avait une, celle des Diablintes, qui était disparue de bonne heure et avait été annexée tout entière au diocèse du Mans[1]. On ignorait complètement au XIe siècle ce qu'était devenue cette cité, et personne ne se serait alors avisé d'en placer le chef-lieu à Jublains. Mais une certaine analogie entre les noms fit qu'on s'imagina que la *civitas Diablintum* n'était autre que la cité d'Aleth. Pour rendre cette analogie plus frappante et pour témoigner en même temps de son érudition, le chroniqueur de Nantes donna constamment dans son récit à la ville et aux habitants d'Aleth le titre de *Dialetensis, Dialetenses*[2]. De ce fait il semblait résulter qu'antérieurement aux entreprises de Nominoé, il n'y avait que quatre diocèses en Bretagne, celui de Quimper répondant à la *civitas Coriosopitensis* de la Notice des Gaules, celui de Vannes, *civitas Venetensis*, celui de Saint-Pol-de-Léon, *civitas Ossismorum*, et celui d'Aleth, *civitas*

---

1. Cf. abbé Duchesne, *Catalogues épiscopaux de la province de Tours*, p. 83.
2. Voir plus loin, p. 10, note 5.

Diablintum. Restait à découvrir quels étaient les pontifes qui administraient ces diocèses au temps de Nominoé.

Le chroniqueur de Nantes savait, d'après le récit des *Gesta sanctorum Rotonensium*[1], que Susan et Félix étaient alors évêques, l'un de Vannes, l'autre de Quimper. Quelque ancienne souscription de concile[2], ou peut-être sa propre imagination, lui aura fourni le nom de Libéral, évêque des Ossismes. Enfin la lettre du concile de Soissons lui apprit que Salocon, évêque de Dol, avait été aussi chassé de son siège par Nominoé[3]. Mais cette dernière source contredisait formellement la théorie, suivant laquelle l'évêché de Dol aurait été créé par Nominoé lui-même. Il fallait tourner la difficulté. Notre auteur se tira d'affaire en supposant que Salocon était évêque d'Aleth, et qu'en cette qualité il avait sous sa juridiction l'église de Dol, qui n'aurait été alors qu'un simple monastère[4]. Cette hypothèse lui sembla suffire sans doute à expliquer comment Salocon avait pu, en 866, être qualifié d'évêque de Dol par les pères du concile de Soissons.

Tout ce système, que je viens d'exposer aussi brièvement que possible, peut paraître ingénieux, mais il n'en est pas moins vrai qu'il a pour unique fondement quelques documents, qui tous, aujourd'hui encore, sont entre nos mains, à savoir les lettres du pape Nicolas Ier et du concile de Soissons, les *Gesta sanctorum Rotonensium* et la Notice des Gaules. Ce système ne vaut donc que par la façon dont ces documents ont été interprétés au xie siècle par les adversaires de l'archevêque de Dol. Or, quelle que soit l'habileté qu'on suppose à ces interprètes, on sera toujours en droit de se méfier de l'opinion qu'ils se sont formée sur une question où leur intérêt personnel était en cause, et, si l'on remarque que dans aucun des textes précités, il n'est fait la moindre allusion à la création par Nominoé des trois évêchés de Dol, de Saint-Brieuc et de Tréguier, on sera tenté d'admettre que toutes les hypothèses, présentées à cet égard comme certitudes par le

---

1. Voy. Mabillon, *Acta SS. ord. S. Benedicti*, saec. *IV, pars* 2, p. 212.
2. Cf. abbé Duchesne, *Cat. épisc. de la prov. de Tours*, p. 84, note 1.
3. *Salacone Dolensi, adhuc quidem, licet expulso, superstite* (voir plus loin, p. 54).
4. *Monasterio Doli, quod tunc temporis erat ex diocesi Dialetensis ecclesiae* (voir plus loin, p. 39).

chroniqueur de Nantes et ses contemporains, sont non seulement douteuses, mais peut-être même erronées.

Les titres authentiques, relatifs aux réformes religieuses de Nominoé, permettent d'affirmer seulement trois points. Nominoé, pour des motifs d'ordre politique, a proclamé de sa propre autorité dans l'assemblée de Coitlouh l'indépendance de l'église de Bretagne vis-à-vis de l'archevêque de Tours. Il a, dans la même assemblée, déposé de leurs sièges les évêques Salocon de Dol et Susan de Vannes, qui étaient sans doute opposés à ses projets. A la même époque, il a érigé l'évêché de Dol en archevêché et a soumis à la juridiction de cette nouvelle métropole tous les diocèses compris dans ses états. Ce n'est que dans le courant du xi° siècle et très probablement après le concile qui se tint à Reims en 1049, que le clergé de la province de Tours prétendit, appuyant ses assertions sur l'autorité de la *Notice des Gaules*, que Nominoé avait encore de son initiative privée transformé en évêchés les trois monastères de Dol, de Saint-Brieuc et de Tréguier. Cette opinion, consignée dans la *Chronique de Nantes*, propagée par l'*Indiculus de episcoporum Britonum depositione*, et admise depuis par la plupart des historiens, est, comme on l'a vu, contredite en partie par la lettre du concile de Soissons. De plus, les papes et les évêques du ix° siècle, qui ont sévèrement apprécié dans leurs correspondances et dans les actes des conciles, les diverses entreprises religieuses de Nominoé, n'ont jamais dit un mot de cette prétendue érection de trois nouveaux sièges en Bretagne, et ce mutisme inexplicable enlève presque tout crédit à la thèse, soutenue au xi° siècle par le clergé de Tours et à laquelle on a trop longtemps, à mon avis, accordé une confiance imméritée [1].

J'ai eu précédemment l'occasion de citer à plusieurs reprises deux lettres du ix° siècle, qui ont été publiées in-extenso par le chroniqueur de Nantes. L'une, celle du pape Nicolas Ier, avait été

---

1. Cette thèse a été récemment adoptée par M. l'abbé Duchesne; mais ce savant critique a pu être induit en erreur par la croyance où il était de l'autorité indiscutable de l. Chronique de Nantes. M. l'abbé Duchesne regarde l'auteur de la Chronique de Nantes comme un contemporain de Nominoé (*Catalog. épisc. de la prov. de Tours*, p. 96, note 1). — Comme je l'ai déjà dit, on a pu jusqu'aujourd'hui se former les opinions les plus diverses sur l'âge et la valeur réelle de la Chronique de Nantes, parce que cette œuvre historique n'a jamais été l'objet ni d'une édition critique ni même d'une étude spéciale.

récemment découverte à Tours (voir plus loin, p. 57-62); l'autre, celle du concile de Soissons (p. 51-57), avait été probablement trouvée à Nantes. Notre auteur a donc fait des recherches dans les archives des églises de Tours et de Nantes ; il en a fait également dans celles de l'abbaye de Saint-Sauveur de Redon. C'est en effet grâce aux chartes conservées à Redon qu'il a su, comme il le dit lui-même, que Foucher, évêque de Nantes, parvint à recouvrer ses droits sur le territoire de Guérande[1]. Ce doit être aussi dans la bibliothèque de ce monastère qu'il a vu le manuscrit des *Gesta sanctorum Rotonensium*, source de ses informations sur l'abbé Convoion (p. 33-36) et sur le combat de l'île de Biesse (p. 86-87). Les moines de cette abbaye lui auront peut-être raconté la légende relative à l'abbé Héroïc, et ils lui auront appris que Guérech, comte de Nantes, était enseveli dans leur église (p. 124-126).

A Tours, le chroniqueur de Nantes a eu communication non seulement de la lettre du pape Nicolas Ier, mais encore des canons promulgués en 857 par l'archevêque Hérard (p. 64), ainsi que du catalogue épiscopal de cette métropole. Ce dernier document a été récemment mis au jour par M. l'abbé Duchesne[2]. C'est une simple liste des prélats qui se succédèrent sur le siège de Tours, avec des indications chronologiques touchant la durée de chaque épiscopat. Le chroniqueur de Nantes a emprunté à ce catalogue ce qu'il sait de la chronologie des archevêques de Tours, Amauri, Hérard et Actard[3].

Enfin il est hors de doute que notre auteur, en sa qualité de chanoine, d'érudit et de lettré, eut pleine liberté de consulter, dans le *trésor des lettres* de l'église cathédrale de Nantes, les manuscrits et les chartes qui y étaient réunis. Il parle lui-même en certain passage d'une bible antique qui existait de son temps dans la bibliothèque capitulaire[4], et l'on se demande en quel endroit, si ce n'est dans les archives du chapitre, il aurait pris copie des privilèges accordés par les ducs de Bretagne aux pon-

---

1. *Sicut in cartis Sancti Salvatoris reperitur* (ch. xxvi, p. 79).
2. *Catal. épiscop. de la prov. de Tours*, p. 11-17.
3. Cf. ch. xv, p. 49, ch. xix, p. 64, note 2, ch. xx, p. 65.
4. *Bibliothecam, quae usque hodie in ecclesia Namnetensi habetur* (ch. vii, p. 19).

tifes et chanoines nantais. C'est à Nantes même qu'il a dû recueillir la presque totalité des notes qu'il nous a transmises sur les évêques de cette cité depuis Félix jusqu'à Hervé (ann. 570 à 1004 environ).

Le catalogue épiscopal de l'église de Nantes lui a fourni la liste complète des prélats qui administrèrent le diocèse pendant les ixe et xe siècles. Cette liste a été, comme celle des archevêques de Tours, publiée par M. l'abbé Duchesne [1], qui a justement signalé la concordance absolue existant entre la série épiscopale du catalogue et celle que l'on peut reconstituer d'après la *Chronique de Nantes* [2]. — Le chapitre premier, qui contient la description de la basilique construite au vi^e siècle par l'évêque Félix, a été extrait d'un livre liturgique de la cathédrale, bréviaire ou légendaire. Mgr Richard a retrouvé ce récit presque tout entier dans un bréviaire du xve siècle à l'usage de l'église de Nantes [3]. L'édition qu'il en a donnée ne présente avec le texte de la *Chronique de Nantes* que des variantes de peu d'importance.

Il est plus difficile de déterminer à quelles sources a été puisée l'histoire de l'épiscopat d'Actard (843-871). Certains détails à peu près ignorés de la vie de ce prélat nous ont été transmis par la *Chronique de Nantes*, tels que ses disputes avec le comte Lambert, ses relations avec les archevêques de Tours, Amauri et Hérard, ses démêlés avec l'évêque intrus Gislard, son intervention en diverses circonstances auprès du roi Charles le Chauve, ses voyages à Rome auprès des papes Léon IV, Benoît III et Nicolas Ier. Tous ces faits paraissent exacts dans l'ensemble, mais ils sont racontés confusément et généralement mal datés [4]. De plus, il est à remarquer qu'Actard, en ces occasions, est toujours présenté comme agissant personnellement : il implore contre ses ennemis la protection d'autorités supérieures [5]; il transmet au duc de Bretagne les lettres qu'il a obtenues du roi, il lui écrit même directement [6]; tantôt il adresse des requêtes auxquelles on ne

---

1. *Catal. épisc. de la prov. de Tours*, p. 65-66.
2. *Ibidem*, p. 74.
3. *Étude sur la légende liturgique de saint Clair, premier évêque de Nantes*, Nantes, 1885, in 8°, p. 47-48.
4. Sur ces faits mal datés, voir plus loin ch. x, p. 27, note 1; ch. xii, p. 40, note 1, p. 41, n. 1; ch. xiii, p. 48, n. 3; ch. xv, p. 50, n. 3.
5. Voir plus loin, p. 28, 40, 49, 50, 57 et 63.
6. *Rex Britannorum principi mandavit per [Actardum] ut si [Lam-*

répond pas [1], tantôt au contraire ses efforts sont couronnés de succès [2]. Notre chroniqueur avoue qu'il n'a pu retrouver aucune des lettres confiées à Actard par les souverains pontifes; mais il connaît les suppliques envoyées au Saint-Siège par l'évêque de Nantes [3]. — Il semble, en un mot, que notre auteur ait eu entre les mains une partie de la correspondance privée d'Actard. Seule cette hypothèse peut fait comprendre d'une part pourquoi ses informations sur ce prélat sont conformes à ce que nous savons de source certaine, et d'autre part pourquoi l'ordre chronologique des événements est présenté d'une façon aussi défectueuse. Au moyen âge l'usage était de ne pas dater les lettres, et il est souvent impossible, même aujourd'hui, d'établir la véritable classification des anciens recueils épistolaires; aussi n'y a-t-il rien d'étonnant à ce qu'un historien du xi° siècle ait complètement échoué dans une tentative de ce genre.

Je pense donc que le chroniqueur de Nantes a dû extraire de la correspondance d'Actard ce qu'il dit des démarches faites par cet évêque pour rentrer en possession de son siège, lorsqu'il en eut été chassé par Nominoë en 850 [4], ce qu'il dit aussi de Gislard, ce prêtre vannetais, illégalement installé à la place d'Actard et qui, un peu plus tard, forcé de s'enfuir de Nantes, s'empara par violence du territoire de Guérande, s'y constitua avec l'appui des Bretons un diocèse indépendant et s'y maintint jusqu'à la fin de sa vie, en dépit des excommunications lancées contre lui par les papes et tous les évêques de Gaule [5]. Le court séjour d'Actard à Thérouanne, bien qu'il soit cité à contre-temps [6], la consécration du doyen Hermengaire comme évêque de Nantes, et l'élévation d'Actard au siège métropolitain de Tours [7], sont autant d'événe-

---

bertum] *a se expelleret, offensas sibi ab illo factas dimitteret. Ad haec quoque episcopus ex parte sua addidit quod*, etc., p. 28.

1. *Nullum inde auxilii responsum habere potuit*, p. 40.
2. *Rex petitioni libenter annuens*, p. 50.
3. *Jam saepe Actardus episcopus pro his rebus reclamandis Romam petierat; jam Leoni papae atque Benedicto, ejus successori, de his querelas magnas fecerat: sed de responsionibus, quas ab illis scriptas attulit, nulla apud nos memoria reperitur* (p. 57).
4. Voir plus loin, p. 40-48.
5. Voir ch. xii, p. 41 et ch. xiii, p. 42 et 43.
6. Voyez p. 42 et 43, n. 1 et 3.
7. Ch. xx, p. 65.

ments auxquels il était sans doute fait allusion dans les lettres aujourd'hui perdues du pontife nantais.

Sur les successeurs immédiats d'Actard et d'Hermengaire, le chroniqueur de Nantes ne sait guère que ce que lui ont appris les chartes de l'évêché et du chapitre. C'est un diplôme du roi Charles le Gros qui l'a instruit de la fuite de l'évêque Landran à Angers[1]; c'est également dans les archives de la cathédrale qu'il a trouvé l'acte de donation du village de Canisy (?) à Landran par le duc Alain le Grand[2]. L'épitaphe, gravée sur le tombeau de Landran dans l'église de Saint-Donatien, lui aura fait connaître le jour du décès de ce prélat et la durée de son épiscopat[3]. — Il nous a tracé un portrait flatteur de Foucher, qui administra le diocèse de Nantes de 897 à 910 environ. Cet évêque déploya la plus grande activité pour subvenir aux besoins de son église presque entièrement ruinée par les dévastations des Normands. Un grand nombre de chartes et de privilèges lui furent octroyés par les évêques, les comtes et les seigneurs des pays voisins[4]. Notre auteur a publié in-extenso l'un de ces privilèges émané du duc des Bretons[5]. Foucher fut comme son prédécesseur enterré dans l'église de Saint-Donatien. Peut-être son épitaphe est-elle la source où a été puisée la mention relative à la reconstruction de la cathédrale et du *castrum*[6]. La phrase élogieuse, qui termine le chapitre xxvi, est conçue en termes analogues à ceux qu'on rencontre vers cette époque dans les notices nécrologiques[7].

Les renseignements, qui ont trait aux épiscopats d'Adalart, d'Hesdren et de Gautier (915 à 980 environ), proviennent en majeure partie de notes annalistiques. Enfin, le passage où est

---

1. *Landramnus episcopus, regis Karoli celsitudinem adiens....., qui in urbe Andegavina dedit ei refugium et de regalibus proprietatibus, quos ibi habebat, sibi et clericis suis jussit dari stipendia* (p. 66 et 67).
2. Ch. xxii, p. 68-72.
3. Ch. xxiii, p. 72, n. 3
4. *Vicinis episcopis, ac etiam comitibus et proceribus vicinarum regionum de hac vastitate magnam querelam faciens..... qui vero, his querimoniis auditis, omnes suae miseriae condolentes de proprietate sua plurima administraverunt* (p. 74).
5. Ch. xxv, p. 74-77.
6. Ch. xxvi, p. 78.
7. Cette phrase commence ainsi: *sicque iste vir venerandus*, et se termine à *feliciter pervenit* (p. 79-80).

exposée en quelques mots la gestion de l'évêché de Nantes par
Guérech de 981 à 988 environ, semble avoir été emprunté à un
nécrologe de la cathédrale [1].

En résumé, malgré le silence que notre auteur a généralement
observé au sujet des documents par lui mis en œuvre, et malgré
la disparition de presque tous ces documents, on peut tenir pour
certain qu'il a utilisé, pour composer son ouvrage, d'anciennes
annales et de nombreux textes liturgiques ou diplomatiques,
tels que recueils épistolaires, vies de saints, catalogues épiscopaux, nécrologes, diplômes, bulles et chartes de toutes sortes.
Cette énumération n'est sans doute pas complète; mais elle suffit
à donner une idée du degré de confiance que mérite dans ses diverses parties le récit du chroniqueur nantais.

V.

CONCLUSION.

Après avoir exposé la méthode que j'ai cru devoir suivre pour
reconstituer le texte de la *Chronique de Nantes*, après avoir
cherché à établir que cette chronique fut rédigée entre les années
1050 et 1059 par un chanoine de la cathédrale de Nantes, et
après avoir indiqué, autant que faire se pouvait, les matériaux
employés par l'auteur, je voudrais dire quelques mots de l'ouvrage considéré en lui-même, de son originalité et de son intérêt
historique.

Je ne m'arrêterai pas longtemps à parler du style de notre
chroniqueur. Il est de ceux qui, par leur peu d'éclat, n'attirent
pas l'attention. D'une latinité qui n'est point élégante ni toujours

---

1. On peut rapprocher la phrase, *a fundamentis hujus ecclesiae caput
destructum reficiens, illud refectum cooperire procuravit, pluraque
alia quae usque hodie apparent restituit, et multa alia bona fecit*
(p. 121), de cette notice du nécrologe de Chartres, consacrée à l'évêque Fulbert mort en 1028, *ad restaurationem hujus sancti templi, quod ipse
post incendium a fundamento reedificare ceperat, bonam partem auri
sui et argenti reliquit, et disciplinae ac sapientiae radiis hunc locum
illuminavit, et clericis suis multa bona fecit.* Cf. R. Merlet et abbé
Clerval, *Un manuscrit chartrain du XIe siècle*, Chartres, 1893, in-4°,
p. 159.

correcte, il a du moins la qualité d'être habituellement clair et de ne prêter que rarement à l'équivoque. Cette qualité n'est pas commune à tous les historiens du xie siècle : certains d'entre eux, sous un style diffus et affecté, ne laissent que difficilement deviner leur pensée. Dudon de Saint-Quentin, l'historien de la Normandie, peut être présenté comme le modèle de ces écrivains, qui, pour vouloir faire montre de talent, sont trop fréquemment tombés dans l'emphase et l'incohérence. Notre auteur ne paraît pas avoir eu des visées aussi ambitieuses ; il ne cite ni les poètes ni les grands littérateurs de l'antiquité, il ne cherche pas à les imiter ; il se contente le plus souvent de raconter les choses comme on les lui a rapportées à lui-même ou comme il les a trouvées relatées ailleurs. En cela, il a fait preuve de prudence, et l'on ne saurait l'en blâmer.

Le caractère général de sa narration est d'être concis et nourri de faits. Il s'est proposé d'écrire l'histoire de la ville de Nantes, et il ne s'est jamais lancé dans des digressions inutiles l'éloignant du but qu'il voulait atteindre. Le plan qu'il a adopté est logique et tel qu'un critique moderne ne dédaignerait peut-être pas de le suivre. Dans le chapitre précédent, j'ai montré qu'il a puisé la plus grande partie de ses renseignements à des sources écrites. Bien qu'il vécût à une époque où l'usage était de faire remonter l'histoire des peuples et celle des cités jusqu'aux temps les plus reculés et d'admettre sur ces périodes fabuleuses les légendes les plus invraisemblables, il s'est tenu en garde contre cette absurde tendance de ses contemporains. Les traditions qu'il a recueillies ne portent sur aucun épisode ayant plus d'un siècle de date, et lors même qu'elles ne pourraient pas dans leur ensemble être acceptées comme véridiques, elles n'en ont pas moins à nos yeux l'intérêt d'avoir été consignées à un moment où le souvenir des faits qui leur ont donné naissance était encore vivant parmi le peuple. L'ordre qu'il a choisi pour son récit est l'ordre chronologique. Il s'y est rigoureusement conformé, et, s'il est possible de le prendre en défaut sur ce point, la cause en est l'insuffisance de ses moyens d'information. Il n'avait point à sa disposition les instruments de travail qui sont actuellement entre les mains des érudits, et il était exposé à commettre certains anachronismes en interprétant des textes qu'on ne pourrait peut-être pas aujourd'hui même dater avec précision. C'est ce qui lui est arrivé, par exemple, quand il a voulu retracer l'histoire de l'épiscopat d'Actard. Mais, sauf en deux ou trois circonstances, il a su placer tous les événements à leur véritable rang, et cette exactitude dans le classement des faits ajoute à la clarté de l'ouvrage.

Membre du clergé, et, comme nous l'avons vu, serviteur dévoué de l'évêque et du pape, il n'a point approuvé de parti pris tous les actes des pontifes nantais. Lorsqu'il a l'occasion de parler des disputes ou des démêlés qui, à différentes reprises, surgirent entre les comtes et les évêques de Nantes, il le fait sans passion et laisse même soupçonner au besoin que le bon droit n'était pas toujours du côté du pouvoir religieux. Il y a là de sa part une garantie d'impartialité. Toutefois, à l'égard du duc de Bretagne, Nominoé, il s'est montré moins équitable. Il semble qu'il n'ait pu pardonner à ce prince, qui fut cependant, autant qu'on en peut juger aujourd'hui, un grand capitaine et un habile politique, d'avoir tout d'un coup brisé les liens qui rattachaient l'église de Bretagne à l'église de Gaule. Cette sorte de coup d'état était capable, à deux cents ans d'intervalle, de l'irriter au point de troubler son jugement. De là, ses appréciations souvent injustes sur Nominoé et sur le comte Lambert, puissant auxiliaire du chef breton; de là aussi l'exagération de ses attaques contre la nation bretonne tout entière, et la fausse opinion qu'il s'est formée sur l'origine des trois évêchés de Dol, de Saint-Brieuc et de Tréguier.

S'il n'a pu se débarrasser entièrement de tout préjugé politique ou religieux, il a du moins été consciencieux dans ses recherches. Il critique en certain endroit les historiens, ses devanciers, pour avoir passé sous silence tant de choses dignes de mémoire, *tanta necessaria memoriae digna oblivioni data sunt* (p. 18). Il a eu à cœur de ne pas encourir le même reproche et de ne laisser tomber dans l'oubli aucun des faits qui, parvenus à sa connaissance, lui ont paru n'être pas étrangers à son sujet.

Il s'est efforcé de consulter tous les documents qui étaient à sa portée et d'en extraire le plus de renseignements possible sur les comtes et les évêques de Nantes, sur les désastres que cette ville eut à subir, sur les embellissements ou agrandissements dont elle fut l'objet, sur la ruine ou la restauration de ses monuments, sur les sièges qu'elle soutint et les batailles qui furent livrées sous ses murs.

Tout en se plaçant à ce point de vue exclusivement local, il a été forcé de temps à autre de porter ses regards sur la marche générale des événements ; car les crises et secousses politiques, éprouvées par la nation franque sous le règne des successeurs de Charlemagne, se sont souvent répercutées en Bretagne et à Nantes même. Malheureusement il est loin de connaître aussi bien les affaires du royaume franc que celles de sa province. Son ouvrage n'apprend presque rien de nouveau sur les faits et gestes des rois carolingiens ; mais, en revanche, il fournit de précieuses indications sur la vie et les actes de plusieurs chefs bretons.

Lorsque Nantes eut été définitivement réunie à la Bretagne en 851, les ducs Erispoé, Salomon et Alain le Grand entretinrent avec cette cité de fréquentes relations, et ils ne négligèrent aucune occasion de se concilier la sympathie des évêques et de la population d'une ville qui était très probablement la plus grande et la plus riche de leurs nouveaux états. Vers l'an 940, le duc Alain Barbetorte transporta même à Nantes le siège du gouvernement. A dater de cette époque, jusque vers la fin du xe siècle, l'histoire de Nantes se confond en quelque sorte avec celle de la Bretagne. Pour cette période, le récit de notre chroniqueur offre l'intérêt d'être seul à nous révéler une série d'événements dont l'importance n'échappera à personne. Les autres annalistes, en effet, ne savent ou ne disent que peu de choses du duc Alain Barbetorte ; à peine semblent-ils faire attention aux révolutions qui se produisirent en Bretagne pendant la minorité de Drogon et les règnes d'Hoël et de Guérech, et il faut reconnaître que l'histoire de ce pays, durant la seconde moitié du xe siècle, présenterait bien des lacunes impossibles à combler, si les informations du chanoine nantais ne suppléaient au mutisme des écrivains contemporains.

Mais notre auteur n'a pas été contraint seulement à s'occuper des affaires de Bretagne, il s'est trouvé entraîné incidemment à parler de la situation politique ou religieuse des provinces environnantes, telles que le Poitou, l'Anjou, la Touraine, le Maine, le Blésois et la Normandie. Il serait trop long de citer tous les passages ayant trait à l'histoire de ces diverses provinces ; je veux signaler cependant les récits relatifs aux guerres et hostilités de toutes sortes qui, dès le principe, furent comme la marque distinctive des rapports de voisinage entre les Bretons et les Normands. Ces récits éclaircissent plus d'un point obscur des annales de ces deux peuples.

CONCLUSION

Ce que nous savons de plus certain sur les origines de l'établissement des pirates danois en France et sur les premiers temps de l'existence du duché de Normandie, nous le tenons de Dudon de Saint-Quentin qui, vers l'année 1015, publia, à l'instigation du duc normand Richard II et de Raoul d'Ivry, son *De moribus et actis primorum Normanniae ducum*. Depuis qu'a paru l'excellente étude, consacrée par M. J. Lair à cet écrivain[1], il n'est plus permis de douter que Dudon n'ait été assez exactement informé des actions et des mœurs du peuple normand. Ce n'est donc pas par ignorance, mais de propos délibéré, qu'il a exagéré certains faits et qu'il en a passé d'autres sous silence. Son œuvre est un panégyrique, et rien n'y est relaté qui puisse porter une sensible atteinte à la gloire des ducs de Normandie. Cette façon d'envisager les choses a trop souvent conduit Dudon à ne dire qu'une partie de la vérité. Ainsi, il fera de continuelles allusions à l'envahissement et à l'occupation de la Bretagne par les Normands; mais il se gardera de nous apprendre à quelle époque et comment cette occupation a pris fin. Si l'on s'en fiait à son livre, on croirait que, bien loin d'avoir été chassés de Bretagne, les Normands ne cessèrent jamais d'exercer librement leur domination sur ce pays, et l'on se ferait la plus fausse opinion de la condition politique des Bretons pendant la majeure partie du x⁰ siècle. Pour tout ce qui touche aux premières luttes entre ces deux peuples ennemis, le récit du chroniqueur nantais apporte à l'ouvrage du doyen de Saint-Quentin un complément indispensable. Il nous fait connaître ce que Dudon nous a volontairement caché: en particulier, la vie et les exploits d'Alain Barbetorte, ce héros de la Bretagne, adversaire redouté des Normands, qui, après plusieurs victoires éclatantes remportées à Dol, à Saint-Brieuc et à Nantes, délivra à tout jamais le territoire armoricain du joug de ceux qui l'avaient envahi, et, depuis vingt années (919-939), y gouvernaient en maîtres. On pourrait signaler encore d'autres aventures qui ne tournèrent point à l'avantage des Normands, et auxquelles Dudon de Saint-Quentin n'a même pas fait allusion, telle que cette tentative infructueuse de la flotte danoise en 960 pour mettre la main sur la ville de Nantes[2].

---

1. Introduction à la nouvelle édition de Dudon de Saint-Quentin par M. J. Lair. Caen, 1865, in-4⁰, p. 1 à 114.
2. Sur cette dernière phase de la lutte entre la Normandie et la Bretagne

Mais, sans insister davantage, je pense pouvoir conclure des remarques précédentes que la *Chronique de Nantes,* au point de vue historique, présente un double intérêt: d'une part, elle éclaire d'une lueur assez vive l'histoire non seulement d'une ville et d'un comté, mais encore de toute une province et même d'une région importante de la France; d'autre part, la lumière qu'elle répand tombe sur l'une des périodes les plus obscures de notre histoire nationale.

Avant de terminer ces considérations préliminaires, qui m'ont été inspirées par une longue étude et par le désir de dire vrai, il me reste à adresser mes remerciements à M. A. Giry, qui a pris la peine de revoir avec soin toutes les épreuves de ce livre, et m'a fait part de plusieurs observations qui m'ont été profitables. — En dédiant cette édition à M. A. de la Borderie, j'ai voulu à la fois rendre hommage à l'éminent érudit, auquel l'Histoire de Bretagne est redevable d'être aujourd'hui l'une des mieux connues de toutes celles des provinces de France, et lui témoigner ma reconnaissance pour ses conseils éclairés et ses encouragements, grâce auxquels j'ai pu mener mon entreprise, je n'ose pas dire à bien, mais du moins à terme.

au x⁰ siècle, R. Merlet, *Origines du monastère de Saint-Magloire de Paris,* dans la *Biblioth. de l'Ecole des Chartes,* année 1895, t. LVI.

SOMMAIRE

I.

CHRONIQUE DE NANTES.

I. — Description de la cathédrale construite à Nantes par l'évêque Félix ; dédicace de cette basilique, qui subsista pendant près de trois siècles (570 environ-843), pp. 1-3.

II. — Révoltes des fils de l'empereur Louis le Pieux contre leur père ; mort de Louis le Pieux ; guerre entre les quatre frères, Lothaire, Louis, Pépin et Charles le Chauve ; les habitants de Neustrie prennent parti pour Charles le Chauve (821 environ-840), pp. 4-5.

III. — Lambert de Nantes et Renaud de Poitiers viennent au secours de Charles le Chauve. Tableau de la triste situation de la Gaule ; ravages des pirates danois ; incursions du chef des Bretons, Nominoé, dans les pays de Nantes et de Rennes (vers mai 841) ; bataille de Fontenoy où Charles le Chauve est vainqueur de ses frères (25 juin 841), pp. 5-8.

IV. — Mort de Richuin, comte de Nantes ; compétition entre Lambert de Nantes et Renaud de Poitiers pour obtenir la succession de Richuin. Le roi Charles le Chauve donne le comté de Nantes à Renaud ; Lambert, mécontent, se retire en Bretagne auprès de Nominoé. Lambert et Nominoé attaquent Renaud, qui est tué au combat de Blain (24 mai 843), pp. 8-11.

V. — Les Normands, à l'instigation de Lambert, pénètrent dans la Loire, s'emparent de Nantes et détruisent la cathédrale construite au VIe siècle par l'évêque Félix (juin 843), pp. 11-13.

VI. — Récit d'un annaliste contemporain, relatif à la prise de la ville de Nantes par les Normands. Massacre de l'évêque Gohard et d'une multitude de prêtres et de laïques qui s'étaient réfugiés dans la cathédrale (24 juin 843). Retraite de la flotte normande qui incendie le monastère d'Indre (29 juin 843), pp. 14-17.

VII. — Les Normands, après avoir dévasté les pays de Maugo, de Tiffauge et d'Herbauge, se retirent dans l'île de Noirmoutier, emmenant avec eux un grand nombre de captifs ; expédition des pirates danois en Gallice et en Aquitaine (843-845). Réconciliation de la cathédrale de Nantes par l'évêque de Vannes, Susan (30 septembre 843), pp. 18-22.

VIII. — Prise de possession du comté de Nantes par Lambert. Charles le Chauve nomme Bégon duc d'Aquitaine. Guerre entre Lambert et Bégon, qui périt dans une bataille livrée près de la rivière du Blaison (fin de l'année 843), pp. 22-25.

IX. — Élection d'Actard, prêtre de l'église de Tours, comme évêque de Nantes (843 ou 844), pp. 25-27.

X. — Dissensions entre le comte Lambert et l'évêque Actard. Le duc des Bretons, de concert avec Charles le Chauve, force Lambert à abandonner le comté de Nantes. Lambert se retire à Craon ; il met en déroute Gui, comte du Maine, et se constitue un état indépendant entre les frontières de Bretagne et le cours de la Mayenne (851-852). Mort de Lambert (1er mai 852), pp. 27-30.

XI. — Résumé des guerres du duc de Bretagne, Nominoé, contre Charles le Chauve (845-851). Histoire des réformes religieuses opérées en Bretagne par Nominoé (848 ou 849), pp. 31-39.

XII. — Nominoé expulse de Nantes l'évêque Actard et nomme à sa place Gislard, prêtre vannetais (850-851), pp. 39-41.

XIII. — Mort de Nominoé (7 mars 851) ; son fils Erispoé lui succède. Traité de paix entre Charles le Chauve et Erispoé (fin de l'année 851). Actard reprend possession de l'évêché de Nantes ; Gislard se retire à Guérande et retient en son pouvoir jusqu'à sa mort la partie septentrionale du diocèse de Nantes. Actard se rend à la cour du duc Erispoé (857), pp. 42-44.

XIV. — Charte par laquelle Erispoé, à la prière d'Actard, restitue aux évêques de Nantes la moitié du tonlieu de la cité (857), pp. 44-48.

XV. — Démarches d'Actard auprès de l'archevêque de Tours, Hérard, et du roi Charles le Chauve pour recouvrer son autorité sur le territoire de Guérande. Assassinat d'Erispoé par son cousin Solomon ; élection de Solomon comme duc de Bretagne (novembre 857). Convocation du concile de Soissons (866), pp. 48-51.

XVI. — Lettre des pères du concile de Soissons au pape Nicolas Ier, touchant la séparation qui s'était produite entre les diocèses de Bretagne et la métropole de Tours (18 août 866), pp. 51-57.

XVII. — Voyages d'Actard à Rome et pétitions par lui présentées aux papes Léon IV, Benoît III et Nicolas Ier, (850-866). Les réponses, confiées à Actard par les souverains pontifes, ont toutes disparu pendant l'occupation de la ville de Nantes par les Normands sous le règne de Charles le Simple : une seule de ces lettres s'est conservée dans les archives de l'archevêché de Tours, pp. 57-58.

XVIII. — Lettre adressée au duc de Bretagne Salomon par le pape Nicolas Ier, blâmant les entreprises religieuses de Nominoë et invitant Salomon à rétablir l'église de Bretagne dans son état primitif (866). pp. 58-62.

XIX. — Salomon, comme ses prédécesseurs, refuse d'obéir aux conseils du pape. Invectives du chroniqueur de Nantes contre le peuple breton. Mort d'Hérard, archevêque de Tours; Actard lui succède (871). pp. 63-65.

XX. — Consécration du doyen Hermengaire comme évêque de Nantes par Actard. Mort d'Actard (875), et d'Hermengaire (vers 880); Landran est nommé évêque de Nantes, p. 65.

XXI. — Assassinat du duc Salomon (25 juin 874). Invasion des Normands dans la Loire (886); l'évêque Landran s'enfuit de Nantes à Angers, où le roi Charles le Gros lui fournit ainsi qu'à ses clercs un asile. Élection d'Alain le Grand comme duc de Bretagne (888); Landran retourne à Nantes; il se rend à la cour du duc Alain (889). p. 66-68.

XXII. — Charte de donation à l'église de Nantes par Alain le Grand du village de Canisy (?) en Cotentin (889). pp. 68-72.

XXIII. — Mort de l'évêque Landran; il est enterré dans la basilique de Saint-Donatien et Saint-Rogatien (5 février 897). p. 72.

XXIV. — Foucher, successeur de Landran, restaure et agrandit la cathédrale de Nantes; il obtient, pour son église ruinée par les Normands, de nombreuses donations de la part des seigneurs des pays voisins (897-vers 900), pp. 73-74.

XXV. — Privilège du duc Alain le Grand, concédant à Foucher et à ses successeurs l'abbaye de Saint-André, sise à Nantes près de la rivière d'Erdre (vers 900), pp. 74-77.

XXVI. — Construction par Foucher d'une enceinte fortifiée autour de la cathédrale de Nantes. Relations amicales de Foucher avec le duc de Bretagne. Ce prélat parvient à recouvrer ses droits sur la partie du diocèse de Nantes, usurpée autrefois par Gislard, puis par les évêques de Vannes. Mort de Foucher (vers 910). Isaias lui succède et meurt peu de temps après (vers 915), pp. 77-80.

XXVII. — Adalart est ordonné évêque de Nantes: de son temps, les Normands, après s'être emparés de la province de Rouen, dévastent toute la Bretagne; les seigneurs bretons émigrent à l'étranger; grande invasion de la flotte normande dans la Loire (vers 912-919). pp. 80-83.

XXVIII. — Siège de la ville de Nantes par les Normands; l'évêque Adalart s'enfuit en Bourgogne avec ses clercs. Incendie et destruction de la cathédrale et de l'enceinte fortifiée construite par Foucher; prise et pillage des villes d'Angers et de Tours par les pirates danois. Orléans est aussi assiégé, mais achète sa délivrance à prix d'argent. Les Normands, chargés de butin, redescendent jusqu'à Nantes (919), pp. 84-87.

XXIX. — Occupation de la ville de Nantes et de la Bretagne par les Normands (919-937). Histoire d'Alain Barbetorte; son exil en Angleterre, son retour en Armorique: il remporte plusieurs victoires sur les Normands; il les chasse de Bretagne. Son élection comme duc de la nation bretonne tout entière. Expulsion des troupes normandes qui s'étaient établies à Nantes (936-937), p. 87-91.

XXX. — Nantes devient la capitale des états bretons. Restauration de la ville par Alain Barbetorte; érection d'un donjon dont Alain fait sa demeure (939-vers 940), pp. 91-93.

XXXI. — Les seigneurs bretons émigrés rentrent en Bretagne; parmi eux, Hesdren, évêque de Saint-Pol-de-Léon. Alain Barbetorte nomme Hesdren évêque de Nantes. Etat lamentable de l'église de Nantes après l'expulsion des Normands (vers 940), pp. 93-96.

XXXII. — Traité de paix entre Alain Barbetorte et le comte de Poitiers, Guillaume Tête d'Etoupes, fixant les limites respectives des duchés de Bretagne et d'Aquitaine et reconnaissant les droits d'Alain Barbetorte sur les pays de Mauge, de Tiffauge et d'Herbauge (vers 942), pp. 96-97.

XXXIII. — Légende relative au siège de Paris par le roi de Germanie, Otton Ier, et au combat singulier entre Alain Barbetorte et un guerrier saxon de l'armée d'Otton (946), pp. 97-101.

XXXIV. — Le roi Louis d'Outremer, à la prière d'Alain Barbetorte, confirme l'abolition du servage en Bretagne. Entrevue d'Alain avec Thibaut le Tricheur, comte de Blois. Séjour d'Alain à Blois; ses fiançailles avec la sœur de Thibaut; célébration de son mariage à Nantes (946). pp. 101-103.

XXXV. — Impopularité de l'évêque Hesdren; il abandonne l'évêché de Nantes et retourne à Saint-Pol-de-Léon; Gautier, fils de l'archevêque de Dol, Wicohen, succède à Hesdren (vers 960), pp. 103-104.

XXXVI. — Maladie d'Alain Barbetorte, qui convoque à Nantes tous les grands de Bretagne et leur fait prêter serment de fidélité à son fils Drogon et au comte Thibaut le Tricheur, son beau-frère, auquel il confie la tutelle du jeune Drogon. Mort d'Alain Barbetorte; il est enseveli dans l'église de Notre-Dame de Nantes, par lui réédifiée et dotée (952), pp. 105-107.

XXXVII. — Thibaut le Tricheur donne sa sœur, veuve d'Alain Barbetorte, en mariage à Foulques le Bon, comte d'Angers, et abandonne en même temps à Foulques la garde de Drogon, l'héritier du duché de Bretagne. Partage du gouvernement de la Bretagne entre Thibaut et Foulques; administration provisoire de la ville et du comté de Nantes par le comte d'Anjou, qui fait périr clandestinement à Angers le jeune Drogon (952-vers 958), pp. 107-110.

XXXVIII. — Attaque de la ville de Nantes par une flotte de Normands qui font prisonniers l'évêque Gautier et un certain nombre de Nantais. Les autres habitants demandent aide à Foulques d'Anjou, mais, après avoir en vain attendu pendant huit jours les secours promis, ils font une vigoureuse sortie et mettent les Normands en déroute. Rachat de l'évêque Gautier et des autres captifs (960). pp. 111-112.

XXXIX. — Les Nantais, au mépris du comte d'Angers, se choisissent, comme seigneur et maître, Hoël, fils bâtard d'Alain Barbetorte. Tentative d'Hoël pour se faire reconnaître duc de Bretagne ; il déclare la guerre à Conan, comte de Rennes, qui se prétendait vassal du comte de Blois, Thibaut le Tricheur (960-vers 975), pp. 112-114.

XL. — Mort de Gautier, évêque de Nantes ; Guérech, frère d'Hoël, est élu évêque en remplacement de Gautier par le peuple et le clergé nantais. Départ de Guérech pour Tours afin de se faire consacrer par l'archevêque. Sur ces entrefaites, Hoël est assassiné par un émissaire de Conan, comte de Rennes. Guérech revient aussitôt à Nantes (vers 981), pp. 114-117.

XLI. — Élection de Guérech comme comte de Nantes ; il retient en son pouvoir l'administration de l'évêché. Guerre de Guérech contre Conan de Rennes ; bataille de Conquereuil (981). Traité de Guérech avec Guillaume Fièrebrace, comte de Poitiers, au sujet des limites des pays de Mauge, de Tiffauge et d'Herbauge (vers 983), pp. 118-120.

XLII. — L'évêché de Nantes reste pendant sept ans entre les mains de Guérech (981-988 environ) ; reconstruction du chevet de la cathédrale de Nantes par Guérech. Voyage de Guérech à la cour du roi Lothaire ; à son retour, il est fait prisonnier par le comte d'Anjou, Geoffroi Grisegonelle ; il est forcé de se reconnaître vassal du comte d'Angers. Démêlés de Guérech avec Renaud Torench, puissant seigneur du pays de Mauge. Construction du château d'Ancenis. Recommencement des hostilités entre Guérech et Conan de Rennes (981-987 environ), pp. 120-124.

XLIII. — Héroïc, abbé de Redon, à l'instigation de Conan, empoisonne Guérech (vers 988). Alain, fils de Guérech, lui succède comme comte de Nantes ; il meurt lui-même bientôt (990), pp. 124-127.

XLIV. — Conan, comte de Rennes, s'empare de Nantes ; il se fait proclamer duc de Bretagne (990). Il construit dans Nantes, près du confluent de la Loire et de l'Erdre, un nouveau château, nommé Le Bouffay. Le vicomte Haimon, oncle de Judicaël, fils bâtard du comte de Nantes Hoël, implore l'aide de Foulques Nerra, comte d'Angers, pour enlever à Conan l'héritage de Judicaël. Guerre de Foulques Nerra contre Conan ; siège de la ville de Nantes par les Angevins (juin 992) ; combat de Conquereuil où Conan perd la vie (27 juin 992), pp. 127-132.

XLV. — Prise de Nantes par l'armée angevine ; Judicaël est élu comte de Nantes (992). Guerre de Geoffroi de Rennes, fils de Conan, contre Judicaël ; celui-ci est contraint de se reconnaître vassal de Geoffroi, devenu duc de Bretagne (vers 995), pp. 132-134.

XLVI. — Morts du comte Judicaël et de l'évêque de Nantes, Hervé (vers 1004). Budic, fils bâtard de Judicaël, est élu comte de Nantes ; Gautier, Rennais d'origine, succède à Hervé comme évêque de cette cité. Hostilités entre le comte Budic et l'évêque Gautier ; les biens de l'église de Nantes sont mis au pillage. Traité de paix entre les deux adversaires (1004-1010 environ), pp. 134-137.

XLVII. — Voyage de l'évêque Gautier à Jérusalem ; pendant son absence, le palais, qu'il s'était construit près de la cathédrale, est renversé de fond en comble par l'ordre de Budic. De retour à Nantes, Gautier excommunie le comte et tous les Nantais ; il appelle à son secours Alain, duc de Bretagne. Guerre entre Alain et Budic ; la paix est signée par l'intervention de Junguenée, archevêque de Dol (vers 1033). pp. 137-140.

XLVIII. — Après la mort de Budic, comte de Nantes (1038), l'évêque Gautier prend lui-même pour successeur son fils Budic ; il obtient à prix d'argent l'assentiment du nouveau comte de Nantes, Mathias, à cette nomination illégale (vers 1040). Bonnes relations de l'évêque Budic et du comte Mathias. Accusé et convaincu de simonie, Budic est déposé par le pape Léon IX au concile de Reims (1049). pp. 140-141.

II.

MIRACLES DE L'ÉGLISE DE NANTES.

I. — Ravages exercés par la flotte normande sur les côtes occidentales de la Gaule, dans les premiers temps du règne de Lothaire, fils de Louis d'Outremer. Invasion de cette flotte dans la Loire ; prise de Nantes ; captivité de l'évêque Gautier. Récit relatif à un habitant de la ville de Nantes échappé par miracle aux poursuites des Normands. Les pirates se retirent jusqu'à Guérande emmenant avec eux leurs prisonniers (960), pp. 143-145.

II. Peu de temps après, les mêmes Normands reviennent à Nantes ; comme ils se disposaient à piller l'église de Saint-Donatien et Saint-Rogatien, ils sont tout d'un coup frappés de cécité. Guéris par miracle, ils se sauvent épouvantés et plus jamais on ne les revit à Nantes (960), pp. 145-146.

III. — Miracle arrivé dans le cimetière de Saint-Cyr de Nantes (x[e] ou xie siècle). pp. 146-147.

IV. — Autre miracle, survenu à Nantes le jour de la fête de saint Jean-Baptiste, sous le gouvernement du comte Judicaël (1000 environ), pp. 147-148.

CHRONICON NAMNETENSE

1.

Sciendum est[1] quod altaria marmorea in ecclesia Namnetensi Felix[2] episcopus talia constituit qualia usque Romam non invenitur. Columnas fecit plurimas cum capitellis, ex vario marmore sculptas, ad arcus sustinendos, et in utrisque parietibus museum miro opere fabricatum, et in arcubus gipseos flores variis coloribus distinctos, et ante altaria coronas aureas cum phialis argenteis. In medio vero ecclesiae statuit columnam marmoream sustinentem crucifixum aureum,

[Et, jasoit que ledit Fortunat de la qualité de la devant dicte église de Nantes et de sa beaulté et mesmes à la loenge d'icelui débonnaire Félix maintes choses a descriptes, toutesfois en tout-il aucunes dignes de mémoire que dempuix autres acteurs recuillirent, ainsi comme ès anxiennes croniques d'elle est trouvé.]

Les aultiers marbrins en celle église constitua ledit Félix, évesque, telx et si sumptueux que jucques à Rome n'estoient trouvez les

1. *A F.*

---

1. Le chroniqueur de Saint-Brieuc, qui, seul avec Le Baud, nous a conservé ce premier chapitre de la Chronique de Nantes, fait suivre les mots *sciendum est* du mot *enim*. Ce qui semble prouver que ce premier chapitre était précédé d'une ou de plusieurs phrases dont le texte est perdu.
2. Félix, évêque de Nantes de 549 à 582. Cf. abbé Duchesne, *Les anciens catalogues épiscopaux de la province de Tours*, p. 72.

habentem lumbare pretiosis lapidibus intextum, cum catena argentea sursum a trabe ligata, et omne pavimentum ex vario marmore mirabiliter factum, vasa quoque aurea et argentea et magnam ornamentorum copiam. Carbunculus etiam[a] erat ibi positus supra columnam marmoream, ad latus Alexandria, qui nocte illuminabat ecclesiam[1]. Sicque de talibus et de aliis pluribus, quae non sunt hic scripta, ecclesia Namnetica super omnes ecclesias Britanniae et totius Galliae exaltata fuit. Pridie Kalendas octobris fuit dedicata a praelatis subsequentibus, videlicet ab Eufronio, metropolitano Turonensi[2], Domnolo Cenomannensi[3], Domitiano Andegavensi[4], Fortunato Pic-

semblables. Pluseurs collompnes y fist avecques chappiteaux de divers marbres entaillez à soustenir les arcs, et ès voultes fleurs plastrines de diverses coleurs; et davant l'autier mist coronnes dorées avecques maintes fialles argentées. Ou milieu de l'église establit une collumpne de marbre soustenant ung crucifis d'argent, qui avoit le lumbare doré et de précieuses pierres couvert et tenoit au hault ès trefs de l'église avecques une chayne d'argent, et fist tout le pavement de différent marbre merveilleusement ouvrer ; les riches vesseaux d'or et d'argent et grant habundance de ournemens précieux à laditte église donna. Une escarboucle aussi y estoit assise sus une col-

---

I. — a) enim *A, corrigendum esse videtur* etiam *ex F.*

---

1. Il est intéressant de rapprocher de cette description de la cathédrale de Nantes construite par Félix celle du poète Fortunat (l. III, c. vii). — La légende de l'escarboucle, qui illuminait l'église pendant la nuit, a probablement pour origine deux vers de Fortunat, où ce poète, parlant des rayons de la lune qui passaient à travers les larges fenêtres de la basilique, s'exprime ainsi:
   « Tempore quo redeunt tenebrae, mihi dicere fas sit,
   « Mundus habet noctem, detinet aula diem. »
2. Eufronius, archevêque de Tours de 556 à 573. Cf. abbé Duchesne, *livre cité*, p. 26.
3. Domnolus, évêque du Mans de 559 à 581. *Ibidem*, p. 51.
4. Domitianus, évêque d'Angers, souscrivit les actes du concile de Tours en 567.

[c. 1, an. 570 circa] NAMNETENSE

tavensi[1], Victorio Redonensi[2], Romachario Constantiensi[3]. Atque in tali honore et decore sine ulla corruptione a tempore Clotarii primi[4] usque ad annum quartum post mortem Ludovici imperatoris permansit.

lumpne de marbre, qui apporté y avoit esté de Alexandrie, et par nuit toute l'église enluminoit. Et ainsi par les davant dittes choses et pluseurs autres, qui ne sont pas cy escriptes, fut l'église de Nantes par le benoist Félix anoblie et exaulcée sur toutes les églises de Gaule. Le benoist Félix, à célébrer la dédication de la dessusdite église de Nantes, curieusement assembla le jour de davant les kalendes d'octobre vénérables et révérends pères, Aufronius, métropolle de Tours, Donnollus du Mans, Domician d'Angiers, Fortunat de Poitier, Victor de Rennes et Romacarius de Coustances, évesques, avecques très grant tourbe du peuple de la cité. Laquelle

---

1. Fortunat assista sans doute à la dédicace de l'église de Nantes, car il a décrit cette cérémonie dans une de ses poésies (livre III, c. vi. — Cf. *Mon. Germ. hist.*, *Auctores antiquissimi*, t. IV, p. 55). Mais, lors de la célébration de cette dédicace, il n'était pas encore évêque de Poitiers ; il ne le devint que près de trente ans plus tard, dans les dernières années du vi[e] siècle.
2. Victorius, évêque de Rennes, assista au concile de Tours en 567.
3. Romacharius, évêque de Coutances, fut en effet présent à la dédicace de l'église de Nantes. Fortunat, dans la poésie citée plus haut (livre III, c. vi), mentionne comme ayant pris part à cette cérémonie les évêques Euphronius, Domitianus, Victorius, Domnulus et Romacharius, sans indiquer à quelles cités appartenaient ces prélats. On a cru longtemps que Domitianus était un évêque de Châlons et Victorius un évêque de Troyes. Quant à Romacharius, une mauvaise leçon des manuscrits l'avait fait confondre avec Maracharius, évêque d'Angoulême. M. L. Delisle, dans un manuscrit de l'Université de Leyde, a trouvé le texte de la poésie de Fortunat avec des gloses interlinéaires de l'époque carolingienne indiquant les sièges respectifs de chacun de ces évêques (*Littérature latine et histoire du M. A.* — *Instructions adressées par le comité des travaux historiques aux correspondants du Ministère de l'Instruction publique*, p. 4-5). Le récit de la chronique de Nantes confirme de tous points les gloses du manuscrit de Leyde, et lève définitivement les doutes qu'on aurait encore pu avoir sur l'interprétation du texte de Fortunat.
4. Clotaire Ier, roi des Francs, mourut en 561. Ce ne fut point de son temps qu'eut lieu la dédicace de l'église de Nantes, dont la date se place entre le 30 septembre 567, année où Fortunat se fixa à Poitiers, et le 30 septembre 573, année où mourut Eufronius, archevêque de Tours.

dédication ainsi faitte très sollempnellement, icelle église demoura en tel honneur et sans nulle corruption dempuix celui temps jucques au temps que les Normans encore païens vindrent par navire et la destruisirent du tout (*F, f° 92 r°*).

II.

Quo tempore crevit grande malum in regno Francorum. Namque iste Ludovicus, filius Karoli magni, quatuor filios genuit, scilicet Clotharium, Pipinum^a, Ludovicum et Karolum Calvum, quos in vita sua reges instituit, derelicto Karolo adhuc puerulo, et eis omne regnum distribuit, retenta tamen in dominatu suo Neustria solummodo. Unde mater valde tristis, plus diligens Karolum Calvum quam alios, precibus assiduis deprecata est patrem ut, antequam morti obiret, illum in regem sublimaret. Pater vero, monitis matris commotus, hunc Karolum, aliis filiis nolentibus et calumniam imponentibus, in regem relevavit, et Neustriam sibi regnum concessit, ac etiam Aquitaniam, quamvis Pipinus jam invaserat, tunc addidit.

En celui temps sourdirent et s'esmeurent grans maulx et divisions ou royaume de France. Pour la cheson desqueulx cognoestre plus plainement est asavoir que l'empereur Loys, filz de Charles le Grant, engendra quatre filz, savoir Clotaire, Pépin, Loys et Charles le Chauve, desquelx il institua les troys ainsnez roys en sa vie, et leur distribua tout son royaume, fors la contrée de Neustrie seullement, laquelle il retint à lui. Mais la royne, sa femme, qui mieulx amoit Charles le Chauve que les autres, très dollente de ce qu'il ne lui avoit ordonné une porcion du règne ainsi qu'à ses frères, pria le roy son mari par requestes ententives que, ancezois qu'il mourut, il eslevast Charle, leur moindre filz, en majesté royalle. Lequel

---

II. *A F.* — a) primum *A, corrigendum est* Pipinum *ex F.*

His itaque pactis, nec multo post tempore, vitam finivit[1]. Post cujus[b] mortem, Clotharius, Ludovicus[2] et Pipinus simul foederati in fratrem suum Karolum insurgunt, volentes eum deponere et de regno abjicere. Sed Neustrienses, sumptis viribus, ut meliores totius Galliae milites, dominum suum Karolum et partem sibi concessam, certantes[c] magna bella, fortitudine defendere[3].

Loys l'empereur, meu par les amonnestemens de sa femme, concéda audit Charles le Chauve le royaume de Neustrie oultre le gré de ses frères, et oultre plus lui adjousta toute Acquittaine, combien que Pépin l'eust desjà occuppée. Peu après finit le roy Loys sa vie. Après la mort duquel, Clotaire, Loys et Pépin ensemble alliez s'eslevèrent contre leur frère Charles, voullans le depposer et le chacer hors du royaume: mais les Neustriens prindrent les armes, et, come les meilleurs chevalliers de toute France, par grant force de batailles deffendirent Charles, leur seigneur, et la porcion lui concédée. (F, f° 110 v°).

III.

Quorum enim auxilio ex utraque parte multi nobiles

[De quoy, dit l'acteur de la Chronicque de l'église de

II. — b) quorum *A*, *corrigendum est* cujus *ex F*. — c) certaverunt *A*, *corrigendum esse videtur* certantes.
III. *A D E F*.

---

1. L'empereur Louis le Pieux mourut le 20 juin 840.
2. Louis, après la mort de son père Louis le Pieux, ne s'allia point avec Lothaire et Pépin contre Charles le Chauve, mais au contraire il s'unit à Charles pour lutter contre Lothaire.
3. Ce chapitre n'est pas très exact au point de vue historique, mais il est intéressant parce qu'il fait connaître quelles étaient les notions générales d'histoire de France, qui avaient cours à Nantes dans la seconde moitié du xi° siècle. On était alors beaucoup mieux informé sur l'histoire locale et provinciale que sur l'histoire générale du royaume.

milites et fortes ex pluribus regionibus occurrerunt, inter quos Lambertus[1], ex territorio Namnetensi ortus et bene callidus, et Rainaldus[2], Pictavensis nobilis miles et magnae potentiae homo, ad adjuvandum Karolum venerunt, requirentes ab illo honores et praemia[a], si[b] bella a fratribus sibi illata vincere posset. His autem contentionibus mediantibus, Francia est devastata et etiam Neustria ac Aquitania, ac monasteria remanserunt deserta et terra vepribus et spinis occupata[c]. In his autem temporibus Normanni et Dani, primum per mare Oceanum ut

Nantes, que,] en l'aide de l'une et de l'autre part, s'assemblèrent maints nobles chevaliers de plusieurs régions, et que entre les autres alla au roy Charles le comte Lambert qui estoit du territoire de Nantes, homme malicieux et cault à faire batailles. Aussi y alla Rainaldus de Poictou, noble chevalier et homme de grand puissance, requérants lesdits Lambert et Rainaldus honneurs et loyers audit Charles, si par leur aide il vainquoit les assauts de ses frères. Si furent par ces contentions gastées France, Neustrie et Acquitaine (E, p. 99), et aussi les moustiers

---

III. — a) prima *A*. — b) sibi *A*. — c) ac monasteria remanserunt deserta et terra vepribus et spinis occupata *desunt D*.

---

1. Lambert, nantais d'origine, était certainement parent et peut-être fils d'un autre Lambert, qui fut comte de Nantes sous l'empereur Louis le Pieux, et qui, disgracié pour cause de rébellion en 834, mourut en Italie en 836. Ces deux comtes appartenaient à la puissante famille des ducs de Spolète. Cf. Wüstenfeld, *Ueber die Herzoge von Spoleto aus dem Hause der Guidonen* dans les *Forschungen zur deutschen Geschichte*, année 1863.

2. Renaud était comte du pays d'Herbauge et non pas simple chevalier. Il apparaît comme comte d'Herbauge en 835 et 839 (*Chroniq. d'Angoulême et Adémar de Chabannes*, dom Bouquet, VI, 223, 224, 231 et 308, note e). — Son origine poitevine semble certaine. En 839, Bernard, frère d'Emenon comte de Poitiers, chassé par l'empereur Louis le Pieux, se réfugia en Herbauge auprès de Renaud. En 853, un autre Renaud, comte d'Herbauge, fils sans doute de celui dont il est ici question, est signalé comme cousin de Ramnulf, comte de Poitiers (*Adémar de Chabannes*, dom Bouquet, VII, 226). Renaud était donc allié, suivant toute vraisemblance, à la famille d'Emenon et à celle de Ramnulf. Sur ces deux familles, voir dom Vaissète, *Histoire de Languedoc*, éd. Privat, t. II, p. 279 et suiv.

antiqui piratae navigantes, oras Francorum et Neustriorum maritimas depraedari coeperunt[1]. Necnon et Nomenoius, pro tunc Britonum princeps, territorium Nameticum et Redonicum devastare coepit, nulli regum in hoc bello dignans facere auxilium[2]. Sed, quum isti insani reges, terram devastantes et vicos ac castella incendentes, de contentione sua, variis eventibus satis crudeliter protracta, ad nullum finem victoriae possent pervenire, congregaverunt utrique immensum exercitum apud Fontanetum[d], Pictavii territorii vicum[3]; ex quibus tres proeliantes adversus Karolum[4] speraverunt per potentiam gentis suae illum vincere. At ille, fortium virorum et belli-

demourèrent désers et la terre occupée d'espines et de buissons (*F*, f° 111 r°). Car en celuy temps les Norwégiens et les Danois, nageans par l'Océan en manière d'anciens pyrathes, pilloient les régions maritimes des François et des Neustriens. Et Nemenoius, le prince de Bretagne, gastoit les territoires de Rennes et de Nantes, et ne daigna faire aide a nuls desdits rois, [selon ladite Chronicque] (*E*, p. 99). Mais, come ces roys de France forcenez, dégastants la terre et ambrasans villes et chasteaux, de leur contencion se feussent cruellement maintenuz par diverses adventures, ne encores ne fussent parvenuz à nulle fin de victoire, ilz assemblèrent l'un et l'autre innum-

III. — d) *Fontaneum D.*

---

1. Depuis l'année 820 les flottes des Normands avaient à diverses reprises ravagé les côtes occidentales de la Gaule; mais ce fut en 843 que ces pirates pénétrèrent pour la première fois dans le cours de la Loire. Cf. Mabille, *Les invasions normandes dans la Loire*, Bibl. de l'École des Chartes, 1869, p. 168-169.
2. Cette incursion de Nominoé eut lieu entre les mois d'avril et de juin 841. Cf. A. de la Borderie, *Examen chronol. des chartes du Cartul. de Redon*, Bibl. de l'École des Chartes, 1864, p. 277.
3. Erreur du chroniqueur de Nantes, qui a confondu Fontenoy-en-Puisaye, près d'Auxerre, avec Fontenay-le-Comte, en Poitou. — La bataille de Fontenoy eut lieu le 25 juin 841.
4. Voir plus haut, p. 5, n. 2.

geratorum manum validam secum habens quamvis modicam, tamen acriter eis restitit et fortiter pugnans fugavit eos*, victorque existens Karolus se adjuvantibus donaria¹ distribuit.

brable exercite de gens d'armes à Fontenay, une ville du territoire de Poitou. Entre lesquelx eut dure bataille et espérèrent les troys combatans à l'encontre de Charles vaincre par la puissance de leur gent; mais ledit Charles, ayant avecques lui main vallable, combien que elle feust petite, toutesfoiz leur résista il aigrement, et les en chacza par vertueusement combatre (*F*, f° 111 r°). [Et après recouvra Nemenoius la cité de Nantes, et la manière comment ce fut rapporte l'acteur de la dessusdite Chronicque de l'église de Nantes, et dit que,] quand Charles fut ainsi demouré victeur de ses frères, il distribua plusieurs dons à ceux qui luy avoient aidé (*E*, p. 99).

IV.

Lambertus vero valde ex longo tempore in comitatum Namneticum inhians, petiit a rege ut illum sibi concederet: Richowinus¹ enim, qui eum antea regebat, ceciderat in proelio ª. Sed rex, timens ne

Et adone Lambert, lequel désiroit de long temps avoir la comté de Nantes, demanda au roy Charles qu'il la luy donnast: car le comte Richowinus, qui par avant la gouvnoit, avoit esté occis en celle

---

III. — *o*) ex quibus tres proeliantes, etc. usque ad fugavit eos *desunt D.* — *f*) admirantibus donativa *A*.

IV. *A D E F*. — *o*) Richowinus enim, qui cum antea regebat, ceciderat in proelio *desunt A*.

---

1. Richowinus succéda à Lambert comme comte de Nantes en 834. Dès 835, il apparaît en cette qualité dans une charte du cartulaire de Redon, *tenente Richovino comptatum Namneticum* (*Cart. de Redon*, p. 357). Il fut tué à Fontenoy le 25 juin 841.

non fidelis sibi existeret propter Britannorum vicinitatem, ac ne illis associaretur, quum etiam secundum mores eorum nutritus esset [b], omnino illi dare prohibuit. Rainaldo vero Pictavensi dedit comitatum Namneticum et Pictavensem[1]. Ob quam causam Lambertus Namneticus, alia donaria [c] minime curans accipere, a rege [d] recessit [e], et ad Nomenoium, Britanniae principem, accessit. Primum itaque Lambertus, vituperans Karolum regem et multa ei adjiciens opprobria, ipsum etiam Nomenoium principem et suos Britones callidissime docuit et instigavit adversus urbem Namneticam et territorium ejus, *ut, per potentiam validam eam aggredientes, Karolo regi auferrent, ac etiam incolas ejus destruerent* [f]. Quibus auditis, Rainaldo mandarunt Namnetici ut ipsos defen-

bataille. Mais Charles, craignant qu'il ne luy fust pas loyal pour la vici[ni]té des Bretons qui luy estoient contraires, et qu'il s'associast à eux, mesmement comme il eust été nourry et instruit selon leurs mœurs, refusa la luy donner: et donna à Rainaldus de Poictou ladite comté de Nantes et celle de Poictiers. Pour laquelle chose Lambert se départit de luy, et n'eut cure de prendre autres dons du roy, mais vint à Nemenoius, le prince de Bretagne. Et premièrement Lambert, vitupérant celuy roy Charles et luy adjoustant plusieurs opprobres, excita celuy prince Nemenoius et les Bretons en ire contre la cité de Nantes et le territoire d'elle, afin qu'ils l'assaillissent par puissance vallable et qu'ils l'ostassent audit roy Charles et qu'aussi ils destruissent

---

IV. — b) quum etiam secundum mores eorum nutritus esset *desunt A*. — c) *donativa A*. — d) *A addit* Gallorum. — e) excessit *D*. — f) ut per potentiam *etc. usque ad* destruerent *desunt A D; haec restituenda esse videntur ex E*.

---

1. Renaud fut comte de Nantes de 841 au 24 mai 843, jour où il fut tué à Blain dans un combat contre Lambert. C'est à tort que le chroniqueur de Nantes dit que Charles le Chauve donna à Renaud en 841 le comté de Poitou. Ce comté depuis 839 appartenait à Rannulf qui le conserva jusqu'en 866, date de sa mort.

deret : qui, collecta magna militum Namnetensium et Pictavensium multitudine, ad Meciacum [g] usque, territorii Namnetici vicum [1], pervenit, ubi dimidium exercitum Britannorum, qui jam Vicenoniam [2] transierat, reperiens, pugnavit contra eos. Qui Rainaldi impetum sustinere non valentes, in fugam conversi sunt. Talique eventu illis fugatis seu caesis, reversus est Rainaldus cum brevi laude victoriae usque Blanii [3] vicum [h]; ibique omnino securus et de Britannorum minis minime timidus cum suo exercitu super Isarvi [4] ripas fluminis in herbis pratorum virentibus requievit. Lambertus autem, exspectans Britannos Dialetenses [5], minime in pri-

les habitans d'elle. Si fut celle chose bien cogneüe par les Nantois, qui mandèrent à Rainaldus, leur comte, qu'il les deffendist; lequel Rainaldus assembla grand multitude de chevaliers des Nantois et des Poictevins, et vint jusques à Meczac, une ville dudit territoire nantois sus le fleuve de Villaigne, où il trouva la moitié de l'exercite des Bretons, qui avoient passé ledit fleuve, contre lesquels il fist bataille, et ne peurent soustenir assaut, mais tournèrent en fuite. Et, après que Rainaldus eut ainsi desconfit les Bretons par celle adventure, il s'en retourna avecques briefve loenge de victoire jusques à Bleign, et là du tout asseuré et peu craintif des

IV. — g) Messiacum *D*. — h) burgum de Bleigni *A*, Bleing *D*, corrigendum esse videtur Blanii vicum. *Cf. inferius.*

1. Messac, Ille-et-Vilaine, arr. Redon, canton Bain.
2. La Vilaine, rivière qui servait de limite aux pays de Nantes et de Vannes.
3. Blain, Loire-Inférieure, arr. Saint-Nazaire, chef-lieu de canton. — Ce combat de Blain est du 24 mai 843. Les Annales de Saint-Serge d'Angers (voir plus loin, c. vi) rapportent que la bataille fut livrée trente jours avant la prise de Nantes par les Normands. Or Nantes fut pris le jour de la saint Jean-Baptiste, 24 juin 843. Cette date est confirmée par la Chronique d'Aquitaine: *Rainaldus, IX Kalendas junii a Lamberto perimitur* (dom Bouquet, VII, 223).
4. L'Isac, rivière qui prend sa source non loin de Blain et se jette dans la Vilaine auprès de Rieux.
5. Le chroniqueur de Nantes emploie habituellement l'expression *Britannos Dialetenses* au lieu de *Britannos Aletenses* pour désigner les Bretons du

mo hujus belli congressu esse potuit. Sed postea, audita Britonum strage, per Redonense territorium cum illis festinanter equitans, prosecutus est Rainaldum usque Blanii[1] vicum; ibidemque, ex improviso illum et omnes suos inermes aggrediens, sine ulla misericordia occidit et detruncavit.

menasses des Bretons se reposa avec tout son exercite sur les rives du fleuve de Ysar et herbes des prez verdoyants. Le dessusdit Lambert, parce qu'il attendoit les Bretons Alethenses, ne peut estre au premier conflit d'icelle bataille : mais après, quand il oït la desconfiture des Bretons, chevaucha hastivement avecques ceux qu'il avoit assemblez par le territoire Rennois, et suivit Rainaldus jusques à Bleign, où il l'assaillit en despourveu luy et les siens sans armes et sans ordonnance, lesquels il occist et détrancha sans nulle miséricorde (*E*, p. 99 et 100).

V.

Interfecto, itaque Rainaldo cum suis, Lambertus[a] de tali triumpho gloriosus cum magna victoriae[b] laude ad Na-

Et le comte Rainaldus ainsi occis et toute la noblesse des Nantois et des Poictevins, Lambert s'en retourna à Na-

IV. — 1) Blaing *D*.
V. *A D E F*. — a) *deest D*. — b) superbie *D*.

---

pays d'Aleth. Cette forme *Dialetenses*, qui ne se rencontre jamais chez les écrivains plus anciens, a dû prendre naissance au xe ou xie siècle par suite d'une identification tardive faite entre la *civitas Diablintum* de la *Notitia Galliarum* et l'évêché d'Aleth. On sait que la *civitas Diablintum*, la 9e cité de la IIIe Lyonnaise, fut supprimée d'assez bonne heure, vers le milieu du ve siècle probablement. Les écrivains postérieurs, se piquant de quelque érudition, voulurent retrouver dans les circonscriptions civiles ou religieuses existant de leur temps la trace de l'ancien territoire gallo-romain indiqué par la *Notitia Galliarum*. Cette préoccupation se manifeste à partir du xe siècle dans les variantes ajoutées au texte de la *Notitia*

menoium reversus est, qui adhuc de tantae caedis sanguine minime satiatus, pejus et gravius malum contra urbem Namneticam procuravit. Namque Normannos et Danos, quos superius diximus, fines Gallorum et Neustriensium maritimos navigando saepe depraedantes [c], ut erat affabilis et pro tunc fuit inventor malorum [d], alloquens induxit, ut, per mare Oceanum navigantes, Britanniam novam circumirent, et per alveum Ligeris tutissime ad urbem Namneticam capiendam pervenirent. Mortui enim et interfecti erant omnes quorum defensione illa innitebatur [e]. Addidit quoque eis, ut capiendi spolia, aurum et argentum valde cupidis, et proposuit quod templum in hac

menoius, glorieux de ce triomphe, et avecques très grand loenge de victoire. [Et de ceste bataille rapportée par l'acteur des Chronicques de l'église de Nantes...] Après laquelle bataille [selon ladite Chronicque de Nantes], le dessusdit Lambert ne fut pas encores content, mais procura la prise de la cité de Nantes et (F, p. 100), ainsi comme il estoit bien emparlé et inventeur de maulx (F, f° 111 v°), induisit celéement les Danois et Norwégiens, qui souventes fois pilloient les contrées maritimes des François et des Neustriens, afin que, nageans par la mer Oceane, ils environnassent la neufve Bretagne et parvinssent hastivement à prendre ladite cité : car tous ceux

V. — c) depraedatos *D*. — d) ut erat affabilis et pro tunc fuit inventor malorum *desunt D*. — e) imminebatur *A*.

---

par plusieurs copistes, qui interpolèrent à la suite de la simple mention *civitas Diablintum* les mots *id est Carifes*, ou bien *quae alio nomine Aliud vel Adalia vocatur*. Cf. Mommsen, édition de la *Notitia* dans les *Monumenta Germaniae*, section in-4°, *Auctores Antiquissimi*, IX, 587. Il est assez naturel que l'on ait songé à considérer le territoire de l'évêché d'Aleth comme répondant à celui de la cité disparue de *Diablintum*, et c'est, je crois, pour donner quelque force à cette hypothèse que l'auteur de la chronique de Nantes applique aux habitants d'Aleth ainsi qu'aux évêques de cette ville le titre de *Dialetenses*, dont la forme se rapproche sensiblement de *Diablintum*. Mais il ne faudrait pas prêter trop d'importance à cette opinion d'un écrivain du xi° siècle pour déterminer l'emplacement réel de l'ancienne cité gallo-romaine.

eadem urbe auro et argento tegebatur¹. Illi autem, auditis sermonibus hujuscemodi, magno desiderii affectu commoti, ingentem navium copiam ex multis regionibus congregaverunt, et impleverunt eas de turbis crudelissimorum virorum, et accipientes iter cum magna classe navigii, sicut ipse Lambertus indicebat ᶠ, qui semper eis, quum per angulos Britanniae navigabant, primus erat, usque insulam Bas² pervenerunt. Et deinde urbem Namneticam ceperunt et templum in illa mirabiliter factum destruxerunt, et virum sanctum Gunhardum ᵍ episcopum³, ante altare « Sursum corda » dicentem, decollaverunt et omnem populum jugulaverunt, ut sequitur :

estoient morts par lesquels elle avoit esté garnie de deffense. Et, pourtant que lesdits Norwégiens estoient convoiteux de prendre et ravir despouilles et richesses, il leur fist entendre que le temple d'icelle cité estoit tout couvert d'or et d'argent, dont ils furent moult esmeus, et par grand désir assemblèrent de plusieurs régions abondance de navires, lesquelles ils remplirent de tourbes de très cruelles gens. Et, prenans le chemin ainsi que celuy Lambert leur enseignoit, qui toujours estoit le premier comme ils nageoient par les anglets de Bretagne, parvindrent jusques à Bas, une isle du territoire de Nantes (*E*, p. 100 et 101).

V. — f) indicaverat *A*. — g) Guichardum *A*.

---

1. Ce récit de l'intervention de Lambert auprès des Normands n'est pas vraisemblable et est contredit par un passage extrait d'annales contemporaines (voir plus loin ch. vii). Le chroniqueur de Nantes s'est fait ici l'écho d'une légende qui semble être le résultat de la haine conçue par certains Nantais contre Lambert.

2. Batz, Loire-Inférieure, arr. Saint-Nazaire, canton Le Croisic.

3. Gunhardus, appelé vulgairement Gohard, est signalé comme évêque de Nantes le 1ᵉʳ avril 837 dans le testament d'Aldric, évêque du Mans ; il fut assassiné par « Normands le 24 juin 843. Voir au chapitre suivant le récit de sa mort.

VI [1].

es S. Sergii ndegar.

Anno ab incarnatione Salvatoris DCCCXLIII, ab urbe autem [a] condita MDXCV [b], qui est annus Karoli trierarchao [c] tertius, Rainaldus, eximius Karoli dux, genero Aquitanicus, Namneticae [d] urbis comes, contra Britones, multa amicorum et propinquorum manu collecta, super fluvium Vicenoniam, in loco qui dicitur Meciacus [e], dimicat, et primo quidem congressu Britones fortiter pressi terga vertunt [f]; domum [g], Lamberto suppetias ferente, adeo persequentibus acriter resistunt, ut ante [h] quos prius fugiebant, fugere compellant [i], tantaque eos caede bacchantur, ut, ingenti multitudine cum duce prostrata, copiosas domum manubias reportarint, non modica ob commercium turba servata [2]. Praefuit autem Britannorum bello Herispogius [3], patre Nomenoio [j] gravi langore detento, habens secum praedictum Lambertum transfugam, qui in Namneticae urbis comitatum inhians, stragis hujus ductor et incentor exstitit. Quibus patratis, Lambertus diu exoptato potitur voto, non diu, nam, exortis utrimque simultatibus, idem mox ab urbe ac regione pellitur [4].

VI. *A B D F.* — a) vero *G.* — b) DXCV *G.* porro ab orbe condito juxta hebraicam veritatem IV^M DCCXCV, juxta LXX interpretes VI^M CLXIII *addunt A B*, indictione VI *addit B.* — c) triarchao *B.* — d) Namnetis *G.* — e) Metiacus, Namnetici territorii *B.* — f) verterunt *B.* — g) deinde *B.* — h) *deest B.* — i) compellerent *G.* — j) Nomengio *G.*

---

1. Tout ce chapitre VI est la reproduction intégrale d'un récit composé vers 860 par un témoin oculaire, semble-t-il, de la destruction de la ville de Nantes. Ce récit a été trouvé par d'Argentré dans un manuscrit de l'abbaye de Saint-Serge d'Angers, publié par lui dans son *Histoire de Bretagne*, p. 165, et réimprimé par Mabille et Marchegay (*Chroniques des églises d'Anjou*, p. 129-132). Je désigne par la lettre *G* le manuscrit de Saint-Serge, qui offre quelques variantes avec *A, B* et *D.*

2. Un auteur contemporain signale la façon dont les Bretons se comportaient vis-à-vis de leurs prisonniers; ils envoyaient en Bretagne les seigneurs pour en tirer rançon, et se contentaient de dépouiller de leurs armes les autres captifs. *Seniores capti in Britanniam directi sunt, reliquis populis inermibus reversis* (*Chron. Fontanellense*, ad annum 850, dom Bouquet, VII, 42).

3. C'est la première action d'éclat à laquelle Erispoé semble avoir pris part. Ce prince devint duc de Bretagne à la mort de son père Nominoé en 851.

4. Lambert, après s'être emparé du comté de Nantes en juin 843, le retint en son pouvoir jusque vers le mois de juillet 846, époque où le roi Charles le Chauve, ayant fait la paix avec Nominoé, enleva à Lambert le gouvernement du pays nantais et lui donna en échange le comté d'Anjou. Cf. *Guerres d'in-*

Triginta[k] autem post haec elapsis diebus, mense junio[l], Normannorum ferox natio, numerosa classe advecti, Ligerim fluvium, qui inter novam Britanniam[1] et ultimos Aquitaniae fines[m] in occiduum mergitur Oceanum, ingrediuntur. Deinde, dato classibus zephiro[n], ad urbem Namneticam, impiissimo Lamberto, crebro exploratore[o], praecognitam, celeri carbasorum volatu pariter et remorum impulsu contendunt; quam mox navibus egressi undique volant[p], et sine mora, nullo propugnatore, capiunt, vastant, diripiunt. Alii quippe scalis murum subeunt, alii oppilatum olim aditum offendentes[q], infringunt et penetrant. Porro[r] civitatis episcopus, vocabulo Gunhardus[s], vir innocens et omni pietate repletus[t], et clerus omnis cum monachis, qui ex vicino coenobio, cujus vocabulum est Antrum[u], quod antefati amnis ictifero gurgito undique cingitur[v], ad urbem, copiosum ecclesiae thesaurum secum[x] habentes, confugerant[z], cumque reliqua vulgi

Trente jours après la bataille dessusdite, icelle cruelle nation des Normans, saillans subitement des fins de la région de Dannemarche et menans vie piraticque, après ce qu'ilz eurent destruicts les lieux contigus et prouchains de la mer de Bretaigne par le conseil et aide du très mauvais duc Lambert entrèrent ou fleuve de Loire et, soufflant zephirus, vindrent aborder leur navire jouxte les murs de la cité de Nantes, laquelle ilz avironnèrent d'un costé et d'autre, après ce qu'ilz furent issus de leur dit navire : et, les unes rampans contre mont les murs par eschielles, les autres desfroissans et pénétrans les clostures, nul ne leur dényant l'entrée, entrèrent en despourveu en ladite cité le sollempnel jour de la Nativité sainct Jehan-Baptiste. De celle cité de Nantes estoit lors évesque Gohardus, homme simple, débonnaire et creignant Nostre-Seigneur, auquel tout le clergié estoit affuy avecques les moisnes d'un moustier, appellé la Fosse, voisin de la cité, lequel est de

VI. — k) tribus *addit* G. — l) junii *A B D*. — m) vel quasi *addunt A D*. — n) zephiro classibus apto *A D*. — o) crebro exploratore, id est Lamberto *A D*. — p) volant *A*. — q) effodientes *A*. — r) Namneticae *addunt A D*. — s) Guihardus *A G*. — t) et prae ceteris laudabilis *addit B*, per cuncta laudabilis *addunt A D*. — u) vocato Eindre *A*. — v) juxta flumium Ligeris situato et ex gurgito ejusdem fluvii circumdato *addunt A D*. — x) deest G.

---

dépendance de la Bretagne sous *Nominoé et Erispoé*, dans la *Revue de Bretagne et de Vendée*, année 1821.

1. Cette expression *novam Britanniam* doit s'entendre, je crois, des nouvelles limites données à la Bretagne par le traité d'Angers conclu en 851 entre Charles le Chauve et le duc Erispoé. Aux termes de ce traité, les frontières de la Bretagne furent étendues au sud jusqu'à la Loire. Cf. plus haut, p. 12, la même expression, employée par le chroniqueur de Nantes, qui l'a empruntée vraisemblablement à l'auteur de ce récit.

2. Indre, Loire-Inférieure, arr. et canton de Nantes. — Le monastère d'Indre avait été fondé vers 679 par saint Hermeland dans une île de la Loire

multitudine, quos vel metus hostis incluserat, vel Praecursoris quae inerat nativitas¹ non solum ex vicinis regionibus et vicis, sed etiam ex procul positis urbibus, attraxerat, cernentes intra moenia hostem, certatim cuncti ad templum apostolorum Petri et Pauli, quod in urbe nobilius et pulchrius erat, utpote ignari certaminis, concurrunt, obscratisque ʸ ostiis aedis, solum quod supererat coelitus auxilium anxie flagitabant. At gentiles, effractis ostiis fenestrisque propulsis, templum feraliter irrumpunt, imbellem pariter et inermem multitudinem gladio feriunt, tantaque crudelitate in Christi gregem saeviunt ᶻ, ut, praeter quos sive captivandi sive distrahendi gratia in naves transtulerunt ᵃ, omnem multitudinem sacerdotum, clericorum atque laicorum cum praedicto antistite intra ecclesiam gladio sternerent ². Monachorum vero quosdam extra, alios

toutes pars avironné de l'eau du fleuve de Laire, et avoient iceulx moinnes avecques eulx porté le thrésor de leur église; mesmement y avoit en la cité autre grant multitude de peuple, non pas des régions voisines seullement, mais auxi des loingtaines citez qui se y estoient encloz, les ungs pour la peur de leurs ennemis, les autres pour la sollemnité de la feste, lesqueulx tous, regardans leurs ennemis entre les murailles, coururent ensemble estrivement au temple des appostres Saint-Pierre et Saint-Paul, lequel estoit en la cité très bel et très noble, et les huys et portes d'icelui barrèrent contre l'impétuosité des persécutans, demandans le divin aide de leur délivrance, quelle chose ils ne povoient par eulx faire humainement. Mais, comme les péans furent arrivez jucques davant celui temple, ilz en froissèrent les huys et arrachèrent les fenestres en le débri-

VI. — y) observatis pro *D*, obsecratisque *A*. — z) in Christi saeviunt gregem *B G*. — a') transferunt *A B D*.

---

en aval de Nantes. Le fleuve tout autour de cette île était réputé dès le vii° siècle pour être abondant en poissons (cf. Vie de saint Hermeland, *Acta SS.*, 25 mai, § 15).

1. La fête de saint Jean-Baptiste attirait alors à Nantes une foule considérable. C'était l'église de Saint-Jean, qui était le rendez-vous principal des pèlerins. Voir plus loin, *Miracula ecclesiae Namnetensis*, ch. iv.

2. Gunhard fut assassiné par les Normands sur l'autel de saint Ferréol, qui se trouvait dans l'aile gauche de la cathédrale de Nantes (cf. dom Bouquet, VII, 369). Il fut honoré dans la suite comme un martyr, et on montrait jusqu'au siècle dernier dans la crypte de la cathédrale de Nantes la pierre d'autel sur laquelle son sang avait rejailli. Ses reliques furent conservées pendant tout le moyen âge dans l'église de Saint-Pierre d'Angers. Elles étaient accompagnées de deux plaques de plomb sur l'une desquelles était écrit: *In hac sepultura quiescit humilis Gunhardus, Namnetensium*, et sur l'autre, *pater et martir* (Lobineau, *Vie des saints de Bretagne*, p. 180, et *Acta SS.*, t. VI de juin, p. 246).

intra ecclesiam[b], plerosque autem super ipsam templi aram instar hostiae trucidant, reliquos vero noctis crepusculo secum abducunt classique imponunt. Quis, proh dolor! illius dici dolorem[c] explicare, quis explicando a lacrimis valeat temperare, quando mortuarum matrum cruorem pro lacte suggentes pendebant ad ubera nati, quando sanctorum sanguine, hostili mucrone fuso, templi pavimenta madent, altaria sacra innocentium cruore oblita fluunt? Post haec, erasis omnibus opibus[d], cum gregibus captivorum utriusque ordinis, sexus[e], aetatis ad naves remeant. Ad quorum postmodum redemptionem plurimum a cladis superstitibus collatum est. Quibus peractis, coenobium Insularum, cujus[f] supra meminimus, natalitio apostolorum Petri et Pauli, scaphis adeunt, vastant, incendunt[1]. Quos ex tunc, praeter intestinos, usque in praesentem antedicti regis annum, nullo propugnatore, utpote studiis in diversa imo in perversa[g] tendentibus, terra marique externos hostes assiduo patimur[2].

sant cruellement, tant que à force entrèrent dedans, et celle multitude de peuple que ils y trouvèrent férirent de leurs glaives sans espargner à asge ne à sexe; par si grant cruaulté se forcennoient contre eulx que le dessusdit Gohardus, prestre et évesque, célébrant la sollemnité de la messe et disant, *Sursum corda*, occirent cruellement, et aucuns des moinnes dessusdicts hors l'église, les autres dedans et pluseurs sus les auteils, avecques grant multitude de prestres, de clercs et de lais, occirent par fer et leur transchèrent les entrailles, si que nul ne pourroit exprimer par parolles la callamité et pestillence d'icellui jour doloreux, ne, en l'exprimant, de lermes se abstenir: car les enffens des mères mortes pendoient à leurs mammelles, suczans leur sang en lieu de lait, les pavemens du temple rougissoient du sang des saints hommes espandu par l'espée hostille, et les saincts aultiers estoient souillez et découloient du sang des innocens. Et, après ces choses, dégastèrent les péans toute la cité et la desgarnirent de toutes ses richesses, puix embrasèrent le temple, et avecques grant multitude de chietifis de l'un et de l'autre sexe et

---

VI. — b') quosdam extra ecclesiam, alios intus *B D*, alios penitus *A*. — c') maestitiam *B*, dampnum *A*. — d') deest *G*. — e') deest *G*. — f') de quibus *G*. — g') perverso *G*.

---

1. Le monastère d'Indre, complètement détruit par les Normands le 29 juin 843, ne se releva jamais de ses ruines. Cf. Mabillon, *Annales S. Benedicti*, II, 640.

2. L'auteur de ce récit écrivait ces lignes après la seconde invasion des Normands dans la Loire en 853, mais probablement peu de temps après, et certainement avant la mort de Charles le Chauve, arrivée en 877, comme en témoigne l'expression *usque in praesentem antedicti regis annum*.

de ordres différentes, lesquels ils avoient espargné à occire pour en avoir loier, remontèrent en leurs nefs. Et ne se oblians pas de leur cruauté, le jour de la feste Saint Pierre et Saint Poul ensuivante, allèrent par petit navire au moustier des Isles, de quoy a esté parlé dessus, lequel ils asségèrent et prindrent à force (*F.* f° 112, r° et v°).

VII.

Notarii autem^a, qui hujusmodi^b annalia scripta descripserunt[1], minime narrationem rerum cunctarum^c curaverunt per ordinem referre, sed, sicut quaeque singularia a referentibus eis adnuntiabantur, sub nimia brevitate denotavere. Et, quia illorum inertia aut incuria tanta necessaria memoriae digna oblivioni data sunt, nec satis laudandi^d sunt nec vituperandi^e.

Igitur, quum isti crudelissimi^f Normanni^g Namneticam urbem et territorium ejus, vicos^h et castella Metallicae regionis et Theophalgiaeⁱ et Herbadillicae^a dissipassent, oneratis navibus suis plurima multitudine captivorum atque magna congerie auri et ar-

[Et dit l'acteur de la dessus nommée Chronicque de Nantes que] les Danois, quant ils eurent destruit la cité et le territoire de Nantes, avecques les villes et chasteaux de Maulge, de Tiffaulges et d'Erbauges, ils chargèrent leurs nefs d'or, d'argent et

---

VII. *A B D E F*. — a) *deest B*. — b) *hec B*. — c) *certam B*. — d) *laudanda A*. — e) *vituperanda A*. — f) *deest D*. — g) *pagani A*. — h) *ejus territorii vicos A D*. — i) *Theolfagiao B D*.

---

1. Sur ces Annales, dont a fait usage le Chroniqueur de Nantes et qu'il a cru bien à tort devoir arranger à sa guise, voir ce que j'ai dit dans l'Introduction.
2. Les pays de Maugo, de Tiffaugo et d'Herbaugo étaient limitrophes du cours inférieur de la Loire et s'étendaient au sud de ce fleuve jusqu'aux rivières du Lay et du Thouaret. L'invasion des Normands dans ces pays en 843 est signalée par l'auteur contemporain des *Miracula S. Martini Vertavensis* (dom Bouquet, VII, 369). Pendant près de cent ans, cette région fut de toutes les contrées occidentales de la Gaule la plus dévastée par les Normands qui s'étaient établis à l'embouchure de la Loire.

genti et ornamenti, per alveum Ligeris navigantes, usque Herio insulam¹ regressi sunt. Et, capta illa, placuit eis suae rapinae congestum dividere; qua in praesentia majorum et juniorum ⁱ ad ripam delata, illi, visa immensitate pecuniae, omnis timoris principatus sui obliti, ut canes ad carnes devorandas ᵏ, coeperunt omnia ˡ violenter iterum ᵐ arripere ⁿ. Unde inter eos magna seditione commota, in illa die multi ex dictis Normannis ᵒ voluntate divina perierunt interfecti. Captivi vero christiani ᵖ, videntes hunc turbinem, per abdita insulae omnes fugerunt; attamen ex his fuit unus magnae invasionis audax, qui bibliothecam, quae usque hodie in ecclesia Namnetensi ᑫ habetur, in collo suo accipiens fugit, ut se sicut alii ʳ latitaret ˢ. Pacificantesque se tandem ipsi diabolici viri ᵗ de tanta discordia cum d'autres despouilles, et avecques très grande abondance de captifs retournerent nageans par Loire jusques en l'isle Hério, laquelle ils prindrent, et leur pleut là diviser l'assemblée de leurs rapines. Mais, quand elle fut apportée au rivage en la présence de tous et qu'ils virent l'immensité de leur pécune, ils oublièrent la peur de leurs princes, et commencèrent derechef à la s'entreravir violentement, dont entre eux s'esmeut grand sédition, par laquelle périrent plusieurs celuy jour, occis par la volonté divine. Et les captifs, véants celle sédition, s'enfuirent par les lieux secrets de l'isle (E, p. 101). Toutesfoiz entre elx en fut ung hardi et de grand invasion qui print en son coul l'armaire où estoit gardée la bible et les autres livres, laquelle jucques au jour de huy est gardée en l'église de Nantes, et

VII. — j) minorum *A D*. — k) ut canes ad carnes devorandas *desunt D*. — l) deest *B*. — m) deest *B*. — n) abripere *B*. — o) ex dictis Normannis desunt *D*. — p) deest *D*. — q) Namnetis *A*. — r) miseri *addit A*. — s) attamen ex his fuit unus, etc. usque ad latitaret *desunt D*. — t) ipsi Normanni *D*.

1. L'île de Noirmoutier, Vendée, arr. Sables-d'Olonne.

luctu et dolore ⁿ naves ascenderunt. Captivos vero qui inde fugerant, Dei virtute et timore Lamberti¹, minime ausi fuerunt persequi¹: timor etenim magnus invaserat illos. Et volentes inde ad regionem suam navigare, ventus Aquilo² violentia³ coactos usque ad⁴ Galliciam deduxit⁵. Gallicii vero, se ab eis in fortitudine magna defendentes, omnes, exceptis triginta navibus, interfecerunt. Quibus⁶ inde fugatis, ipsimet a zephiro deducti⁷ redierunt Burdegalam ; qua devastata, navigaverunt usque Santonas², ibique, magnis rapinis captis, ad suam inde patriam valde desideratam⁸ remeaverunt, satis ditissimis spoliis onerati⁹. Praefati autem captivi, mare retracto, de Herio insula exeuntes³ et

s'enfuit, affin qu'il s'émuczast entre les autres misérables chiettifs. En la parfin iceulx homes dyaboliques pacifiiez de si grant discorde remontèrent en leurs neffs avecques pleur et doleur, ne onques n'osèrent ensuir les chiettifs, qui d'illecques estoient fuiz et par la vertu de Dieu delivrez de leurs mains. Car grand crainte les avoit espouvantez, et de illecques en après ceulx Dannoys et Normans, voulans nager vers leur région se mirent en mer. Mais le vent de Acquilée les pourforcza, et par la violence de ses siffleis les mena jucques en Gallice. Contre lesquelx les Galliciens assemblèrent leurs forces et en soy deffendant d'eulx par grant vertu les occirent touz excepté xxx neffs ; lesquelx d'illec

VII. — u) cum luctu et dolore *desunt D.* — v) Dei virtute liberati *A;* Dei virtute et timore Lamberti *desunt D.* — x) deest *B.* — y) violentus *D,* violenter *D.* — z) usque ad *desunt B.* — a') reduxit *A D.* — b') qui *D.* — c') inde fugatis ipsimet a zephiro deducti *desunt D.* — d') valde desideratam *desunt D.* — e') satis ditissimis spoliis onerati *desunt D.*

1. Cette crainte, inspirée par Lambert aux Normands, prouve que ce comte n'avait point fait alliance avec les pirates danois et contredit le récit légendaire rapporté plus haut (p. 13, note 1).
2. C'est en l'année suivante 844 que les Normands parvinrent en Gallice et en 845 qu'ils arrivèrent à Saintes, après avoir dévasté l'Aquitaine et la ville de Bordeaux (*Annales Bertin.*, dom Bouquet, VII, 63 et 64).
3. Il paraît certain que les Nantais, emmenés prisonniers dans l'île de Noir-

de tam praeclarissimis rebus perditis, scilicet vasis aureis, argenteis coronis, aureis ornamentis, pretiosis libris[f] et regalibus testamentis[g], solummodo secum[h] bibliothecam afferentes, et quasi a morte resurgentes, cum gaudio inenarrabilis exultationis ad urbem Namneticam desolatam, devastatam, ad nihilum reductam, nullum gubernatorem habentem, et ad domum Dei violatam, contaminatam, omnique dedecori deditam venerunt[i]. Congregatisque undique superstitibus, qui a clade remanserant, templum sanctum, a paganis corruptum et sanguine sanctorum infectum, lacrimabiliter expurgantes, mandaverunt venerabili Susanno[j], Venetensium episcopo[1], ut, fraterna dilectione ad eos veniens, illud reconciliaret. Actaque fuit haec reconci-

enchacez retournèrent à Bordeaux et dégastèrent la province, puix nagèrent jucques à Seinctes, et d'illecques, prinses grandes rapines, retournèrent à leur pays longuement désiré, assez chargez de richesses et de despouilles. Et los davant dittz chiétiffs, quant la mer fut retraitte, issirent de l'isle Hério, et de toutes leurs riches choses qu'ilz avoient perdues, comme vesseaux d'or et d'argent, coronnes d'or, aournemens précieux, livres et royaux testamens, avecques eulx tant soullement apportèrent la librairie dessusditte, et ainsi, comme se résuscitans de mort avecques joye et liesse, vindrent en la cité de Nantes désolée, dégastée et ramenée à néant et qui n'avoit nul governeur; puix allèrent à la maison Dieu viollée, souillée et pri-

VII. — f) *deest B.* — g) libris *addit D.* — h) *deest B.* — i) *Haec paucis verbis abbreviat D.* — j) advocarunt Susannum *D.*

moutier, se sauvèrent par le passage du Gois, seul endroit de l'île par où l'on puisse gagner la terre ferme à marée basse. Ce passage, qui n'a que quatre kilomètres de largeur, se découvre complètement lorsque la mer s'est retirée et les piétons venant de Beauvoir utilisent encore cette route pour aller à Noirmoutier.

1. Susan, év. de Vannes de 838 à 848, année où il fut déposé par Nominoë (v. La Borderie, *Examen..... du Cartul. de Redon, Bibl. de l'Éc. des Ch.*, XXV, 1863-64, p. 415).

liatio pridie kalendas octobris ^k, in ipsa die qua ejusdem templi prima consecratio fuit ^l. Ex quo tempore urbs Namnetica mala semper usque nunc frequentia passa est habere, sicut in serie hujus relationis continetur ^l.

vée de toute sa beauté accoustumée, et là s'assemblèrent les demourans qui de la pestillance estoient demourez, qui le saint temple corrompu par les païens et infait par le sang des sains, nettoièrent en pleurs et en lermes, et mandèrent à Susan, évesque de Vennes, que par dilection fraternelle il veneist à eulx pour icelui temple réconcilier. Lequel Susan très volentiers se octria à leur requeste, et fut ceste réconciliacion faicte le jour devant les kalendes d'octobre, en celui jour que la première consécration d'icelui temple avoit esté faitte (F, f° 113 r° et v°).

VIII.

Lambertus vero ille, qui haec omnia superius dicta perpe[travit] ^a, comitatum Namneticum impudenter ^b invadens ^2, militibus suis distribuit, scilicet Gunferio ^c, ne-

Et adonc Lambert, qui avoit perpétré toutes ces choses, print la comté de Nantes, et la distribua à ses chevaliers, c'est à sçavoir à Gunfroy, son nevou, la région

---

VII. — k) anno post incarnationem Domini DCCCXLIII, quo fuere kalendae januarii II feria, rogationes V kalendas junii, anno IV post obitum Hludovici serenissimi imperatoris *addit D.* — l) *habetur B.*
VIII. *A B D E F.* — a) qui haec omnia perpetrarat *D.* — b) *deest D.* — c) Gunferio *A D.*

---

1. Cette consécration eut lieu le 30 septembre 843.
2. L'antipathie manifeste du chroniqueur de Nantes pour Lambert montre que plus d'un Nantais au xi° siècle considérait comme un crime l'infidélité au roi de France, fût-ce au profit du duc des Bretons.

poti suo, regionem Herbadillicam, Rainerio[d] Metallicam, Girardo[e] Theophalgiam[f], quae omnia illis hereditario jure concessit. Adversus quos Bego, post[f] interitum Rainaldi dux Aquitaniae factus, qui supra ripam Ligeris recenter non longe ab urbe Namnetis castellum construxerat et nomen suum imposuerat, insurgens, ab his regionibus voluit eos omnino abjicere[g]. Qui ex improviso primum in Herbadillicam cum multitudine militum ingrediens[h], Gunferium minime potuit invenire; res etenim illa sibi bene innotuerat. Post cujus reditum, Gunferius, advocatis sociis suis Rainerio[i] et Girardo sibi in auxilium, furtive equitans, consecutus est illum jam[j] vada Blesonis fluminis tran-

d'Erbauges, à Rainarius Maulge et à Girard Thiffaulges, et toutes ces choses leur concéda par droict héritel. Après la mort Rainaldus, constitua le roy Charles un autre duc en Acquitaine pour deffendre la province, appellé Bégo, lequel, [selon la Chronicque de Nantes], forma un chastel sur la rive du flouve de Loire, assez près de la cité de Nantes, auquel chastel il imposa son nom. Et voulant celuy duc Bégo chasser et débouter les dessusdits nommez Gunfroy, Rainarius et Girard de celles régions, vint en despourveu premièrement en Herbaulge avecques multitude de chevaliers cuider assaillir Gunfroy, lequel il ne trouva pas, car il avoit eu cognoissance de sa venüe, et s'estoit absenté. Mais, ainsi

---

VIII. — d) Ramerio *D.* — e) Giraldo *A.* — f) Begopus *A D*, pro Bego post. — g) abigero *D.* — h) aggrediens *A D.* — i) Ramerio *D.* — j) juxta *D.*

---

1. Ce chapitre VIII a un réel intérêt au point de vue historique; car il renferme le récit d'événements qui ne sont rapportés nulle part ailleurs. Il offre d'ailleurs de grandes garanties d'exactitude, car il n'est guère douteux qu'il ne soit la reproduction presque intégrale d'une de ces notes annalistiques d'origine contemporaine dont parle le chroniqueur de Nantes au commencement du chapitre précédent. L'existence de Renier et de Girard, lieutenants de Lambert, n'est connue que par ce récit. Quant à Gonfier, neveu de Lambert, la fin de ce même chapitre nous apprend qu'il se maintint au moins jusqu'en 853 en possession d'une partie du pays d'Herbauge.

seuntem[1]; et, cum jam media pars militum vada transierat, cucurrit Gunferius cum magno impetu super ultimam aciem, et, plurimis in illo certamine interfectis, fugavit omnes. Inter quos Bego, dux Aquitanorum, fugientes cecidit *interfectus*[2]. Cujus corpus sepultum est apud Durenum[4], Theophalgiae vicum[3]. Gunfe-

que Bégo s'en retournoit, Gunfroy appella ses compagnons Rainarius et Girard en son aide, et chevaucha celéement tant qu'il acconsuivit Bégo ainsi qu'il passoit les gués de Bléson. Et, comme jà la moitié des chevaliers eussent trespassé lesdits gués, il courut sus impétueusement à la dernière compagnie,

VIII. — 4) Durenium *A*, Dureium *B*.

---

1. Le Blaison, affluent de la Maine, qui elle-même se jette dans la Sèvre-Nantaise. M. Dugast Matifeux croit que les gués dont il est ici question sont ceux de la Guérinière (*Congrès archéologique de France, tenu à Fontenay-le-Comte*, Paris, 1865, in-8, p. 63).

2. La mort de Bégon se place dans les derniers mois de l'année 843. — Cf. *Guerres d'indépendance de la Bretagne sous Nominoé et Erispoé*, livre cité. — On ne sait de Bégon que ce qu'en dit ici le chroniqueur de Nantes. Il est probable que Bégon n'eut jamais le titre ni les fonctions de duc d'Aquitaine. Le duché, qui lui fut confié par Charles le Chauve, venait d'être constitué en faveur de Renaud pour faire obstacle aux invasions des Bretons; il s'étendait certainement sur les pays d'Herbauge et de Nantes et peut-être sur ceux d'Angers et de Rennes. Renaud, prédécesseur de Bégon, portait déjà le titre de duc; c'est ainsi qu'il est désigné par le chroniqueur contemporain de Fontenelle et par l'auteur des annales de Saint-Bertin (dom Bouquet, VII, 41 et 62). Bernard et Hervé, successeurs de Bégon, sont appelés *markiones*, marquis, par un auteur du temps: ce qui contribue à prouver que le duché, auquel ils étaient préposés, était marche de Bretagne et par conséquent distinct du duché d'Aquitaine.

3. Durin est aujourd'hui Saint-Georges de Montaigu (Vendée, arr. La Roche-sur-Yon, canton Montaigu). Le village de *Durenum* est mentionné dans la vie de saint Martin de Vertou, qui y fonda un monastère. Au IXe siècle, ce monastère devint, comme Vertou, un prieuré dépendant de Saint-Jouin de Marnes. Cf. Mabillon, *Acta SS. ord. S. Bened. saec. I*, p. 374, note e. La situation bien déterminée de Durin, village de Tiffauge, sur la rive droite du Blaison, prouve qu'au IXe siècle le Blaison servait de frontière commune aux deux pays d'Herbauge et de Tiffauge, comme plus tard aux deux diocèses de Nantes et de Poitiers. En effet, Gonfier, chargé par Lambert de la défense du pays d'Herbauge et poursuivant Bégon et son armée pour les chasser de la région, les rejoignit lorsque déjà ils s'apprêtaient à traverser les gués du Blaison. Cette expression indique que Bégon était sur le point de sortir d'Herbauge, et, de fait, ayant été tué en cette rencontre, il fut enterré, à quelques kilomètres plus loin, à Saint-Georges de Montaigu, village du pays de Tiffauge.

rius vero, veniens ad castrum Begonis [1], cepit illud, et habitavit ibi, donec Normanni, nec multo post tempore [l], iterum per Ligerim remeantes ad urbes, ripis ejus [m] finitimas, devastandas, longa statione castrorum captum violenter concremaverunt [2].

dont il occist plusieurs en l'estrif, et les autres enchassa, entre lesquels fuyants Bégo, duc des Acquitains, fut occis et ensevely à Durenum, une ville de Thiffaulges. Et lors vint Gunfroy au chastel Bégo, lequel il print et l'habita jusques à ce que les Norwégiens peu après retournèrent par Loire à gaster les citez voisines des rives d'iceluy fleuve, qui par long siège prindrent violentement ledit chastel (*E*, p. 101 et 102).

IX.

His itaque peractis, ille miser populus Namnetensis, a pastore orphanus et in desolationem omnino derelictus, misit tamen de clericis a tanta caede superstitibus, ad domnum Amalricum, honorabilem virum, Turonicae

Et ces choses ainsi parfaictes, le meschant peuple de Nantes, orphelin de pasteur et du tout en tout délaissé en désolacion, envoia des cleres qui de l'occision estoient demorez à Amauri, archiévesque du siège de

VIII. — l) *secunda vice addunt A D.* — m) *deest A D.*
IX. *A B F.*

---

1. Le château de Bégon, *castrum Begonis*, doit être identifié avec la motte de Bougon, située sur la rive gauche de la Loire, tout près de Nantes, dans la paroisse de Saint-Pierre de Bouguenais. Sur cette motte, voir *Congrès archéologique de France tenu à Nantes en 1856* (Caen, 1857, in-8), p. 74 et 105.
2. L'invasion des Normands, dont il est ici question, est celle de 853, au cours de laquelle ils ravagèrent Nantes et tous les pays avoisinants.

sedis archipraesulem¹, ut ecclesiae Namnetensi miserrimae consilium daret, quomodo gubernatorem recuperaret. Qui, ex clericis ecclesiae suae, voluntate et concessione Karoli regis, juvenem eligens nobilem, Actardum nomine, sapientem et omnibus bonis moribus ornatum, Namneticae urbi desolatae consecravit episcopum²; et mittens illum diligentissime doctum ad urbem Namneticam desolatam consolandam et ᵃ ad illam paterna eruditione erudiendam et recto tramite gubernandam, praecepit ᵇ ut, bonus pastor super ᶜ eam vigilans ᵈ, providentissimo observaret et audacissimo intenderet defendere. Ad cujus adventum omnis populus occurrens, quamvis multi, adhuc rabie Normannorum pavidi, longe

Tours, affin qu'il leur donnast conseil, comme la misérable église de Nantes peust recouvrer son gouverneur : lequel Amauri archevesque esleut entre les clercs de son église ung noble juvenceau, appellé Attardus, sage et aourné de toutes bonnes meurs, et le consacra évesque de la cité de Nantes, à laquelle il le envoiea pour la consoller, par le consentement du roy Charles le Chauff de France. A l'advénement duquel, tout le peuple nantais receut grant fiance de seurté, combien que pluseurs, encore espouventez par la rage des Normans, se fussent loign fuiz (F, f° 111 r°).

IX. — a) deest A. — b) praecipit B. — c) sic B. — d) vigilet A.

1. Il y a là une erreur. Amauri ne devint archevêque de Tours que vers le mois de février 851. A cette date de 843, c'était Ursmar qui gouvernait l'église de Tours.
2. Actard était certainement d'origine tourangelle : il avait été baptisé, élevé et ordonné prêtre dans l'église de Tours (Migne, P. L., t. 124, col. 880). De plus, avant d'être élu évêque de Nantes, il avait gouverné un monastère en Touraine (dom Martène, Thesaurus novus anecdotorum, III, col. 866). Sa nomination comme évêque de Nantes est postérieure au 30 septembre 843, puisqu'à cette date les Nantais eurent recours à Susan, évêque de Vannes, pour faire la dédicace de leur cathédrale. L'élection d'Actard doit être des derniers mois de 843 ou du commencement de 844.

diffugissent, valde gavisus est, et per ejus consolationem magnae securitatis fiduciam recepit. Quae autem in episcopatu adversitatis et detrimenti sustinuit, satis in futuro narrabitur, sicut series hujus relationis exiget.

X.

Nunc vero primum est referendum ^a quomodo Actardus episcopus Lambertum perfidum et comitatus urbis Namneticae invasorem ab illa regione dejecit et expulit¹. Nam Lambertus, semper Namnetensibus infestus et valde odiosus, voluit domum suam in principali arce hujus urbis aedificare et per hoc

Adonc, [selon ladite Chronicque,] voulut Lambert édifier sa maison en la souveraine tour de la cité de Nantes, et seigneurier à Actardus et à tous les citoyens et y avoir principauté, laquelle chose tous d'un commun accord luy prohibèrent. Pour quoy Lambert, meu d'ire contre eux, fist maintes oppres-

X. *A B D E F*. — a) nobis *addit B*.

1. Certains détails historiques et dignes de foi, rapportés dans ce chapitre, ont été mêlés au récit d'événements qui ont été certainement dénaturés. Il est vraisemblable que le chroniqueur de Nantes aura remanié à sa guise d'anciennes annales, dont il faisait usage et qui, comme il le dit (ch. vii), avaient, à son avis, interverti l'ordre des temps. Pour donner plus de clarté au récit, il l'a complètement obscurci; de telle sorte qu'il est devenu aujourd'hui à peu près impossible de dire quel rôle l'évêque Actard a pu jouer au sujet de l'expulsion de Lambert du comté de Nantes. Le plus probable cependant est que l'intervention d'Actard auprès de Charles le Chauve date de l'année 851. A cette époque, lors du traité d'Angers, il est certain que le roi obtint du duc de Bretagne que Lambert ne conserverait pas la possession du pays de Nantes. Mais alors le duc de Bretagne n'était pas Nominoé, mort depuis quelques mois; c'était son fils, Erispoé. Notre récit renfermerait donc une erreur, imputable sans doute au chroniqueur de Nantes. Au lieu de Nominoé, il faudrait lire Erispoé, et en conclure qu'Actard servit d'intermédiaire entre Charles le Chauve et Erispoé, avant la signature du traité d'Angers (fin de 851), et qu'il obtint du duc breton la promesse de chasser Lambert de Nantes. Ce serait alors que Lambert se serait enfui jusqu'à Craon. La fin du récit est pleinement confirmée par les autres chroniques contemporaines.

episcopo et civibus cunctis dominari et principatum habere[b]. Quod episcopus et alii omnes, Lamberto[c] contradicentes, modis omnibus prohibuerunt fieri. Qua de re Lambertus[d], adversus eos[e] in iram[f] accensus, coepit illis multa mala agere. Sed episcopus Actardus sapienter providens[g] quomodo malitiam ejus tanto tempore continuatam[h] extinguere posset, ad Karolum regem perrexit, et ostendit ei quanta mala sibi et civibus Namnetensibus fecerat Lambertus[i]. Unde rex, consilium accipiens, Nomenoio, Britannorum principi, cujus fiducia et auxilio Lambertus jus regium[j] Namneticae urbis invaserat[k], mandavit per hunc episcopum ut, si hunc perfidum a se expelleret, offensas sibi ab illo factas dimitteret. Ad haec quoque episcopus ex parte sua addidit quod si Nomenoius regi non obediret, Lambertus cum rege concordiam faceret et sibi postea omnino contrarius esset. Quo audito, Nomenoius, quamvis regis

sions, et lors l'évesque Actardus alla au roy Charles, et luy remonstra les maux que Lambert faisoit à luy et aux citoyens de Nantes. Sur laquelle complainte ledit Charles print conseil, et manda par celui mesme Actardus à Nemenoius, prince des Bretons, par l'aide et confiance duquel Lambert avoit occupé le droict de la cité de Nantes, que, s'il le mettoit hors, il luy pardonneroit toutes les offences qu'il luy avoit faites. Et à celles choses adjousta l'évesque Actardus de sa part, que si Nemenoi.. n'obéissoit audit Charles en déboutant Lambert, lesdits Charles et Lambert feroient paix ensemble, et luy seroient tous deux contraires. Laquelle chose oye par Nemenoius, combien qu'il craignist peu les menaces dudit Charles, toutes fois pour ce qu'il fut reprins par ses gens, il manda à Lambert que s'il ne se départoit de la comté de Nantes, il luy courroit sus par armes. Si fut Lambert espouvanté de ces mandemens, et

X. — b) sed *A*. — c) sibi *B*. — d) deest *D*. — e) omnes *D*. — f) illum *D*. — g) praevidens *B*. — h) continuam *B*. — i) deest *B*. — j) deest *D*. — k) sibi attribuebat *A D*.

timorem parvipenderet, tamen a suis reprehensus, Lamberto mandavit ut, si jura regis et comitatum Nameticum[1] non dimitteret[m], ipse equidem armatus illi[n] occurreret. Quibus mandatis, Lambertus nimis pavefactus timuit ut rex et Nomenoius in unum conglobati illum ex improviso confunderent[o]. Dimittens autem comitatum, fugit usque[p] Credonem[1], tunc temporis Namnetici territorii vicum, jure Sancti Clementis civitatis Namneticae monasterio pertinentem, cui abbatissa, hujus Lamberti soror, nomine Doda[2], praesidebat; ac inde[q] multa mala vicinis regionibus intulit. Adversus quem multi, ad eum debellandum insurgentes, ab eo victi recesserunt. Porro Guido, Cenomannensis comes[3], sperans eum fortitudine

s'enfuit à Craon, une ville, qui lors estoit du territoire de Nantes, y appartenant par le droict de Saint-Clément, un monastère de la cité, auquel la sœur d'iceluy Lambert, nommée Doda présidoit. Et de là fist Lambert maints assauts aux régions voisines, contre lequel plusieurs s'eslevèrent, qui s'en retournèrent desconfits. Et entre autres Guy, comte du Maine, espérant le vaincre, l'assaillit avecques grand nombre de chevaliers qu'il mist en fuite. Et, quand il eut ainsi vaincu ses résistans, il composa un chastel sur la rive d'Udon; et prenant de là en après en sa domination le territoire d'Angers, si comme Mayenne descendant en Loire, le tint par sa puissance jusques à la fin de sa vie (E, p. 102 et 103). Mais, comme, après ce que

X. — l) si jura ecclesiae Namnetensis et civium *A*. — m) eis in pace *addit A*. — n) Lamberto *A D*. — o) confunderent *A*. — p) Ciron, id est *addunt A D*. — q) in dies *D*.

1. Craon, Mayenne, arr. Château-Gontier, chef-lieu de canton. — L'église de Craon devint au xie siècle un prieuré dépendant de la Trinité de Vendôme. Elle était sous le patronage de saint Clément; ce qui témoigne de son ancienne soumission au monastère de Saint-Clément de Nantes.
2. On ne sait rien sur l'abbesse Doda, ni d'ailleurs sur le monastère de Saint-Clément qu'elle dirigeait à Nantes et qui disparut lorsque les Normands se furent au xe siècle emparés de cette cité et y eurent établi leur domination.
3. Gui, comte du Maine, fils et successeur du comte Gui, lequel avait été tué en 834 au service de l'empereur Louis le Pieux, gouvernait la partie oc-

magna militum vincere, in fugam versus est. Devictis itaque sibi resistentibus, castrum super ripam Uldonis composuit¹, et accipiens inde in dominatu² suo Andegavense territorium, sicut Meduana in Ligerim descendit², ille bellicosus homo tenuit illud territorium³ violentia sua usque ad finem⁴ vitae suae. Quum autem, postquam juvenis factus nimis voluntarius verbo, opere ac etiam gladio suo, de effusione humani sanguinis nunquam cessasset ac innumerabilia mala in terra fecisset, tandem a morte subitanea, tanto tempore exoptata, occupatus, vitam finivit temporalem et recepit infernalem³, sepultusque est apud Saponarias, Andegavensis territorii vicum⁴.

Lambert eut esté trop volontaire de parolle et d'œuvre, et aussi de son glayve, jamais n'eut cessé d'espandre sang humain et eust fait innumbrables maulx en terre, en la parfin il fut occuppé de mort subite, et finit sa vie temporelle. Si fut enseveli *apud Saponarias*, une ville de la comté d'Angeou (*F*, f° 114 v°).

X. — 1) dominicatu *B*. — 2) *deest B*. — 3) fidem *B*.

---

cidentale du Maine limitrophe de la Bretagne. Il y avait à la même époque un autre comte du Maine, Gauzbert, qui administrait la partie orientale de ce vaste comté.

1. Il s'agit probablement ici du château de Craon, bâti sur l'une des rives de l'Oudon, affluent de la Mayenne.

2. La partie de l'Anjou, dont Lambert s'empara, fut après sa mort cédée par Charles le Chauve au duc Erispoé, comme le prouve une charte du 25 août 852, postérieure de quatre mois seulement à la mort de Lambert, où on lit : *Dominante Erispoe in totam Britanniam et usque ad Medanam fluvium* (Cartul. de Redon, p. 367).

3. Lambert fut tué ou plutôt assassiné le 1ᵉʳ mai 852 par Gauzbert, comte du Maine. Il y avait alors dans l'ouest de la Gaule un puissant parti favorable à Lambert. Le roi Charles le Chauve lui-même semble avoir regretté la mort de son ancien auxiliaire. Car les Nantais s'étant emparés par ruse du comte Gauzbert et l'ayant livré à Charles le Chauve, ce prince le fit décapiter (mars 853). Cet acte de représailles occasionna un soulèvement contre le roi en Aquitaine. Cf. *Annales Fuldenses, Chron. Aquitanie., Adémar de Chabannes* (dom Bouquet, VII, 165, 223 et 226).

4. Savonnières, Maine-et-Loire, arr. Angers, canton Saint-Georges sur-Loire.

XI.

Sicque infelice Lamberto defuncto, Nomenoius[1], tunc temporis propter Britonum multitudinem superbus, ac regis Karoli principatum propter fratris sui Lotarii defensionem, volentis totum regnum Francorum, sicut prius steterat, in unum admittere, pene declinatum providens[2], undique congregata fortitudine sua, Ligerim transiens, in Aquitaniam ingreditur, et longius progrediens, populum per rura repertum interemit, aedificiisque igne consumptis, nec ecclesiis nec monasteriis parcens, regionem devastavit; primum vero monasterium Glonnae[3] obsedit destruxitque; indeque lon-

Après la mort Lambert, qui fut enseveli à Savenières, une ville du territoire d'Anjou, Nemenoius, [selon l'acteur des Chronicques de Nantes], en celuy temps moult eslevé pour la multitude de ses Bretons....., assembla de toutes parts ses forces, puis passa le fleuve de Loire et entra en Acquitaine, et tirant Nemenoius plus avant, occist le populaire qu'il trouva aux champs, et gasta le païs en bruslant les édifices sans espargner église ne monstier. Et tout premier assaillit celuy Nemenoius le monastère de Glonna et le destruisit..., ains procéda plus avant contre les Angevins, et s'efforça

XI. *B D E F.*

---

1. Il y a là une erreur. Comme je l'ai déjà dit, Nominoé mourut avant Lambert (voir plus haut, p. 27, note 1).
2. L'intervention de Lothaire dans les affaires du royaume de Charles le Chauve n'est pas mentionnée à cette date par les chroniqueurs contemporains. Ce fait paraît avoir été imaginé par le chroniqueur de Nantes pour expliquer le peu de difficultés que Nominoé et Erispoé rencontrèrent pour rétablir l'indépendance du royaume breton.
3. Montglonne, abbaye fondée à la fin du VIIe siècle sur les bords de la Loire par saint Mauron, aujourd'hui Saint-Florent-le-Vieil, Maine-et-Loire, arr. Cholet, chef-lieu de canton. La destruction de l'abbaye de Montglonne par Nominoé eut lieu dans le courant de l'été en 845 (cf. R. Merlet, *Guerres*

gius contra Andecavos processit Nomenoius, regionem ferro et igni depopulari contendens. Cui venit obviam Karolus rex cum insigni exercitu, datoque interea praelio, superatus est Karolus, multis Francorum millibus occisis[1]. Nomenoius igitur valde superbus[a] urbem Namneticam et Redonicam, ac etiam Andegavense territorium et Cenomannense usque ad Meduanam invasit. His autem urbibus et territoriis nominatis in proprietate sua assumptis, fuit superbior et excellentior; contemptoque jure Francorum regio, in corde suo cogitavit ut se regem faceret[2]: multisque modis investigans, ut erat dolo- dépopuler le païs par fer et par flamme. Allencontre duquel vint le roy Charles avecques merveilleux exercite pour luy obvier: et fut faite bataille entre eux, en laquelle ledit Charles fut surmonté, et furent occis maints milliers des siens..... [Et raconte l'acteur de la Chronicque de l'église de Nantes, et dit que], quand Nomenoius eut prins et retenu en sa propriété les citez de Rennes et de Nantes avec leurs territoires, il desprisa du tout en tout le droict royal des François et pensa en son courage qu'il se feroit roy. Et, en cherchant en maintes manières comme il pourroit celle chose faire, ainsi qu'il estoit cault et sub-

XI. — a) undique congregata fortitudine sua, *etc. usque ad* valdo superbus desunt B.

---

d'indépendance de la Bretagne, mém. cité, appendice, note D). Cette destruction a été racontée par un témoin oculaire dans une pièce de vers plusieurs fois éditée (dom Bouquet, VII, 306-307).

1. La bataille, mentionnée ici, fut livrée à Ballon, auprès de Redon, le 22 novembre 845. Sur cette bataille, voir A. de la Borderie, *Bulletin de l'Association bretonne*, année 1857, p. 125 et 152.

2. Le chroniqueur de Nantes commet ici un grave anachronisme. Ce ne fut que pendant l'hiver 850-851 que Nominoé s'empara des pays de Rennes et de Nantes et envahit les comtés d'Anjou et du Maine, deux ans environ après l'époque où il déposa les évêques bretons simoniaques et se fit couronner roi. Cette erreur, qui est reproduite mot à mot dans l'*Indiculus de episcoporum Britonum depositione*, montre que ce document n'est qu'un extrait de la chronique de Nantes et non pas un récit d'origine contemporaine, comme l'ont cru les érudits du siècle dernier. Voir ce que j'ai dit à ce sujet dans l'Introduction.

sus et fraudulentus, quomodo hoc abominabile institueret, reperit ut episcopos totius suae regionis, manu Francorum regia factos, aliqua seductione a sedibus suis expelleret, et alios, concessione sua constitutos, in locis illorum subrogaret; et, si sic fieri posset, faciliter per hoc ad regiam dignitatem ascenderet[1]. Quum autem haec fallacia, tamdiu in corde suo excogitata, satis reversaretur, accedens tandem ad Conoveum[2], monasterii Redoni abbatem, virum simplicem et innocentem, et sub specie veritatis illum seducens, exposuit illi fabulose, ut erat alloquax, de dignitate regni Britannino, et quomodo reges Francorum injuste invadentes illud destruxerant, quod volebat renovare, si sibi consilium daretur; et quod illius episcopi, per pecuniam ordi-

til, il imagina qu'il mettroit hors par quelque manière les évesques de sa région faits par la puissance royalle des François, et en subrogeroit d'autres en leurs lieux constituez par son octroy, si pourroit par ce moyen plus légièrement monter à la dignité royalle. Et, comme il eut celle chose assez longuement excogitée et reversée en sa pensée, il appella Convoyon, abbé de Redon, homme simple et innocent, et luy exposa, ainsi qu'il estoit éloquent, l'antiquité du royaume de Bretagne, et comme les rois de France l'assaillans injustement l'avoient destruit; pourquoy il le vouloit renouveller si conseil luy en estoit donné. Et que les évesques de celle région, ordonnez par pécune et infamez d'autres crimes, indignement traictans l'office épiscopal estoient

---

1. Tout le récit de la déposition des évêques bretons, tel qu'il a été publié par dom Lobineau (*Hist. de Bretagne*, II, col. 39-40), doit être rejeté comme n'appartenant pas à la Chronique de Nantes. D. Lobineau n'a fait que reproduire le document connu sous le nom d'*Indiculus de episcoporum Britonum depositione*, qui a été plusieurs fois édité (cf. dom Bouquet, VII, 288). Le véritable texte de la Chronique de Nantes est fourni par *B*, que Le Baud traduit presque mot à mot, disant que cette narration est l'œuvre de l'acteur de la Chronicque de l'église de Nantes.

2. Convoion, fondateur de l'abb. de Redon, la gouverna de 832 à 868. V. La Borderie, *Examen... du Cartul. de Redon*, Bibl. Éc. des Ch., XXV, 1863-64, p. 422.

nati et de aliis criminibus infamati, indigne officium episcopale tractantes, deponendi essent, et alii in sedibus eorum juste ordinandi, qui regulariter fuissent episcopi. Auditis autem vir Dei hujus tyranni locutionibus, omnis fallaciae ignarus, et existimans haec esse pro patriae certitudine et gentis salute relata, omnino ei credibilis exstitit, ac etiam auxilium promisit ut efficeretur[1]. Acceptisque a Nomenoio magnis auri argentique muneribus, Romam perrexit; offerensque papae Leoni[2] ex parte hujus tyranni aureum vas mirabiliter factum[3], omnia verba ejus diligentissime ei intimavit, videlicet ut de regno Britanniae renovando et de episcoporum depositione. Cui papa respondit nunquam se audivisse, praedecessorum suorum temporibus, hanc minorem Britanniam reges

à déposer et en ordonner justement d'autres en leurs lieux, qui régulièrement fussent évesques, moyennant le consentement du pape. Lequel Convoyon print la cure de ceste légation et alla à Rome devers le pape Léon, auquel il présenta de la part de Nemenoius un riche vaisseau d'or, fait de subtil et merveilleux ouvrage, et luy remonstra diligemment l'intention Nemenoius de la déposition des évesques de Bretagne et de la rénovation du royaume. A quoy Léon, pape, respondit, [selon ladite Chronicque de Nantes], que si Nemenoius vouloit déjetter les évesques de sa région et constituer autres en leurs lieux, que premièrement ils fussent accusez par vrais tesmoins en la présence de Amaury, archevesque de Tours, et de certain nombre d'autres évesques: et, s'ils

---

1. Cette intervention de Nominoé auprès de l'abbé de Redon est contredite par la vie même de Convolon, rédigée par un moine de Redon, qui vivait au IXe siècle. D'après cet auteur, ce fut Convolon qui accusa de simonie plusieurs évêques bretons auprès de Nominoé. Voy. Mabillon, *Acta SS. ordinis S. Benedicti*, saec. IV, pars 2, p. 212.

2. Léon IV, ordonné pape le 10 avril 847, mort le 17 juillet 855.

3. D'après la vie de Convolon, ce ne fut pas un vase d'or, mais une couronne d'or, ornée de pierres précieuses, que Nominoé offrit au pape. Voy. Mabillon, livre cité, p. 212.

habuisse, nec in archivis Romanae ecclesiae reperisse; praesertim ex quo tempore Francia primum reges habuit, illa semper Britannia usque nunc illi subdita fuit: nec decebat Romanam ecclesiam contra fas et patrum statuta quaerere, ut regnum Francorum, tam valente herede, id est Karolo Calvo, ac nepote Karoli Magni, de potentia sua minueretur. Addidit quoque praeterea de episcoporum depositione, ut, si vellet eos Nomenoius a sedibus suis dejicere, et alios in locis eorum constituere, primum advocato illius provinciae metropolitano Turonensi, id est domno Amalrico [1], cum legitimo episcoporum numero, a veridicis testibus accusarentur; et postea, si rei eorum judicio comprobarentur, alii in eorum sedibus componerentur; aliterque minime fieret [2]. Quibus ita Leo papa

estoient par leurs jugemens trouvez coulpables, fussent autres mis et ordonnez en leurs sièges, et autrement ne fust fait. Lesquelles choses ainsi disposées, donna pape Léon à l'abbé Convoyon le chef sainct Marcellin, pape, et concéda à Nemenoius qu'il se fist duc sur le peuple de Bretagne, et portast cercle d'or, si comme les autres ducs par avant, c'est à sçavoir durant l'oppression que les François leur avoient faite : et celles responses oyes par l'abbé Convoyon, après ce qu'il eut receu le chief dessusdit, il s'en retourna joyeux à son lieu reporter à Nemenoius la response de ses demandes. Lequel Nemenoius, quand il l'eut entendue, pensa faire autrement; car, le plus tost qu'il peut, il assembla les évesques de la province, et leur dist que le pape luy avoit mandé qu'il déposast

---

1. A cette date ce n'était pas Amauri, mais Landran, qui était archevêque de Tours.
2. La lettre, adressée par le pape Léon IV au duc Nominoë, est perdue : mais le chroniqueur de Nantes, qui semble en avoir eu une copie entre les mains, nous en donne ici une analyse qui mérite confiance. Le fait même que Léon IV écrivit alors à Nominoë au sujet des évêques simoniaques de Bretagne est prouvé par le témoignage du pape Nicolas Ier (voir, plus loin, ch. XVIII), qui cite textuellement un passage de cette lettre : « *Nam Nominoio, consu-* « *lenti quid de Spiritus Sancti gratiam venumdantibus oporteret fieri,*

dispositis venerabili Conoveo abbati, suppliciter sibi dari reliquias petenti, caput sancti Marcellini papae porrexit, atque Nomenoio concessit ut dux super populum Britanniae fieret, et circulum aureum, sicut alii duces, in festis diebus deferret. His autem Conoveus abbas responsionibus auditis et praefati sancti capite recepto, gaudens et exultans ad locum suum reversus est; referensque Nomenoio de ejus mandatis Leonis papae responsionem, sancti Marcellini caput se attullisse ostendit [1]. Qui super his auditis valde laetatus, et totis praeceptis papae dimissis, aliter agere excogitavit. Namque, quam citius potuit, ex aliis provinciis congregatis suae fallaciae insciis, narravit quod Leo papa sibi mandaverat ut episcopos Britanniae infames deponeret, et alios in locis eorum resti-

les évesques infames, et instituast d'autres en leurs lieux; et aussi qu'il renouvellast le royaume de Bretagne, et s'en fist roy. [Et dit après ledit acteur que], quand il eut invité au monastère de Redon les évesques qu'il vouloit diffamer, comme il fust douteux par quel moyen il peust tirer son emprinse à effet, l'un de ses familiers dist ausdits évesques, qui estoient à déposer, par grand secret que s'ils ne confessoient, oyant tout le convent des autres évesques et des lays, estre justement condemnez, ils seroient occis sans intermission. Laquelle chose oye, ceux malheureux évesques, contre les statuts et ordonnances de saincte Église, promirent dire toutes choses, plutost que souffrir la mort. [Et dit encores ledit acteur que] le lendemain, ce sonne assemblé au monstrier de Sainct-Sauveur, s'eslevè-

---

« respondit, nihil, inquiens, praeter quod sancti canones super his praeciphunt. » Léon IV en même temps écrivit une seconde lettre aux évêques de Bretagne, leur indiquant la marche à suivre pour instruire le procès des évêques simoniaques. Le texte de ce document nous a été conservé et a été plusieurs fois édité (v. Migne, P. L., t. 115, col. 667). Ces deux lettres pontificales ont été écrites au plus tôt en 847 et au plus tard en 849.

1. Le chef de saint Marcellin fut déposé solennellement dans l'abbaye de Redon un dimanche du mois de février de l'année 848 (Cartulaire de Redon, p. 68).

tueret, et se faciendo regem regnum Britanniae renovaret; invitatisque episcopis ad eos infamandos apud monasterium Redoni[1], nunquam iste filius perditionis in cogitationibus suis meditari potuit, quomodo eos juste infamare posset. Quum autem de tali molimine ambiguus esset quomodo ad finem voluntatis suae pertraheret, fuit unus ex familiaribus suis, qui promisit ei facere illos sine ulla purgatione infamatos. Nomenoius qualitate promissi laetus nimis efficitur. At ipse, qui haec promiserat, aperiens illis episcopis sub magnae confessionis velamento quod, nisi reos se esse crastina die, audiente conventu aliorum episcoporum et laicorum, infamationibus sibi a falsis testibus immissis, profiterentur, et justo se damnatos conclamarent, certissime sine ulla intermissione decollandi essent. Quo audito, episcopi nimis pavefacti contra fas et statuta sanctae Dei ecclesiae dicere, antequam mortem subirent, pro-

rent aucuns faux tesmoins contre ces misérables et presque désolez évesques, et les accusoient de plusieurs crimes: c'est à scavoir Susan de Vennes, Salomon d'Alethense, Félix de Corisopitense et Libéral d'Occismense, constituez esdits sièges par la puissance des François. Lesquels évesques, si comme on dit, moult espouventez n'osèrent respondre. Mais, après qu'ils furent assez interrogez par les autres évesques si les accuseurs disoient vérité, confessèrent, oyant tout le convent, estre coulpables : si mirent jus leurs verges et leurs anneaux, et s'enfuirent de là au roy Charles le Chauve, et Nemenoius constitua d'autres en leurs lieux. [Et dit semblablement ledit acteur que] il diminua leurs parroesses, c'est-à-dire leurs diocèses, et institua trois évesques nouveaux : c'est à scavoir un au monstier de Dol qui estoit du diocèse d'Alethense ; l'autre au monastère de Sainct-Brieuc, et le tiers en celuy de Sainct-Tugdual

---

1. Redon, chef-lieu d'arrondissement du département d'Ille-et-Vilaine.

miserunt[1]. In crastina autem die, illa diabolica synodo in monasterio sancti Salvatoris congregata[2], insurgentes falsi testes contra hos miseros episcopos et prorsus desolatos accusaverunt eos multis criminibus, scilicet Susannum Venetensem et Felicem Corisopitensem et Saloconem Dialetensem et Liberalem Ocismorensem[3], in illis diebus potestate Francorum regia constitutos. Illi equidem, ut refertur, valde perterriti, minime ad haec respondere audentes, et requisiti satis ab episcopis, si accusatores vera dicerent, se

Pabut : et que celuy qui fut évesque de Dol, il l'ordonna le plus grand, et, en rescindant la province de Tours, le fist métropolle de tous les évesques de sa région..... [Dit le souvent nommé acteur des Chronicques de l'église de Nantes, que], quand il eut déposé ainsi lesdits évesques, il assembla ceux qu'il avoit substituez en leurs lieux, et tous les autres prélats de sa région, au monastère de Dol, où il se fist oindre en roy (*E*, p. 103 à 109).

culpabiles esse, toto conventu audiente, professi sunt[4] : et, depositis virgis et annulis, fugerunt inde ad regem Karolum.

---

1. Dans sa lettre, adressée en 866 au duc des Bretons, le pape Nicolas Ier témoigne que les évêques, déposés par Nominoé, furent condamnés par des laïcs et non par des prélats, et que, s'ils avouèrent être coupables, ce fut contre leur gré et par intimidation. Le chroniqueur de Nantes s'est évidemment inspiré de cette lettre pour composer son récit.

2. Le synode, où Nominoé fit déposer les évêques bretons accusés de simonie, ne se tint pas à Redon, mais dans un château nommé Coitlouh, dont l'emplacement exact est inconnu (*Cartul. de Redon*, p. 87). Les érudits bretons ne semblent pas avoir encore déterminé la date précise de ce synode qui paraît avoir eu lieu en 848 (voir ch. xvi).

3. Susan, évêque de Vannes, et Félix, évêque de Quimper, sont signalés par l'auteur contemporain de la vie de Convoïon comme ayant été accusés et convaincus de simonie à Rome devant le pape Léon IV. On sait par la lettre du concile de Soissons (voir plus loin, ch. xvi) qu'en 866 Susan de Vannes et Salocon vivaient encore et n'avaient pu recouvrer leurs sièges respectifs. Quant à Libéral, évêque de Saint-Pol-de-Léon, son nom n'est connu que par le récit du chroniqueur de Nantes. D'où il résulte que l'existence même de ce prélat est douteuse.

4. D'après la lettre du pape Nicolas Ier, il est certain que les évêques, cités en jugement par Nominoé, avouèrent être coupables (voir plus loin, ch. xviii).

Nomenoius vero, hujus falsitatis patrator, omnino laetificatus, in locis eorum alios constituit, adminuensque parochias eorum, videlicet in monasterio Doli, quod tunc temporis erat ex diocesi Dialetensis ecclesiae, et in monasterio Sancti Brioci et Sancti Tutualis Pabr¹, episcopos tres usurpativos instruxit¹. Illum sane, qui apud Dolum fuit episcopus, fecit sublimiorem et omnium regionis illius episcoporum, provincia Turonensi recisa, metropolitanum. His itaque omnibus cum fraude et cupiditate magnae elationis peractis, omnes hos episcopos, injuste compositos et sanctae ecclesiae Dei invasores, apud hoc monasterium Doli² convocans, se regem irreverenter inungere fecit.

XII.

Porro Actardus Namneten- [Et dit après ladite Chro-

XII. *D E F*.

---

1. La création des trois évêchés de Dol, de Saint-Brieuc et de Tréguier n'est signalée par aucun auteur plus ancien que le chroniqueur de Nantes; et, comme le récit de cel renferme à ce sujet quelques erreurs évidentes et qu'il a été rédigé plus d... cents ans après l'événement, il y a lieu d'en conclure qu'on manque de preuves certaines pour affirmer que Nominoé soit l'auteur de la division de la Bretagne en neuf évêchés. Ce qui est hors de doute, c'est que Nominoé établit un archevêché à Dol et qu'il affranchit les diocèses de Bretagne de la juridiction de la métropole de Tours. L'autorité du chroniqueur de Nantes serait beaucoup plus grande, si l'on constatait qu'il ait mis en œuvre dans ce chapitre quelque ancien récit d'origine bretonne; mais, à part la vie de Convoion, dont il a fait usage en la remaniant à sa guise, et la lettre du pape Léon IV, dont il nous a conservé l'analyse, il semble n'avoir utilisé que des traditions ecclésiastiques assez confuses et hostiles à Nominoé. Il était d'ailleurs lui-même partisan déclaré de la suppression de l'archevêché de Dol et de la réunion des évêchés bretons à la province de Tours, et cela enlève encore quelque crédit à son récit. Cette question de l'origine des trois évêchés bretons reste donc l'un des points les plus obscurs de l'histoire de Bretagne, et, pour l'éclaircir, il n'y a, à mon avis, rien à tirer du récit de la Chronique de Nantes. M. l'abbé Duchesne a étudié récemment ce problème délicat; mais il paraît avoir accordé beaucoup trop de confiance au chroniqueur de Nantes, qui n'écrivait pas au IXᵉ, mais à la fin du XIᵉ siècle. Voy. *Catalogues épiscopaux de la province de Tours*, p. 83-99.

2. Dol, Ille-et-Vilaine, arr. Saint-Malo, chef-lieu de canton. La date du couronnement de Nominoé à Dol comme roi de Bretagne est de 848 ou 849.

sis, ad hanc institutionem invitatus, modis omnibus, venire contempsit. Ob quam causam a sede sua dejectus, ad Amalricum, Turonensem archiepiscopum, fugit, referens illi quae Nomenoius agitaverat[1]. At ille, hoc rumore audito, tristis valde effectus, regis Karoli curiam petiit, requirensque ab illo quid vindictae de perfido Nomenoio, regnum Francorum tam praesumptive invadente, ac etiam coronam regalem ferre audente, fieri posset, nullum inde auxilii responsum habere potuit. Nam rex, tum temporis a bellis fratris sui Illotarii valde constrictus[2], omnem de his vindictam in futurum protulit. Attamen interea episcopos, pro fidelitate sua a sedibus suis dejec-

nicque que] Nemenoius avoit mandé Actardus, évesque de Nantes, aller à son institution, lequel s'en refusa ; pour quoy il le décréta de son siège, et s'enfuit Actardus à Amaury, archevesque de Tours, auquel il raconta les choses que Nomenoius avoit faites. [Et dit encore après que] ledit Amaury, grandement triste pour la rescision de son diocèse, s'en alla à la court du roy Charles le Chauve luy requérir vengeance dudit Nemenoius, disant qu'il avoit présomptueusement assailly le royaume de France, et osoit porter coronne royalle : mais que ledit Amaury ne peut avoir aucune response d'aide dudit roy Charles, pourtant que en ce temps il estoit moult oppressé par les batailles de

---

1. Ce n'est point pour avoir refusé d'assister au sacre de Nominoé qu'Actard fut chassé de l'évêché de Nantes ; car, au moment de son sacre, Nominoé ne possédait pas la ville de Nantes, que le comte Amauri administrait alors au nom du roi Charles le Chauve. Ce ne fut que deux ans plus tard, dans la seconde moitié de l'année 850, que Nominoé s'empara de Nantes, fit prisonnier le comte Amauri et rasa les murailles de la cité (*Chronic. Fontanell.* et *Chron. Aquitan.*, ad ann. 850). Actard fut alors forcé de s'enfuir de Nantes, et Nominoé élut à sa place Gislard comme nouvel évêque. Actard ne se réfugia pas immédiatement auprès de l'archevêque de Tours, mais il partit aussitôt pour Rome, d'où il revint, vers le mois de janvier 851, porteur d'une lettre du pape Léon IV pour Nominoé. Quelques fragments de cette lettre sont parvenus jusqu'à nous (cf. Migne, *P. L.*, t. 115, col. 673 ; voir aussi plus loin, chapitre xvii, note 1).

2. Charles le Chauve n'était pas alors en guerre avec son frère Lothaire ; même remarque que plus haut, p. 31, note 2.

tos, honorifice curavit observare, donec bella sua ad finem perducere posset. Actardus equidem Turonis cum archiepiscopo remansit, donec episcopus Tarvanensis¹ defunctus est. Quo defuncto, concessit illi rex episcopatum Tarvanensem possidere, donec ad Namnetensem redire posset. Sicque Actardo cum aliis episcopis a sede sua dejecto, Nomenoius, eligens Gislardum², ex urbe Venetensi ᵃ progenitum, in urbe Namnetica constituit pseudoepiscopum. Rexit autem iste usurpative Namneticam ecclesiam quinqueannis³ usque ab obitum Nomenoii.

son frère Lothaire, et différa la vengeance de toutes telles choses au temps à venir. Toutesfois que ledit Charles eut entre tant soin de traicter honorablement les évesques, qui pour sa fidélité avoient esté déjettez de leurs sièges, jusques à ce qu'il eust peu mener ses batailles à fin. Et ainsi demoura Actard avecques l'archevesque de Tours, jusques à ce que l'évesque de Chartres mourut, lequel trespassé le roy Charles donna audit Actardus l'évesché de Chartres à posséder jusques à ce qu'il peust retourner à Nantes. Et quand Actardus fut, ainsi que les autres évesques, déjetté de son siège, Nomenoius esleut Gislard, nay de la cité de Nantes, et le

XII. — a) Venetica *D*, Nantes *E*.

---

1. Le manuscrit de la Chronique de Nantes que Le Baud avait entre les mains portait ici *Carnotensis*. La bonne leçon est certainement *Tarvanensis*. — Le chroniqueur de Nantes n'était qu'incomplètement informé sur Actard; car ce ne fut qu'en 870 qu'Actard devint évêque de Thérouanne, longtemps après avoir été rétabli sur son siège épiscopal de Nantes.

2. On ne sait guère sur Gislard que ce qu'en rapporte le chroniqueur de Nantes. Il est certain que Gislard fut institué évêque de Nantes par Nominoé; la lettre du pape Léon IV en fait foi (Migne, *P. l.*, t. 115, col. 673). Gislard ne gouverna l'église de Nantes que pendant un an. Lors du traité d'Angers (fin de 851), Actard fut remis en possession de l'évêché de Nantes et Gislard condamné à être enfermé dans le monastère de Saint-Martin de Tours; mais il est douteux que cette dernière sentence ait été mise à exécution. Cf. 45ᵉ opuscule d'Hincmar; Sirmond, *Op. Hincmari*, II, 749.

3. Erreur, Gislard ne gouverna l'église de Nantes que pendant un an. Voir la note précédente.

constitua évesque en son lieu, lequel Gislard gouverna l'église de Nantes jusques à la mort Nemenoius (*E*, p. 109).

XIII.

Quo mortuo¹, surgens filius ejus Herispogius pro eo, sicut pater ejus, pseudo-rex exstitit. Hic ergo minime tyrannidem sequens patris sui, fuit piissimus homo et ecclesiarum validus restaurator, faciensque pacem cum Karolo rege, sedem ᵃ Nameticam dimisit quietam, attamen marcham et comitatum semper in potestate sua retinuit². Facta autem hac pace, ab urbe Namnetensi Gislardus fugit, et Britannorum violentia apud Quiriacam aulam hospitatus est, ex priscis temporibus juris episcoporum Namnetensium, quae ab ipsis Britannis, nunc loci illius incolis, Guerranda ᵇ nuncupatur³ : faciensque ibi

[Et, du roy Herispogius, dit l'acteur des Chronicques de l'église de Nantes que,] quand Nemenoius, son père, fut mort, il s'esleva et fut faulx roy comme luy ; toutesfois qu'il n'ensuivit pas sa tirannie, mais fut homme très débonnaire et vaillant restaurateur des églises. Et, faisant paix avecques Charles le Chauve, laissa à l'évesque Actardus le siège de la cité de Nantes : mais qu'il retint tousjours en sa puissance la marche et toute la comté. Après laquelle paix faite, Gislard, que le roy Nemenoius avoit institué évesque de Nantes, s'enfuit de ladite cité, et par la violence des Bretons se logea à la salle

---

XIII. *A B D E F*. — a) urbem *B*. — b) Guerrandia *A D*.

---

1. Nominoé mourut à Vendôme le 7 mars 851. Cf. *Guerres d'indépendance de la Bretagne*, livre cité, appendice, note G.
2. Le traité de paix entre Erispoé et Charles le Chauve fut signé à Angers dans les derniers mois de l'année 851. Aux termes de ce traité, Erispoé conserva la possession du comté de Nantes et d'une partie de l'Herbauge, connue sous le nom de pays de Retz (*Ann. Bertin.*, *ad ann.* 851).
3. Guérande, Loire-Inférieure, arr. Saint-Nazaire, chef-lieu de canton.

usurpative sedem suam, arripuit omnem parochiam Namneticam¹ a flumine Heredae ᶜ usque ad Vicenoniamᵈ et Semenonemᵉ, et usque ad finem vitae suae a Romanis episcopis, videlicet Nicolao, Benedicto, ceterisque totius Galliae episcopis excommunicatus, sic eam violenter tenuit². Actardus vero, volenti animo Tarvanensem ecclesiam dimittens, sedem Namneticam, cui fuerat ordinatus, recuperavit³; alii autem episcopiᶠ, qui ejecti fuerant, minime sedes suas recuperare potuerunt. Nam rex Karolus, adhuc a bellis fratris sui Illotarii, ut praedicitur valde oppressus⁴, et illas se-

Quiriacque, qui par lesdits Bretons habitans le lieu est maintenant appellée Guerrande, laquelle au temps de paravant estoit du droict des évesques de Nantes. Et là faisant Gislard usurpativement son siège sortrahit toute la parroesse de Nantes depuis le fleuve d'Erde jusques à celuy de Villaigne, et la tint violentement jusques à la fin de sa vie, excommunié par les évesques romains Nicolas et Benoist, et mesmement par tous les autres évesques de Gaule. Et adonc Actardus laissa de bon gré l'église de Chartres et recouvra le siège de Nantes, où il avoit premier esté ordonné : mais les

XIII. — c) Herdao *B*. — d) Vicenonam *A D*. — e) Selvenonem *B*. — f) *deest B*.

1. Cette partie du diocèse de Nantes, comprise entre la Loire, l'Erdre, le Samnon et la Vilaine, constitua plus tard l'archidiaconé de la Méo.
2. Il y a lieu, je crois, d'ajouter foi à ce récit des derniers actes de la vie de Gislard. Ce prélat, bien qu'il eût été condamné, dans un concile d'évêques francs, à être enfermé dans le monastère de Saint-Martin de Tours, put se soustraire à sa condamnation et se constituer, grâce à l'appui du duc des Bretons, un évêché indépendant, avec Guérande pour chef-lieu, au détriment du diocèse de Nantes. Après la mort de Gislard, le duc des Bretons réunit ce territoire à l'évêché de Vannes, et ce fut seulement dans les premières années du xᵉ siècle que les évêques de Nantes recouvrèrent le droit d'exercer leur juridiction dans cette contrée.
3. Ce fut en effet à cette époque, vers la fin de l'année 851, qu'Actard fut réinstallé dans son évêché de Nantes, mais il n'eut point à abandonner pour cela le diocèse de Thérouanne, dont il n'entra en possession que vingt ans plus tard. Cf. p. 41, note 1.
4. Voir plus haut p. 31, note 2 et p. 40, note 2.

des ac etiam coronam regiam Herispogio viventi concessit habere [1]. Audiens autem Actardus benignitatem et devotionem Herispogii, curiam ejus petiit [g], faciensque illi querimoniam calamitatis et miseriae [h] ecclesiae suae, retulit quomodo post confusionem [i] Normannorum de rebus suis despoliata erat et ad nihilum omnino redacta. Qui, auditis hujusmodi querelae sermonibus, restituit ecclesiae Namnetensi medietatem telonei Namneticae civitatis, ut sequitur [j].

autres évesques, qui avoient esté expulsez par le roy Nemenoius ne peurent retourner à leurs sièges. Car, [selon ladite Chronicque de Nantes,] le roy Charles le Chauve, encores oppressé par les batailles de son frère Lothaire, laissa au roy Herispogius lesdits sièges et la couronne royalle. Adonc ledit Actardus, évesque de Nantes, quand il fut retourné à son siège, oyant la bénignité et dévotion dudit Herispogius, s'en alla à sa court, et luy remonstra la misère de son église advenue par l'oppression des péans. (*E*, p. 112 et 113).

XIV [2].

In nomine sanctae et individuae Trinitatis Divinitatis-

Lequel Herispogius donna [à Actardus] la moitié des

XIII. — g) expoliit *A D*. — h) et miseriae *desunt B*. — i) per ferocitatem *A D*. — j) ut sequitur *desunt B*.
XIV. *A D*.

---

1. Lors du traité d'Angers, Charles le Chauve accorda à Erispoé le droit de porter les insignes royaux (V. *Ann. Bertin.*, ad ann. 851).
2. L'authenticité de cette charte d'Erispoé a été démontrée par M. A. de la Borderie dans un opuscule, intitulé: *Défense d'un diplôme du roi Erispoé* (Rennes, Catel, 1853, in-8, 16 p.). Dans cet article, M. A. de la Borderie a publié un diplôme inédit du roi Charles le Chauve confirmant la charte d'Erispoé. Ce diplôme provenait des archives capitulaires de l'église de Nantes; le texte en a été donné d'après un vidimus. On y lit les passages

que unicae[a]. *Herispogius, gentis Britannicae rex, omnisque suae gentis nobilitas christianae religioni*[1]. *Quum petitionibus sacerdotum Christi, utilitati maximae ecclesiarum sibi commissarum pertinentibus, assensum praebemus, voci omnipotentis Dei obedimus, qui suos nos audire ammonet ministros, dicens: qui vos audit, me audit, ac qui vos spernit me spernit. Ac per hoc regni nostri patriaeque consuetudinem exercendo nobilitamus atque Domini sanctorumque gratiam nos adepturos confidimus. Igitur*

coustumes de la cité de Nantes, pour la rédemption de l'âme de son père Nemenoius, pour celle de la roine Marmouech, sa femme, et de son très amé compère Charles, roy de France, avec le consentement de Salomon, son cousin, ainsi qu'il est contenu par ses chartres (*E*, p. 113). A laquelle restitution furent présens : Marmoech, la royne, mère (*sic*) dudit Herispogius, Sallomon, son cousin, Conan, Paschuetain, le comte Nain, Bodoan, Gurguethan et plusieurs autres (*F*, f° 117, v°).

XIV. — a) Divinitatisque unicae *desunt D.*

___

suivants : *Dilecti nobis compatris et fidelis nostri Herispogii, cui siquidem marcam sive comitatum Nanneticum beneficiario jure habendum et secundum nostram fidelitatem tenendum largiti fuimus, precibus instantibus, juxta commonitionem et supplicem petitionem venerandi sanctae sedis aecclesiae Nanneticae pontificis Attardi, eo quod eadem aecclesia, saeculi innumerabilibus cladibus urgentibus, facultatibus sui juris destituta habetur, concessimus eidem praesuli Attardo et, Deo auctore, successoribus ejus habendam medietatem omnis mercimonii, undecumque ad praedictae civitatis portum sive navigio sive alio quolibet modulo, mercatis, carragine atque tabernis omnibus, ministerialium officinis decurrentis vel advenientis, vel undecumque aliquid telonei exigi potest... pro aeterna retributione animarum Herispogii et uxoris suae Marmohec.* — Ce diplôme et la charte d'Erispoë datent de l'année 857 (cf. p. 47, note 1).

1. Bien que cette charte soit omise par *B*, il est certain qu'elle était transcrite tout entière dans la Chronique de Nantes. En effet, un vidimus de ce document, trouvé par M. A. de la Borderie dans les anciennes archives du chapitre de Nantes, mentionne en termes formels que cette charte était transcrite dans une *Chronique ancienne, escripte en parchemin en lettres de forme, gardée au trésor des lettres de ladite église*. C'est le manuscrit même original de la Chronique de Nantes, qui est ainsi décrit (voir l'Introduction). Je désigne par la lettre *H* ce vidimus, daté du 14 mars 1494.

notum esse volumus omnibus fidelibus sanctae Dei aecclesiae, praesentibus atque futuris, quia vir venerabilis, Namneticae sedis Actardus episcopus, postulavit nostram benevolentiam atque religionem, aecclesiae sibi commissae consulens, ut ei solatium atque consolationem de rebus aecclesiae ejusdem faceremus per scripturarum seriem; quod nos fecisse monstratur indicio hujus cartulae. Quum ergo prius aecclesia praedicta multis olim rebus multisque possessionibus ac mercimoniis, theloneis, nundinis atque apparatibus foret ditata, aecclesiasticis praevalente comitatu[b]*, ac pravorum hominum potestate necnon etiam piratica ac paganorum vastatione*[1] *ita destituta habetur propria facultate, ut videatur etiam*[c] *fabricae, in honore principis apostolorum, sancti Petri, et doctoris gentium, sancti Pauli, fundatae, ruina*[d] *casusque lapsus imminere. Cujus precibus libentissime annuentes faventesque votis, ob honorem Dei et sanctorum*[e] *apostolorum praedictorum, et pro animae nostrae remedio genitorisque ac Marmohec*[f]*, conjugis nostrae*[g]*, sive pro amantissimo compatre nostro, Karolo, Francorum rege*[3]*, sine mora reddimus aecclesiae Sancti*[g] *Petri limina-*

XIV. — b) ecclesiasticis prevalendo comitatus *A*. — c) autem *A*. — d) ruinae *A*. — e) deest *D*. — f) Mormuhec *D*. — g) deest *D*.

---

1. Erispoé fait ici allusion à l'invasion de 853, au cours de laquelle les pirates danois pillèrent la ville de Nantes et s'établirent dans les îles de la Loire proches de la cité. Les Normands ne quittèrent plus l'embouchure du fleuve jusque vers le mois de juillet 856, et, pendant leur séjour en cette région, ils dévastèrent entièrement le diocèse d'Actard. Après qu'ils eurent été chassés de Bretagne par Erispoé en 857, la ville de Nantes, malgré les efforts d'Actard, ne put se relever de ses ruines. Charles le Chauve, écrivant en 867 au pape Nicolas Ier, lui disait que depuis dix ans Nantes était presque changé en désert, *civitas, olim florentissima, nunc exusta et funditus diruta, redacta per decennium cernitur in eremum* (dom Bouquet, VII, 559).

2. Mormohec, femme d'Erispoé, paraît avoir signé deux chartes, dont quelques fragments sont parvenus jusqu'à nous : l'une de 852, où, après la signature d'Erispoé, se lit celle de *Mormaet* (*Cartul. de Redon*, p. 367), l'autre de 855, signée *Mormohel* (*ibidem*, p. 370).

3. Erispoé avait conclu avec le roi des Francs, vers le mois d'avril de l'année précédente, 856, un traité d'alliance définitive, et avait fiancé sa fille au

ribus et dicto episcopo et suis successoribus, Deo auctore, atque episcopatui, juxta morem aliarum civitatum, in perpetuum habendam, atque confirmamus per hanc scripturam medietatem thelonei omnis mercimonii, undecumque ad praescriptae civitatis portum sive navigio, sive alio quolibet modulo, mercatis, carragine, rotatico atque tabernis omnibus, comministerialibus officinis, defluentis et advenientis, vel undecumque aliquid [h], *ut dictum est, thelonei exigi potest, jure perpetuo possidendam, imprecantes Dei omnipotentis tremendissimam potestatem, ut qui hujus thelonei medietatem a praedicta aecclesia praesumpserit auferre, suam sentiat ultionem propriique corporis luminis mulctationem, nec mereatur clavigeri regni coelestis sancti Petri paradisicam introductionem, per cujus reliquiarum clavem, auro subornatam, hoc reddimus; sed potius incurrat Dathan et Abiron subversionem. Et quicumque hanc nostram redditionem et confirmationem servaverint, sentiant divinam consolationem et dexteram suam contra suos adversarios victricem. Quapropter, ut hoc nostrum factum inviolabile servetur, fieri jussimus hoc scriptum, per quod manifestetur reddidisse nos atque confirmasse medietatem thelonei omnis Namneticae civitatis necessitatibus et utilitatibus ecclesiae ejusdem pastoribus accipiendam* [i] *et habendam per suos proprios ministeriales, nostris et futuris temporibus. Et, ut haec nostrae redditionis et confirmationis auctoritas certius credatur et diligentius conservetur, manu propria eam subterfirmavimus atque sigillo nostro jussimus insigniri, ut, pulso calumniatore, omni tempore valeat inviolabilis perdurare*[1]. *Signum* ✠ *He-*

XIV. — h) *deest D.* — i) recipiendam *A.*

---

fils de Charles le Chauve (cf. Ann. Bertin, ad ann. 856). Cette charte d'Erispoé et celle de Charles le Chauve, citée plus haut, p. 44, note 2, témoignent des bonnes relations qui existaient encore en 857 entre le chef breton et le roi.

1. Cette charte d'Erispoé date certainement de l'année 857. En effet, les pirates danois, qui, en 853, s'étaient établis dans les îles de la Loire voisines de Nantes, n'abandonnèrent leurs stations que vers le mois de juillet 856, à la

rispogii, regis Britannicae[j] gentis, qui hanc praeceptionis, restitutionis[k] et confirmationis auctoritatem fieri et affirmare rogavit. Signum ✠ Marmohec, ejus conjugis. Signum Konani[l]. Signum Bodoan. Signum Bran. Signum Predren[m]. Signum Riwelen[n]. Signum Romel. Signum Bertualdt. Signum Buengenis. Signum Vuicomarc[o]. Signum Salomonis, consentientis. Signum Gurguethen[p]. Signum Pascuetani. Signum Blaeidic. Signum Dunwallon. Signum Sennac. Signum Sapiotimarcher. Signum Thekarno. Signum Halep. Signum Komesnani. Signum Alluretti. Signum Kathodic. Signum Gorfand. Signum Matuedoi[q].

XV.

Postquam autem iste vir venerabilis Actardus, in quantum potuit, ecclesias civitatis Namneticae dissipatas summo animi studio non in

[Selon l'acteur de la Chronique de Nantes,] Actardus, plaignant les dommages de son église faits par les assauts des Norwégiens, et sus

---

XIV. — j) Britanniae *A D*. — k) restitutionem *H*. — l) Conan *A D*. — m) Predien *H*. — n) Rivelen *H*, Ruuellen, *A*. — o) Signum Bertualdt. Signum Buengenis. Signum Vuicomarc *desunt A D*. — p) Guergenteni *H*. — q) Signum Pascuetani, *etc. usque ad* Matuedoi *desunt A D*.
XV. *H E*.

---

suite d'une attaque dirigée contre eux par Erispoë et Sidroc, chef d'une autre bande de Normands. Pour se venger du duc breton, les pirates pénétrèrent alors dans le cours de la Vilaine et allèrent piller le monastère de Redon, puis ils se dirigèrent vers la ville de Vannes, où, au mois de mars 857, Erispoë, accompagné des comtes Pascueten et Salomon, avait concentré ses forces. Pascueten et l'évêque de Vannes, Courantgen, furent faits prisonniers par les Danois; mais Erispoë ne tarda pas à tirer vengeance de ses ennemis: il les attaqua en bataille rangée, les mit en déroute et les chassa de Nantes et des îles de la Loire (cf. Le Baud, *Histoire de Bretagne*, p. 115; *Cartul. de Redon*, p. 21 et 369; *Chron. Britann. et Gesta SS. Roton.*). La délivrance de la ville de Nantes eut lieu vers le mois de mai 857: la charte d'Erispoë est d'ailleurs peu postérieure à cette date, car Erispoë mourut lui-même au mois de novembre 857. Cf. A. de la Borderie, *Examen... du Cartul. de Redon*, *Bibl. de l'Éc. des Ch.*, XXV, 1863-64, p. 393.

dignitate honoris pristina nec in laude pulchritudinis prius habita, sed satis in inferiori, de facultatibus suis restituit, condolens semper suam parochiam sibi, sicut superius refertur, ablatam, nunquam eam reclamare cessavit. Nam et post non[a] multo tempore, Amalrico, Turonensi archipraesule defuncto[1], successit in loco ejus domnus Herardus, vir venerabilis, et verbo et doctrina satis laudabilis : cui ipse accedens querimoniam fecit quomodo Britanni suam parochiam invaserant, et etiam archiepiscopatum Turonensem resciderant. Quo audito, iste vir venerabilis, deplangens graviter Turonicae sedis abscisionem et Namneticae ecclesiae ablationem, promisit in futuro, si Deus illi vitae statum permitteret, haec omnia requirere. Postea autem, in tertio ordinationis suae anno, Salomon, nepos

toutes autres choses, plus griefvement et plus tristement condolent sa parroesse, et le siège de la salle Quiriacque qui luy avoit esté fortraite violentement par Gislard, en fist plusieurs fois clamo aux évesques romains et à tous les autres évesques de Gaule : mais, pour l'excommunication d'eux, ne pour l'obédience de saincte église, il n'en peut avoir droit ne la recouvrer. Et cependant mourut Amaury, archevesque de Tours, et succéda en son lieu Hérard, auquel Actardus semblablement fist grand complainte des choses dessusdites, spécialement de ce que les Bretons avoient occupé sa parroesse, et rescindé l'archevesque de Tours, et Hérard luy promist la requérir. Puis après, [ledit acteur de la Chronicque de Nantes dit qu']au tiers an de l'ordination dudit Hérard, archevesque de Tours, Salo-

---

XV. — a) *deest B; non addendum esse videtur ex E.*

---

1. Amauri, élu archevêque de Tours vers le mois de mars 851, mourut au mois de février 856. Tous les catalogues s'accordent à lui donner quatre ans et onze mois d'épiscopat. Son successeur Hérard fut consacré le dimanche 21 mars 856. Voy. abbé Duchesne, *Catalogues épiscopaux de la province de Tours*, p. 30

Nomenoii[1], cupiditate magna ductus, Herispogium regem, cognatum suum, furtive aggrediens, ut iniquus et dolosus interfecit, arripiensque coronam capiti suo imposuit[2]. Herardus vero archiepiscopus, Actardi episcopi prudentia et probitate diligentissime cognita, quasi filium carissimum semper secum familiariter habere voluit. Eodem autem tempore[3], postulantes regis Karoli curiam, misericorditer ejus benevolentiam deprecati sunt, ut, per ejus licentiam et jussionem, primum pro regni sui invasione, deinde pro Turonica rescissione, necnon pro parochiae Namneticae ablatione, de quibus Britanni, saepe ad justitiam vocati, omne judicium usque modo declinaverant, synodus omnium episcoporum totius Galliae apud Suessionis civitatem congregaretur. Quorum rex petitioni libenter an-

mon, neveu du roy Nemenoius, meu de grand convoitise, assaillit furtivement le roy Herispogius, son cousin, et, comme desloal, l'occist, et luy arracha sa couronne, laquelle il imposa à sa teste. — En celuy temps, [ainsi que rapportent les Chronicques de l'église de Nantes,] Actardus, évesque de ladite église, et Hérard, archevesque de Tours, allèrent à la cour du roy Charles le Chauve, et luy prièrent que pour l'invasion de son royaume, pour la rescision de l'archevesché de Tours, et pour la diminution du diocèse de Nantes, dont les Bretons provocquez à justice jusques alors avoient différé l'amender, il assemblast à Soissons un senne des évesques de Gaule; ce que ledit Charles le Chauve leur octroya. Et, quand ils furent là convenus, c'est à sçavoir Remigius, métropolle de Lyon, Hingomarus, métro-

---

1. Salomon est dit cousin d'Erispoë dans deux chartes de l'abbaye de Redon (*Cartul. de Redon*, p. 366. 371). Son père, Rivallon, était probablement frère de Nominoë.
2. Erispoë fut assassiné par Salomon au mois de novembre 857, la seconde et non pas la troisième année de l'épiscopat d'Hérard.
3. Erreur; le concile de Soissons est de neuf ans postérieur à la mort d'Erispoë.

nuens, ipse, missis epistolis, invitavit archiepiscopos et episcopos Galliae, ut pro his rebus emendandis Suessioni civitati omnes occurrerent. Quum autem ibi congregati fuerunt, decreverunt pariter hanc epistolam scribere, et per manum Actardi episcopi Nicolao, summo pontifici, mittere, quae in serie hujus paginae continetur.

polle de Reims, Hérard, métropolle de Tours, Wénilo, métropolle de Rouen, Hégilo, métropolle de Sens, Leotbertus, métropolle de Magunce, Frotharius, métropolle de Bordeaux, avec les évesques, leurs suffragans, après avoir oyé la complainte dudit Actardus, évesque de Nantes, ils décrétèrent escrire une épistole au pape Nicolas, qu'ils luy envoyèrent par ledit Actardus *E*, p. 115 et 116).

XVI*.

Sanctissimo ac reverendissimo domno papae Nicolao, reverenda synodus, Suessianis XV° Kalendas septembris auctoritate sancti praesulatus vestri habita, aeternam in Domino felicitatem. Quum respectus fidelium ad apostolicae sedis, matris scilicet omnium, pia ubera op-*

En laquelle épistole faisoient lesdits évesques complainte audit Nicolas, pape, des choses dessusdites, et que les Bretons ne vouloient aller à leurs sennes, mais oppressoient les églises et les hommes d'Anjou, du Maine et de Neustrie; et que des évesques par eux déjettez

XVI. *B*. — a) XII *B*.

---

1. Cette lettre, que l'auteur de la Chronique de Nantes a insérée dans son ouvrage, a été souvent éditée. Elle est de nouveau publiée ici d'après l'édition de Labbe (*Collection des Conciles*, VIII, 837), collationnée avec *B*.
2. Le concile de Soissons avait été convoqué à cette date du 18 août 866 par le pape Nicolas Ier. Cf. lettre de Nicolas à Hincmar (dom Bouquet, VII, 411).

portune intendat, fraternitas nostra propter variarum rerum eventus, suaeque opportunitatis subsidia, propterque pastoralitatis jura divinitus tanto patri et papae dignanter collata, frequentibus apicibus apostolatus vestri culmen pulsare decertat; quo et in his, in quibus minus debito sufficit, pastorale solatium sumat, et beneficentiae vestrae copiositate referta, sanctarum etiam institutionum documentis informata, ad majora et meliora quotidianis incrementis, Deo sibi miserante, proficiat. Vestram siquidem non latere beatitudinis excellentiam novimus, diocesin Turonicam austeritate Britonum diutino a sua metropoli divulsam penitusque discissam, ita ut, sicut idem Turonicus metropolitanus Herardus, pariterque Namneticus Actardus frequenti indagine, necnon etiam in praemissa Suessionica synodo evidenti atque multiplici stylo pariter et sermone nobis instimavere, licet nobis[b] *multis praecedentibus indiciis haec eadem non possent latere, jam vicenus, et eo licet paululum, adsit annus*[1]*, quo, tyrannica feritate resumpta,*

demeuroit encores Salacon de Dol débouté, au lieu duquel ils se ventoient avoir métropolle, et avoient subrogé deux évesques l'un après l'autre en son lieu, qu'ils avoient surnommez archevesques. Aussi demeuroit Susan de Vennes à recouvrer son siège, et avoit Salomon leur roy restitué de sa parole seulement, sans nul autre ordre, aucuns qu'il avoit cogneu estre de sa gent et de sa langue, tout ainsi qu'il luy avoit pleu par barbare délibération et sans détermination ecclésiastique (*E*, p. 116).

XVI. — b) nos *B*.

1. Allusion au synode que Nominoé convoqua dans le château de Coitlouh, et où fut décrétée l'indépendance des diocèses bretons vis-à-vis la métropole de Tours. Si, comme on peut le supposer, les prélats, assemblés à Soissons en 866, étaient bien informés sur les affaires ecclésiastiques de Bretagne, ce passage de leur lettre au pape pourrait servir à fixer la date du synode de Coitlouh, que l'on hésite à placer en 848 ou 849. Malheureusement, la for-

nec comprovincialia cum Turonico metropolitano celebrent
concilia, nec in episcoporum consecrationibus ad eumdem
quidquam respiciant, illi quoque sedi nullo pacto se subdant.
Sed neque ad generalitatis nostrae synodum, si quando
apostolatus vestri auctoritas nostram fraternitatem pro qui-
buslibet emergentibus vel imminentibus negotiis aggregandam
decernit, illorum praesentiam, legatos, litteras, quum infra
sinum occiduae Galliae commorentur, et nec juga montium,
nec marinum pelagus, sed neque gravis intercapedo terrarum
convolare prohibeat, nostrae unanimitati quemquam habere
meruimus. Unde fit ut nullus cultus religionis inter eos,
nullus disciplinae vigor haberi possit in illis : quoniam, quum
sint barbari, feritate nimia tumidi, nullis sacris institutis
obediunt, nullis praeceptionibus sanctorum patrum se subdunt; sed pro libitu insipientiae malevolentiaeque suae [c] cuncta
peragunt. Frequentibus iidem apicibus matris et magistrae
sanctae [d] sedis Romanae decessorumque vestrorum admoniti,
et, ut, feritate deposita, quia sunt nomine tenus christiani,
apostolicis atque canonicis decretis se subderent, sunt vocati,
sicut evidenti indicio in archivis sanctae Romanae aecclesiae,
si placet, valetis reperire; sed quidam illorum nec sibi legi
nec passi sunt audire[1] : neque ullo pacto a coepto pravitatis

XVI. — c) sua B. — d) deest B.

---

mulo, *jam vicenus, et eo licet paululum, adsit annus, quo,* etc., semble
prêter à l'équivoque. Si cette phrase signifie *il y a déjà plus de vingt ans*,
on devrait en conclure que le synode de Coitlouh est de l'année 846 : ce qui
est inadmissible, car l'on est certain que cette assemblée est postérieure au mois
de février 848. Mais, après le mot *paululum*, on peut sous-entendre *minus*
aussi bien que *magis*; et alors cette phrase signifierait: *déjà la vingtième
année est proche, quoiqu'elle ne soit pas encore arrivée.* Il en résulterait qu'au mois d'août 866, date du concile de Soissons, on n'était encore
que dans la dix-neuvième année, comptée à partir du synode de Coitlouh, et
par conséquent la date de ce synode se placerait entre le mois de février et
le mois d'août de l'année 848. — Il faudrait pour changer cette conjecture
en certitude que quelque autre élément chronologique vînt la corroborer. Il
y a là un problème digne de tenter la sagacité des érudits bretons.

1. Le duc Nominoé avait refusé d'écouter la lecture d'une lettre que le
pape Léon IV lui avait adressée en 850. Les évêques, assemblés en concile à
Tours en janvier 851, lui en firent le reproche : *Ne litteras quidem ipsas*

suae repressi sunt itinere. Hinc fit quod hactenus parochiam Namneticam a muro ejusdem urbis praesignato fratri nostro Actardo subreptam habeant[1] : sed et res omnes ejusdem sedis obstinata pervasione detineant. In nullo dissimilia Turonicae metropoli et Andegavensi aecclesiae pariterque Cenomannensi in rebus, quae ipsis sunt attiguae, certum est eos agere. Sed et omnis pene Neustriae aecclesia crudelem eorumdem feritatem perpetitur, rebusque, quibus illis convicinatur, cupide denudatur. Quibus autem injuriis, oneribus atque servitiis utriusque ordinis, conditionis et sexus homines opprimant, melius viva voce celsitudo beatitudinis vestrae poterit nosse. De episcopis autem ab eis temere et irreverenter non solum absque vestri pontificatus notitia, verum etiam absque ullius synodici conventus ejectis, id est, de Salacone[c] Dolensi, adhuc quidem, licet expulso, superstite[2], cui loco se jactitant sedem metropolim contra fas habere, praedicto quidem fratre expulso, atque duobus in ipsa sede nuncupative subrogatis[3] absque metropolitae scientia vel consensu, Susanno etiam Venetensi adhuc superstite[4], alioque suae sedi indebite substi-

XVI. — c) Salacono B.

---

recepisti. — Epistolam sedis apostolicae respuisti, existimans aliqua in ea tibi noxia contineri (dom Bouquet, VII, 504 et 505).

1. Les pères du concile de Soissons désignent ici, suivant toute vraisemblance, le diocèse de Guérande, qui fut créé par Erispoë en faveur de Gislard et qui s'étendait jusqu'aux portes de Nantes.

2. Salocon mourut dans l'abbaye de Flavigny, où il s'était retiré après avoir été chassé de Bretagne par Nominoé. Son obit est porté au 4 juillet dans le nécrologe de Flavigny. D'après Hugues de Flavigny, Salocon serait mort en 864. C'est une erreur, puisque les évêques assemblés à Soissons témoignent qu'il était encore vivant en 866. Sur Salocon, voir abbé Duchesne, Catalogues épiscopaux de la province de Tours, p. 96.

3. Cette phrase me paraît signifier que le diocèse de Dol, depuis l'expulsion de Salocon, avait été successivement administré par deux prélats, tandis qu'à Vannes l'évêque Susan n'avait encore eu qu'un successeur. Il faut remarquer qu'il n'est fait aucune allusion dans cette lettre à la création de trois évêchés en Bretagne par Nominoé. Le chroniqueur de Nantes est le premier auteur qui ait mentionné ce fait d'une manière formelle; et, comme il écrivait plus de deux cents ans après l'événement, son autorité n'est que relative et demanderait à être confirmée par quelque témoignage plus voisin des origines.

4. C'est le seul document qui nous apprenne que Susan de Vannes vivait encore en 866.

tuto, frequens ad sanctam Romanam aecclesiam processit mentio, quum adhuc ipsi exules demorentur, licet quosdam idem dux Britannicus infra praesentis anni spatium, vestrae auctoritatis institutis praemonitus, quos[f] *suae gentis et linguae esse noverat, absque synodi praesentia, sine ullo reconciliationis vel restitutionis ordine, verbo suo solummodo restituerit*, *et quomodo qualiterque placuerit sedes amissas recipere, non aecclesiastica determinatione, sed barbarica deliberatione permiserit. Interea, ut, more praecessorum suorum, idem auctor Britonum fidentissimo filio vestro, domno et seniori nostro Karolo, in cunctis obtemperet, suaque omni humiliatione debita colla submittat annuosque census persolvat*[2], *quia isdem specialis filius vester diverso undesecus Northmannorum aliorumve agitatur incommodo, vestris suasionibus et, ut expedit, redargutionibus*[g], *quaesumus, decernite. Qui, si contra hortamenta salubria praecellentiae vestrae demum aspirare nititur, gladio sancti apostolatus vestri se percellendum debito cognoscat libramine. His ergo ita breviter praelibatis, ne aliquod*[h] *vestrae pietatis excellentiae generemus incommodum, a praesenti synodo fratrem et consacerdotem nostrum Actardum vestrae paternitatis aspectibus pertractavimus destinandum, qui viva voce veroque sibi notissima*[i] *sermone ad liquidum haec, quae succincte prosequimur, poterit reserare. Cui petimus humiliterque deposcimus ut sanctae benignitatis vestrae sublimitas aurem pietatis cle-*

XVI. — f) non solummodo *addit B.* — g) adhortari *addit B.* — h) quod *B.* — i) notissimo *B.*

---

1. On ignore quels évêques le duc Salomon avait rétablis en 866. M. l'abbé Duchesne (*livre cité*, p. 82, 88) suppose que ce fut Félix, évêque de Quimper, et Libéral, évêque de Saint-Pol-de-Léon. Pour le premier, le fait est possible, mais n'est pas prouvé; quant à Libéral, son existence même n'est pas certaine (voir plus haut, p. 38, note 3).

2. En 863 Salomon s'était engagé à donner au roi Charles le Chauve un tribut annuel : il le paya en 864 ; mais cette lettre prouve que, dès 866, il avait refusé de remplir ses promesses. Ce dut être une des causes de la rupture qui éclata, en cette année 866, entre le duc des Bretons et le roi des Francs. Cf. *Ann. Bertin.*, ad ann. 863, 864 et 866.

menter accommodet, eique solitae manum mansuetudinis porrigat, videlicet ut rebus omnibus, id est sede sua [j], in qua spes nulla recuperandi sibi est, cum parochia exspoliatus, pietatis vestrae adminiculo adjuvetur, et sicut expulsus penitus a propria sede utriusque gentis Northmannorum et Britonum feritate et continua persecutione habetur, censura vestri moderaminis relevetur. Omnibus ergo ad ubera materna convolantibus, opemque sibi ferri[k] postulantibus[l], sicut semper impendere munificentiae vestrae benignitate misericordi largitate suestis, ita et huic petitioni, quam frequenti et necessario stylo vestrae praecellentiae offerimus, misericorditer subvenire, eorumque, de quibus agitur, hactenus indomitam feritatem principali mucrone comprimere, et acclesiae sanctae filiis pastorali sollicitudine dignamini[m], quaesumus, efficaciter succurrere, pater et papa beatissime.

Hi episcopi praesenti interfuere concilio: Remigius, Lugdunensis metropolis sedis episcopus; Hincmarus, Remorum metropolis episcopus; Herardus, Turonorum metropolis episcopus; Wenilo, Rotomagensium metropolis episcopus; Hegilo, Senonum metropolis episcopus; Leotbertus, Moguntionum metropolis episcopus; Frotarius, Burdegalensium metropolis episcopus; Rothadus[n], Suessionum episcopus; Erpuinus, Silvanectis episcopus; Hunfridus, Morinensium episcopus; Erchanraus, Catalaunensium episcopus; Hincmarus, Laudunensis episcopus; Odo, Bellovacensis episcopus; Rainelmus, Tornacensis episcopus; Johannes, Cameracensis episcopus; Actardus, Namnetensis episcopus; Agius, Aurelianensis episcopus; Gislebertus, Carnotensis episcopus; Hildegarius, Meldensis episcopus; Abbo, Nivernensis episcopus; Fulcricus[o], Trecassensis episcopus; Aeneas, Parisiensis episcopus; Hildebrannus, Saiorum episcopus; Rotbertus, Cenomannensis episcopus; Ercambertus, Baiocassium episcopus; Seginandus, Constantinensis episcopus; Hilduinus,

XVI. — j) deest B. — k) ferro B. — l) poscentibus B. — m) dignemini B. — n) Rothardus B. — o) Fulcharius B.

Ebrocensis episcopus; Isaac, Lingonensis episcopus; Lindo [p],
Aeduorum episcopus; Girbaldus [q], *Cabilonensis episcopus.*

XVII.

Jam saepe Actardus episcopus pro his rebus reclamandis Romam petierat; jam Leoni papae [1] atque Benedicto [2], ejus successori, de his querelas magnas fecerat: sed de responsionibus, quas ab illis scriptas attulit, nulla apud nos memoria reperitur, nis ttummodo haec epistola hic inferius scripta, quam papa Nicolaus regi Britonum Salomoni misit. Et hoc, ut visum est nobis, non est mirum, quia, quando Normanni iterum tempore Karoli Simplicis urbem Namneticam omnino desertam fecerunt [3], haec omnia deperierunt, et,

Lesquelles choses et plusieurs autres à la vitupération du roy Salomon et des Bretons contenues en ladite épistole, porta ledit Actardus au pape Nicolas; et de celles choses avoit par avant fait grand complainte à Léon et à Benoist, prédécesseurs dudit Nicolas. Mais, [selon ledit acteur de la Chronicque de Nantes,] il n'en est trouvé aucune response, fors une épistole escrite de la part dudit Nicolas, pape, à Salomon, roy de Bretagne, qui commance, *Nicolaus episcopus Salomoni regi Britonum* (*E*, p. 116 et 117).

XVI. — p) Litduinus *D*. — q) Erbaldus *B*.
XVII. *a E*.

---

1. Le voyage d'Actard à Rome auprès du pape Léon IV se place entre les mois de juillet et de décembre 850.
2. Benoît III, pape d'octobre 855 à avril 858. Nicolas Ier signale une lettre que Benoît III écrivit sans doute au duc des Bretons, Salomon. Mais cette lettre est perdue (voir plus loin, p. 59, note 1). Si ce fut pour obtenir cette lettre qu'Actard alla une seconde fois à Rome, son voyage serait des premiers mois de l'année 858.
3. Cette dévastation de Nantes par les Normands sous le règne de Charles le Simple eut lieu en 919 (cf. plus loin, ch. xxviii).

nisi haec epistola in sede Turonica, ubi temporibus nostris reperta fuit[1], servaretur, minime reperirentur.

XVIII[2].

Nicolaus[3] episcopus, servus servorum Dei[a], *Salomoni, regi Britonum. Benedictus Deus et pater domini nostri Jesu Christi, qui per magnae misericordiae suae gratiam adeo tuae cor sublimitatis illustrare dignatus est, ut merito pro sapientiae tuae fulgore, ubi habitas, non jam occidens, sed oriens habeatur. Ortus enim est in vobis sol justitiae, quod ipse Christus est, et infidelitatis tenebrae*[b] *defecerunt. Sed rogamus eumdem omnipotentem Deum, ut, sicuti rectae fidei agnitionem pie concessit, ita quoque bonae operationis benignus largiatur effectum. De cetero, fili, sciat prudentia tua nos de ejectis et in locis illorum aliis subrogatis episcopis diligenter in archivis sanctae Romanae, cui magna omnipotentis Dei miseratione deservimus, aecclesiae requisisse, et multo aliter in exemplaribus epistolarum, quae a decessoribus*

XVIII. *B.* — a) servus servorum Dei *desunt B. Cf. E, supra cap. XVII.* — b) tempora *B.*

---

1. Les recherches, que le chroniqueur de Nantes témoigne avoir été faites de son temps dans les archives de la cathédrale de Tours, furent occasionnées par la reprise du procès en cour de Rome entre la métropole de Bretagne et celle de Tours. C'est dans l'intervalle qui sépare le concile de Reims du concile de Tours, c'est-à-dire de 1050 à 1060, que les deux parties durent s'efforcer de trouver des documents à l'appui de leurs prétentions (voir ce que j'ai dit à ce sujet dans l'Introduction).

2. Cette lettre du pape Nicolas Ier, a été plusieurs fois éditée (cf. Jaffé, *Reg. pontif. rom.*, 2e édit., t. I, n° 2708). Le texte, reproduit ici, est celui de l'édition de Labbe (*Collection des Conciles*, VIII, 509). J'ai rejeté en notes les variantes fournies par *B* et par le manuscrit latin, n° 34, de la bibliothèque communale de Nantes, manuscrit que je désigne par la lettre *I*. Ce manuscrit contient l'histoire des conciles de la province de Tours par l'abbé N. Travers. On y lit au folio 442 le texte de la lettre du pape Nicolas à Salomon, texte collationné par Travers avec une copie, faite d'après le *Chronicon antiquum Namnetense* et conservée, dit-il, *in scriniis ecclesiae Namnetensis*.

3. Nicolas Ier, ordonné pape le 24 avril 858, mourut le 13 novembre 867.

meis, beatae videlicet memoriae Leone ac Benedicto pontificibus, atque a me Nominoio et tibi, necnon et archiepiscopo Turonico[1] *et tui regni episcopis missae sunt, invenisse, quam tu in litteris tuis perhibes, quamvis nec ipse dicas in apicibus tuis sanctae recordationis papam Leonem Nominoio consilium vel auctoritatem deponendi episcopos tribuisse*: quippe quem constat multifarie multisque modis, ne hoc ab aliis quam a certo episcoporum numero fieret[c], praecepisse. Nam Nominoio, consulenti quid de Spiritus Sancti gratiam venumdantibus oporteret fieri, respondit, nihil, inquiens, praeter quod sancti canones super his praecipiunt[d], *ipsas regulas apicibus suis interferens*. Nam qualiter et a quot vel a quibus sanxit episcopos condemnari, scribens eodem tempore Britannicae regionis episcopis, evidenter inter cetera, *ut eadem ipsa verba ponamus*, decrevit, aeque[e] *praecipiens*, ut omnia sint in conciliis episcoporum. Nam nullam damnationem episcoporum esse unquam censemus, nisi aut ante legitimum numerum episcoporum, qui sit per XII episcopos, aut certe probata sententia per LXXII idoneos testes, qui tales sint, qui et accusare possint, et prius ad sacra Christi quatuor evangelia sacramenta praestent, quod nil falsum depromant, sicut nobis beatus Silvester tradidit et sancta Romana tenere videtur aecclesia. *Quem secutus decessor meus sanctae memoriae Benedictus, quia, contra decessoris sui decretum, non ab episcopis, sed a laicis episcopos in regione tua cognoverat esse dejectos, multa moestitia et indignatione repletus, scripsit quod nulla ratio sineret episcopos a sedibus suis pelli, quos*

XVIII. — c) fieri *B*. — d) preceperunt *I*. — e) ita *B*.

---

1. Le pape Léon IV écrivit deux lettres à Nominoé et une autre aux évêques de Bretagne (voir plus haut, p. 35, n. 2 et 40, n. 1). Nicolas Ier avait déjà écrit deux lettres au duc Salomon et une à l'archevêque de Tours (Jaffé, *Reg.*, 2e édit., n°s 2789, 2806 et 2807). Quant à la lettre du pape Benoît III, à laquelle il est encore fait allusion quelques lignes plus loin, le texte en est perdu. Benoît III ayant été élu pape postérieurement à la mort de Nominoé, sa lettre était sans doute adressée au duc Salomon, seul destinataire, parmi ceux mentionnés ici, à qui elle puisse convenir.

duodenarius numerus non ejecisset. Quorum vestigia et ego quoque secutus, eadem censui, imo et censeo; nec ullam posse episcopos sui honoris sustinere jacturam delibero, quos non constat fuisse a XII episcopis, praesente primamque sententiam metropolitano episcopo obtinente, quum examinarentur, auditos. Qui, etsi crimen aliquod[f] *confessi esse dicuntur, potest credi quod vi vel formidine fassi tantum, et non confessi fuerint quod non fecerant, quia videbant laicos et saeculares quosque una cum rege contra se conspirantes, quod nec saltem audierant. Siquidem qui ore tantum et non corde profert quod dicit, non confitetur, sed loquitur, quamvis non videatur justa confessio, quae non legitimo provocatur examine. De Gislardo autem et Actardo episcopis, de quibus scripsisti, multo aliter, quam tua referebat epistola, in scrinio nostro reperimus. Licet non bene faciat Actardus, quia denuo consecrat quos Gislardus in eodem gradu dignoscitur ordinasse, tamen Actardus invenitur ante Gislardum episcopatus officium suscepisse. Denique sanctissimus Leo, papa, Nominoio scribens, inter cetera praecipuum virum Actardum appellat, et hunc sanum sapere et sanum docere, vivere ac permanere denuntiat; Gislardum vero tanquam praedicti Actardi subdolum invasorem denotat. His ergo ac hujusmodi controversiis ac difficultatibus enumeratis et ita repertis, habitis ac compertis, non possumus a regula sanctorum Patrum, aut a sedis hujus*[g] *institutionibus*[h] *indebite declinare. Sed, si vis Dei omnipotentis benedictionem percipere, vel si veraciter nostra consequi praecepta desideras, consilium meum accipe, et quod tibi per hanc paginam indico, libenter attende. Hortamur enim gloriam tuam, et cum aequivoco tuo sapientissimo Salomone dilectionem tuam admonemus, dicentes: Audi, fili mi, disciplinam patris tui, et ne dimittas legem matris tuae. Haec quippe sunt praecepta Dei, patris tui, et haec est lex aecclesiae, matris tuae, videlicet ut omnes episcopos regni tui ad Turonensem archiepiscopum mittere non*

XVIII. — f) aliud *B.* — g) nostre *B.* — h) quoque addit *B.*

detrectes, ipsiusque judicium postulare non dedigneris. Ipse enim est metropolitanus omnesque episcopi regni tui ejus suffraganei sunt, sicut conscriptiones praedecessorum meorum evidenter ostendunt, qui praedecessores tuos, quia illos ab ipsius cura substraxerant, forti invectione corripere studuerunt, quamvis nec nostra scripta, super hac re missa, deesse videantur. Quumque, coram praesignato Turonensis aecclesiae praesule et integro numero collegarum, id est XII episcoporum, celebrato conventu, fuerint ejecti episcopi regulariter examinati, apparueritque quod canonice fuerint ejecti, ipsis in sua dejectione manentibus, quicumque in locis eorum consecrati sunt, poterunt utique episcopatus honore potiri. Quod si ejecti episcopi insontes fuerint declarati, his amotis qui illis subrogati sunt, aecclesias suas ipsi recipiant. Nam, quum[i] antecessores mei, Romani praesules, ejectionem eorum episcoporum, qui ab aecclesiis suis expulsi sunt, non admiserint[j] nec approbaverint[k], nec ipsos, qui eis subrogati sunt, viventibus illis, legitimos episcopos dixerunt. Sane si forte ad Turonensem archiepiscopum mittere dedignaris, stude duos episcopos de expulsis et duos de subrogatis, una cum gloriae tuae legato, ad apostolicam sedem beati Petri transmittere, ubi digna examinatione praemissa, qui legitimi episcopi sint appareat, et suas aecclesias irregulariter non amittant. Nihil enim aliud est quod in praesenti negotio penitus diffiniri possit. Quia vero magna, quis sit metropolitanus, apud Britannos contentio est, licet nulla memoria sit vos in vestra regione ullam habuisse metropolitanam[l] aecclesiam, tamen, si libet, postquam Deus inter vos pacem et dilectum filium nostrum Karolum gloriosum constituerit[1], facile hoc poteritis[m] advertere. Quod si adeo[n] contentiosius agendum

XVIII. — i) etiam *I.* — j) admiserunt *I.* — k) approbaverunt *I.* — l) metropolim *B.* — m) poteris *B.* — n) ideo *B.*

---

1. La paix entre Salomon et Charles le Chauve ne fut conclue qu'en octobre 867. Cf. *Ann. Bertin.*, ad ann. 867.

credidistis, ad nostrum apostolatum destinare contendite, quatenus nostro libramine, quae fuerit apud vos antiquitus ⁰ archiepiscopalis aecclesia, luce clarius innotescat, et deinceps, omni ambiguitate recisa, quem sequi episcopi vestri debeant, incunctanter agnoscant. Neque enim aecclesias Domini per discordiam regum ᵖ divisiones aliquas ᵠ pati vel ʳ damna necesse est, quum quantum ex se est, pacem, quam ˢ praedicant, servare studeant in invicem et in omnes. His ita praelibatis, per nos tuam scire volumus excellentiam, quia, si nostris ᵗ monitis paternis ᵘ obedieris ᵛ, et tam de jure metropolitani quam de renovatione examinis ejectorum episcoporum nos audire studueris ˣ, erit pax et concordia et omnis legitimus ordo in regno tuo. Quod si nos tantum interrogare et non auscultare decreveris, scandala et discordia et omnis confusio non deerunt tibi in vita tua. Porro legatos tuos, quos ad nostrum pontificium destinasti, dilectioni tuae commendare curamus, quorum prudentiam et fidem circa nos considerantes, plurimum in Domino gratulati sumus. Deus omnipotens gloriam tuam et claram conjugem tuam cum nobilibus natis ᵗ atque cum omnibus, qui sub tuo regimine sunt, omni gaudio et omni benedictione pie circumdet ².

XVIII. — o) deest B. — p) et addit B. — q) aliqua B. — r) deest B. — s) qui B. — t) preceptis et addit B. — u) deest B. — v) obedieritis B. — x) studueritis B.

1. De son mariage avec Wembrit, Salomon eut deux fils, Riwallon et Wigon, et une fille, Prostlon, mariée au comte Pascwiten (voir *Cartul. de Redon*, p. 39, 188 et 209). Sa femme Wembrit mourut au mois de juillet 866. Cf. A. de la Borderie, Mém. cité, *Bib.*, XXV, de l'École des Chartes, 1863-64, p 397.

2. Jaffé (*Regesta pontif. roman.*, 2ᵉ édit., t. I, n° 2708) a daté cette lettre du pape Nicolas Iᵉʳ à Salomon de 862 environ. Je crois que ce document est plutôt de l'année 866. D'abord il est certainement antérieur au mois de juillet 866, époque de la mort de Wembrit, femme de Salomon, à laquelle le pape envoie ses bénédictions. De plus, il doit être postérieur aux deux lettres écrites par le même pontife, l'une à Salomon, l'autre à Festinien, archevêque de Dol, au mois de mai 866 (Jaffé, 2ᵉ édition, nᵒˢ 2789 et 2807). Nicolas dit ici à Salomon qu'il lui a déjà écrit ainsi qu'à l'archevêque de Tours (voir p. 59, note 1). Or, dans sa lettre à Festinien de Dol, il prévient ce prélat qu'il a adressé en même temps une autre lettre à Hérard, archevêque de

XIX.

Perlecta autem hac epistola in auditu Salomonis, regis usurpativi, atque pluribus aliis, a pontificibus romanis missis, in presentia praedecessorum suorum, videlicet Nomenoii, cujus fallacia ac pravitas primum inventa fuit, atque etiam Herispogii[1] filii perlectis, Herardus Turonicus archipraesul, atque Actardus, Nameticus episcopus, diebus vitae suae super hac injustitia condolentes, atque querimoniam magnam facientes, nec per apostolicam sedem tam saepe repetitam, nec per regis Karoli vindictam, nec per omnium episcoporum

[Et dit encores ledit acteur que] celle épistole leüe en la présence du roy Salomon, et plusieurs autres envoyées au roy Nomenoius et à Herispogius, son fils, ne pour le siège apostolique, pour les menaces de vengeance du roy Charles le Chauve, ne pour les excommuns des évesques de Gaule, Hérard l'archevesque de Tours et Actard évesque de Nantes ne peurent rien recouvrer. [Et dit ledit acteur en cest endroit plusieurs légendes du roy Salomon et des Bretons...] (E, p. 117).

XIX. *D E.*

Tours. Jaffé a cru que la paix que le pape souhaite voir rétablie entre Salomon et Charles le Chauve est celle qui fut conclue en 863. Il s'agit plutôt de celle qui fut signée en 867 (voir p. 61, note 1). Dès 866, les rapports des Bretons et des Francs étaient très hostiles. Les pères du concile de Soissons, au mois d'août 866, constatent que Salomon est en mauvais termes avec Charles le Chauve, à qui il ne donne plus le tribut qu'il s'était engagé à payer en 863 (voir p. 55, note 2). C'est sans doute, pour obtempérer en une certaine mesure aux injonctions du pape, que Salomon, dans le cours de cette année 866, rétablit sur leur siège certains évêques bretons, qui avaient autrefois été déposés par Nominoé. La lettre, émanée du concile de Soissons, témoigne de ce rétablissement, antérieur par conséquent au mois d'août 866. — Il résulte, à mon avis, de ces considérations, que la lettre du pape Nicolas, publiée ici, a été écrite entre le mois de mai et le mois de juillet 866.

1. On n'a pas la preuve que Léon IV ou Benoît III ait jamais écrit de lettre à Erispoé.

Galliae excommunicationem, ullam recuperationis rectitudinem consequi potuerunt. Nec mirum, quia in illis Britannis nullus cultus religionis, nullus timor christianitatis, nullus amor perfectae dilectionis videtur haberi: nec leges custodiunt, nec praeceptis obediunt, nec ullis decretis intendunt. Ipsi equidem, in sua firmitate confidentes, sunt superbi et ultra modum elati, iracundia et dolo pleni, omnibus resistentes, rapina viventes, sorores suas, neptes, consanguineas atque alienas mulieres, nihil timentes Deum, adulterantes, necnon et hominum, quod pejus est, libentissime interfectores. Sicque illi diabolici viri nullam justitiae viam cognoscentes, et in malitia sua persistentes, jus Turonicae metropolis violentia sua exscissum, disruptum, atque parochiam Namneticam cum sede Quiriacae aulae usque modo[1] retinuerunt, nunquam inde poenitentiam agentes. His itaque calumniis, sicut superius narratur, satis peractis, et ad nullum finem protractis, constituit domnus Herardus in Turonica sede generalem synodum XVII kalendas junii, in qua quaedam sanctorum canonum capitula excerpsit atque firmiter custodienda sanxit. Postea vero, vivens XII annis in sede sua, honorabilis archiepiscopus quievit in pace[2]. Post cujus decessum cle-

---

1. Le chroniqueur de Nantes emploie ici, comme ailleurs, l'expression *usque modo* non pas dans le sens de *usque nunc*, jusqu'aujourd'hui, mais comme synonyme de *usque tunc* (cf. plus haut, page 50: *Britanni, saepe ad justitiam vocati, omne judicium usque modo declinaverant*). Cette phrase signifie donc que les évêques de Vannes jusqu'au temps de Salomon retinrent en leur pouvoir Guérande et son territoire. Ce serait une erreur de croire que notre auteur ait voulu dire que Guérande n'avait point encore été restitué à l'évêque de Nantes à l'époque où il écrivait, c'est-à-dire vers 1060; car il rapporte au chapitre XXVI que cette restitution eut lieu sous l'évêque Foucher, vers l'an 900.

2. Les canons, promulgués par Hérard, sont édités dans Migne, *P. L.*, t. 121, col. 763 et suiv. Ils sont ainsi datés: *anno incarnationis Dominicae DCCCLVIII, ordinationis quoque nostrae IIIº, indictione VIª, XVII Kalendas junii*; ce qui répond exactement au 16 mai 858. Hérard mourut le 30 juin 871, treize ans, et non pas douze, après cette date. Mais ceci prouve que le chroniqueur de Nantes connaissait le catalogue des archevêques de Tours, indiquant la durée de chaque épiscopat. Sur ce catalogue Hérard est marqué comme ayant gouverné l'église de Tours pendant quinze ans et trois mois. Le chroniqueur de Nantes a soustrait de ces quinze ans les trois années, répondant, selon lui, à la date inscrite en tête des canons promulgués

rici Turonenses, eligentes Actardum, Namnetensem episcopum, constituerunt in urbe Turonica archiepiscopum².

XX.

Actardus vero Hermengarium, ecclesiae Namneticae decanum, eligens, eidem ecclesiae consecravit episcopum. Postea, vivens quatuor annis in sede Turonica, defunctus est². Hermengarius vero, diligentissime ecclesiam suam regens, et de ornamentis et aliis instrumentis eam honorificans, reperit in quadam capsa vetere reliquias de pilis barbae et capitis apostolorum Petri et Pauli, et in signo Domini argenteo eas honorifice reposuit; quod de tam praeclarissimis signis Domini solummodo post devastationem Normannorum in ecclesia Namnetensi usque hodie habetur, et nomen suum ibi scriptum imposuit, sicut hic scribitur: HERMENGARIUS, SACERDOS, FECIT HOC SIGNUM IN HONORE PETRI ET PAULI. Qui vero, postea minime vivens longo tempore, ad patres suos appositus est³. Cui successit Landramnus, vir honorabilis et amabilis Karolo regi.

XX. B.

par Hérard, *ordinationis quoque nostrae III° anno.* Il a commis ainsi une erreur d'un an. Car, en réalité, il n'y avait que deux ans et deux mois qu'Hérard avait été ordonné archevêque lorsqu'il édicta les décisions capitulaires dont il est ici question. Cf. abbé Duchesne, *Catalogues épiscopaux de la province de Tours*, p. 30.

1. Actard fut nommé archevêque de Tours par le pape Adrien II lui-même vers le mois de décembre 871 ; il dut être ordonné en janvier 872 (voir Héfélé, *Histoire des Conciles*, traduction de l'abbé Delarc, t. VI, p. 79).

2. D'après tous les catalogues épiscopaux de Tours, Actard occupa le siège métropolitain de cette cité trois ans, un mois et vingt et un jours. Il en résulte qu'il mourut en février ou mars 875. Cf. abbé Duchesne, *Catalogues épiscopaux de la province de Tours*, p. 13-17.

3. Hermengarius, élu évêque de Nantes en 872, vivait encore le 12 juin 878 (*Cartul. de Redon*, p. 183). Il dut mourir vers 880. Landran lui avait déjà succédé en 886, époque de la prise de Nantes par les Normands.

XXI[1].

Eodem autem tempore, Salomon, rex Britanniae, a Britannis suis interfectus est[2]. Audientes autem Normanni mortem ejus, coeperunt redire per[a] fluvium Ligeris usque urbem Namneticam, omnia depraedantes[3]. Pro quorum devastatione et timore, Landramnus episcopus, regis Karoli celsitudinem adiens[4],

[Et rapportent les Chronicques de l'église de Nantes qu'] après que Salomon, roy de Bretagne, fut occis par ses Bretons, les dessusdits Norwégiens oyants sa mort, commencèrent à retourner par le fleuve de Loire jusques à la cité de Nantes, dégastants toutes choses. Pour la crainte desquels Landranus, qui avoit

XXI. *A B D E F.* — a) deest *B.*

1. Ce chapitre XXI est conçu en termes différents dans l'édition de dom Lobineau. Le véritable texte est celui qui est fourni par le manuscrit de la Chartreuse du Val-Dieu (*B*), texte que la Chronique de Saint-Brieuc (*A*) reproduit mot à mot et que Le Baud (*E* et *F*) traduit presque littéralement.

2. Salomon fut assassiné par son gendre Pascwiten, comte de Vannes, et par Gurvand, comte de Rennes, le 25 juin 874 (A. de la Borderie, *Mém. cité, Bibl. de l'École des Chartes*, XXV, p. 399).

3. Cette nouvelle invasion des Normands dans la Loire date de l'année 886. D'une part, en effet, Rainon était alors évêque d'Angers ; or, ce prélat fut consacré en 880 : il en résulte que le roi Charles, dont il est ici question, ne peut être que Charles le Gros, qui devint roi en Gaule en 885 et mourut le 12 janvier 888. D'autre part, on sait qu'Hasting, chef des Normands établis sur la Loire, signa en 882 une trêve de quatre ans avec les Francs et fit reprendre la mer à ses compagnons (*Annales de Saint-Vaast* et *Annales Bertinienneys*, à l'année 882, et *Dudon de Saint-Quentin*, édition J. Lair, p. 136 et 137). Le renouvellement des hostilités sur les bords de la Loire est donc au plus tôt de 886. Mabille a prouvé de son côté que cette invasion des Normands est postérieure au 13 décembre 885 et antérieure au mois de juin 887 (*Invasions normandes dans la Loire, Bibl. de l'Éc. des Chartes*, XXX, p. 184, note 2, et 186, note 3). En résumé, on peut considérer comme à peu près certain que la fuite de Landran de Nantes à Angers date de l'été 886 (cf. plus loin, l'expression *aestivis temporibus*, qui paraît avoir été empruntée à un diplôme de Charles le Gros).

4. L'empereur Charles le Gros fut choisi comme roi par les Francs peu de temps après la mort du roi Carloman, arrivée le 6 décembre 884. Charles le Gros séjourna en France pendant l'été et l'automne de l'année 886. C'est alors que Landran dut avoir recours à lui.

petivit ut aliquis locus sibi daretur, ubi pro illorum diabolorum feritate aestivis temporibus tutus quiescere posset. Qui in urbe Andegavina[b] dedit ei refugium et de regalibus proprietatibus, quas ibi habebat, sibi et clericis suis jussit dari stipendia, ibique honorifice[c] cum domno Rainone, Andegavensi episcopo[1], permanens, exspectavit, donec Alanus Magnus Britanniae dux factus est[2]. Quo facto, minime Normanni temporibus suis ausi fuerunt intrare Ligerim[3]. Cujus curiam Landramnus repetens, que-

esté ordonné évesque de ladite cité de Nantes, s'enfuit à refuge au roy Charles de France, qui luy donna lieu et mansion en la cité d'Angers, et commanda que ses despenz luy fussent administrez, et aussi à ses clercs, des propriétez royalles qu'il avoit en ladite cité. (Et dit l'acteur des Chronicques de l'église de Nantes que) l'évesque Landranus, qui s'en estoit fuy pour les péans, attendit à Angers avecques Caynon, évesque de celle cité, jusques à ce qu'Allain le Grand fut fait duc de Bre-

XXI. — b) Andegava B. — c) deest A.

1. Rainon, élu évêque d'Angers en 880, vivait encore en 905. Cf. abbé Duchesne. *Catal. épisc. de la prov. de Tours*, p. 59-61.
2. Alain, comte de Vannes, après la mort de son frère Pasewiten en 877, partagea à cette époque le gouvernement de la Bretagne tout entière avec Judicaël, comte de Rennes. Mais il y eut dans la suite une longue lutte entre eux au sujet de ce partage. A dater de l'année 886, Alain combattit courageusement les Normands, qui, profitant des dissensions survenues entre les princes bretons, avaient envahi le pays de Vannes jusqu'à la rivière du Blavet. En 888, Alain et Judicaël, ayant enfin uni toutes leurs forces, parvinrent dans une bataille décisive à chasser de Bretagne la plus grande partie de leurs adversaires. Cette bataille eut lieu à Questembert près de Vannes. Judicaël périt dans le combat et Alain devint alors seul duc de toute la Bretagne. M. de la Borderie a prouvé que ces trois événements, bataille de Questembert, mort de Judicaël et élection d'Alain comme duc de Bretagne, ont eu lieu entre le 1er août et le 8 novembre 888 (*Mém. cité, Bibl. de l'Éc. des Chartes*, XXV, p. 405-410).
3. Les Normands ne furent définitivement chassés de Bretagne qu'en 890, à la suite de deux nouvelles victoires remportées sur eux, l'une par Bérenger, fils de Judicaël, comte de Rennes, près de la rivière du Couësnon, l'autre par le duc Alain, non loin de la Loire, dans le pays de Nantes (cf. A. de la Borderie, *Mém. cité*, et *Annales de Saint-Vaast*, à l'année 890).

rimoniam illi fecit quomodo Normanni res ecclesiae suae[d] devastaverant, et prece humili deprecatus est illum ut de rebus suae ecclesiae, a praedecessoribus suis per ignorantiam detentis[e], aliquid restitutionis sibi faceret. Qui satis benignissimus et misericors reddidit illi villam Canabiacum, in pago Constantino constitutam[1], sicut in carta, hic inferius scripta, narratur.

tagne, au temps duquel les Norwégiens n'osèrent entrer en Loire (*E*, p. 124 et 125). L'an de Nostre Seigneur ouyt cens IIII[xx] et IX se transporta Landramnus, évesque de Nantes, à la court dudit Alain le Grant et lui fist complainte comme les Normans avoient dégastées les choses de son église et par humble prière lui supplia qu'il lui feist aucune restitution des choses d'icelle église, qui par ses prédécesseurs luy avoient esté ostées (*F*, f° 127 r°).

XXII.

Firmiter credimus et nullatenus dubitamus ad immortalitatis praemium pertinere in munere quodcumque in hac vita laboriosa geritur pro Dei sanctorumque omnium veneratione, dicente Scriptura:

Lequel Allain très débonnaire et miséricors lui rendit la ville de Canabiac, située ou pays de Constantin, pour l'absolution de sa conscience et de Droguen, sa femme, et aussi pour le pardon et indul-

XXI. — *d) deest B. — e) ablatis B.*
XXII. *A B.*

---

1. Ici s'arrête brusquement le texte du manuscrit de la Chartreuse du Val-Dieu (*B*). Dom Martène, en publiant le texte de ce manuscrit, a ajouté après la phrase *in pago Constantino constitutam* les mots *et cetera* ; *non plura codex manuscriptus*. Ce qui montre qu'il y avait là comme une coupure dans la copie que dom Martène avait sous les yeux, et que le texte interrompu à cet endroit devait, suivant dom Martène, avoir originairement une continuation.

Omnes honorificantes me honorificabo, et qui spernunt me erunt ignobiles. Et iterum movemur, dicente Sapientia: Age quod agis, operare quod operaris, non cesset manus tua vel pes tuus, quia nec

gence de son frère Pasceuetenus, pour Judicaël, Colledoch et autres ses prouchains (F, f° 127 r°).

opus nec ratio nec misericordia est apud inferos quo tu properas. Ideoque, ego Alanus, Britonum[a] gratia Dei dux, quia cor meum et caro mea exultaverunt in Deum vivum, sanctorum gloriam fide devota, mente sincera cupiens mercari, dum licet, anno igitur Incarnationis Dominicae DCCCLXXXVIIII, notum fieri dignum duximus omnibus sanctae Dei ecclesiae fidelibus praecipueque successoribus nostris, quomodo vel qualiter venerabilis Namneticae sedis Landramnus episcopus, una cum consensu et hortatu Coledoch[b], fidelis nostri[1], nostram adiens celsitudinem, significavit nobis res quondam proprii privilegii beatorum apostolorum Petri et Pauli ordine iniquo fuisse sublatas a praedecessoribus nostris, postulans obnixeque deposcens, ut quod illi commiserunt per cupiditatis culpam, nos emendare studeamus pro vita aeterna consequenda. Cujus petitionibus libenter annuendo, in primis pro Dei amore seu etiam pro gloriosissimorum principum Petri et Pauli, necnon etiam beatissimorum martirum Donatiani et Rogatiani veneratione et nostrorum peccatorum absolutione, per hoc praesens deliberationis nostrae testamentum praefatae denuo ecclesiae eas res designamus, ita ut, ab hodierna die et in reliquum ibidem jure perpetuo subditae, cum omnibus sibi pertinentibus deserviant sine alicujus impulsionis repetitione. Quae praefatae res sunt sitae in pago Constantino, in territorio cujus voca-

XXII. — a) Britanniae regionis *A*. — b) Caledoch *A*.

1. Coledoch vivait encore en 903, époque où il fit une donation à l'abbaye de Redon pour le repos de l'âme du duc Alain (*Cartul. de Redon*, p. 376, note 2).

bulum est villa *Canabiacum* ¹; quod totum et ad integrum, sicut a principio, cum omnibus suis appendentiis, mobilibus et immobilibus, quaesitum et adquirendum, misericordia Domini indigentes, praefatae Sancti Petri reformamus ecclesiae, primo videlicet pro absolutione reatus nostri, necnon etiam pro venia et indulgentia fratris nostri *Pascuitani*², ut ei Dominus vitam concedere dignetur perpetuam, seu etiam amicorum et parentum nostrorum incolumitatis et sanitatis statu, *Oreguen*³, uxoris nostrae, *Judicael*⁴, *Coledoch* et pro omnibus propinquis atque consanguineis ͨ nostris, tam pro vivis quam et pro his, qui ex hoc jam saeculo transierunt, ut eis Rex regum et Dominus dominantium sua pietate, intercedentibus omnibus sanctis suis, vitam concedere dignetur perpetuam; et nos, qui in ista positi sumus peregrinatione, pro sua gratuita bonitate gubernet, sua quoque providentia inter mundanas protegat tempestates et conservet, ut ad illam lucem, in qua ipse cum sanctis suis gloriosus est, feliciter in beneplacito suo pervenire cum fructu bonorum operum concedat. — [Praeterea⁵, subnixis precibus, praefatum gloriosissimum principem apostolorum Petrum, fusis lacrimis, postulamus, cui ab ipso Domino specialiter est collata potestas ligandi atque solvendi in coelo et in terra, dicente Domino: *Tu es*

XXII. — c) atque consanguineis *desunt D.*

1. Peut-être Canisy, Manche, arr. Saint-Lô.
2. Pascwiten, comte de Vannes et frère d'Alain, mort en 877 (La Borderie, Mém. cité, Bibl. de l'École des Chartes, XXV, p. 399).
3. Les manuscrits A et D portent ici la leçon *Droguen*, qui est une mauvaise lecture. La femme du duc Alain le Grand est appelée *Orgain* dans une charte de l'église d'Angers (dom Lobineau, Histoire de Bretagne, II, 65); et *Churguen*, dans une autre charte publiée plus loin. Son nom, diversement orthographié, correspond à celui d'*Oreguen*, *Oregun*, que l'on rencontre en plusieurs actes du Cartulaire de Redon.
4. Judicaël, comte de Rennes, tué par les Normands en 888, était par sa mère petit-fils d'Erispoë (voir plus haut, p. 67, note 2, et Réginon, ad an. 874, Pertz, Mon. Germ. SS., I, 587). Son fils Béranger devint comte de Rennes après lui, et son petit-fils Conan duc de Bretagne en 990.
5. Tout le passage, imprimé entre crochets et rédigé sous forme d'invocation à saint Pierre, semble être une interpolation, faite vers le XIᵉ siècle à la charte authentique du duc Alain le Grand.

Petrus, et super hanc petram aedificabo ecclesiam meam, et tibi dabo claves regni coelorum, et quodcumque ligaveris super terram erit ligatum et in coelis, et quodcumque solveris super terram erit solutum et in coelis. Ut ipse venerabilis princeps, junctis secum sanctorum omnium choris, suis precibus apud piissimum Dominum absolutionem obtinere decertando satagat, ut nobis, pius et propitius, adhuc in hac valle lacrimarum degentibus, omnia bona profutura concedat, et tribuat in fide credibilitatem, in labore virtutem, in actibus prosperitatem, in pace laetitiam, sensus nostros dirigat, in prosperis adsistat, in adversis manum porrigat, in tentatione adjuvet, in infirmitate relevet, in anxietate laetificet, detque nobis angelum suum custodem Michaelem, qui nos custodiat in omnibus viis nostris, actus probet, opera nostra confirmet, et vota perficiat; ipse quoque Rex regum, Dominus, ab alta sede coelorum praeterita nobis peccata indulgeat, praesentia emendet, futura moderetur, sicque manus ejus auxiliatrix et brachium sanctum ejus ab omni incursu malo nos protegat jugiter et defendat, sitque ejus misericordia super nos et pietas illius praeveniat et sequetur, ut, sine ulla offensione, majestatis suae praecepta servando, ipso opitulante, ad gaudia aeterna feliciter pervenire valeamus, ut videre possimus Deum deorum in Syon.] — *Praesens vero testamentum, pro reverendis cultibus rite solemniterque celebrandis, manu humilitatis nostrae propria subterfirmavimus, et annulo nostro insigniri jussimus, atque nobilium virorum manibus astipulandum commisimus*[1]*, ut pleniorem per succedentia tempora obtinere valeat vigorem, in nomine summi et omnipotentis Dei. Si quis vero, daemoniaco arreptus spiritu, ab hodierna die et deinceps hoc recuperatum testamentum infringere vel modo quolibet contraire tentaverit, indissolubili nodo anathematizatus, sententiam perpetuae damnationis incurrat, pariterque cum Dathan et Abiron ac Juda proditore*

---

1. Les souscriptions annoncées ici n'ont point été transcrites par le chroniqueur de Nantes.

ignem aeternum, qui paratus est diabolo et angelis ejus, sine fine possideat, nullamque recuperationis gratiam neque in hoc saeculo neque in futuro consequi posse confidat, nisi, quantocius resipiscens atque omnipotenti Deo satisfaciendo et ad veniam provocando, quod unquam appetere tentavit velociter emendare festinet. Precamur etiam, per sanctam vivificae Trinitatis majestatem, sive per Deum ac tremendum judicium aut diem judicii, quem omnes venturum exspectamus, successorum nostrorum piam reverentiam, ut hoc nostri memorialis testamentum ita perpetuis temporibus salvum et integrum servare studeant, quemadmodum sua facta a suis aeque successoribus optant perpetuis saeculis servari indemnata [1].

XXIII.

Rediens autem Landramnus cum hac carta restitutionis ad urbem Namneticam, multa restauranda et dissipata a Normannis in totis ecclesiis foris et intus invenit, quae ipse, ut potuit, emendare condolenter curavit. Ipse equidem, postea in ecclesia Namnetensi[a] cum[b] maerore et tristitia VIII annis vivens, finivit vitam temporalem, sepultusque est in basilica sanctorum Donatiani et Rogatiani [2] in tumulo marmoreo, nonis februarii [3].

Dempuix vesqui Landramnus VIII ans en dignité épiscopalle, puix mourut (*F*, f° 127 r°).

XXIII. *A D.* — a) postea in ecclesia Namnetensi *desunt D.* — b) tum *D.*

1. Les formules d'anathème qui terminent cette charte du duc Alain, à partir des mots *si quis vero daemoniaco arreptus spiritu*, me paraissent être rédigées suivant le style qui était de mode au xi° siècle, plutôt que selon celui qui était en usage à l'époque carolingienne. Il est possible qu'elles aient été ajoutées à l'acte après coup, peut-être par le chroniqueur de Nantes lui-même.
2. Saint Donatien et son frère saint Rogatien furent martyrisés à Nantes au iii° siècle. L'église, où étaient conservées leurs reliques, se trouvait alors en dehors de la cité. Cf. chapitre xxv, page 75.
3. Le renseignement, que nous fournit ici le chroniqueur de Nantes, a dû

XXIV.

Post cujus obitum ordinatus est Fulcherius episcopus[1], vir probus et sapiens, qui multum studuit parietes ecclesiae principalis[a] apostolorum Petri et Pauli[b] dirutos reficere et eos longius extendere et amplificare et summopere cooperire. Ille, valde pauper pro Normannorum vastitate, vix in toto episcopatu suo reperit unde sibi et clericis suis alimenta potuisset administrare : villae etenim et vici[c] vicini Ligeri totius suae parrochiae devastati erant, ac etiam sine ullo habitatore deserti. Sed ille, validus et minime piger, fra-

Et lui succéda Fulcherius, qui au duc Allain demanda sa miséricorde que il lui feist aide selon sa puissance, affin qu'il amendast son église et qu'il peust ses clercs nourrir et substenter. Lequel Allain, rempli de grand pitié, concéda à lui et à ses clercs une petite abbaye appartenant à l'église de Saint-André, qui est construite hors le mur de la cité de Nantes, entre Saint-Donatien et les murs d'icelle cité sus le fleuve de Herde, en perpétuelle aumolne et pour l'éternelle rémunération de son âme (*F*, f⁰ 127 r⁰).

XXIV. *A D.* — a) principaliter *A.* — b) apostolorum Petri et Pauli *desunt D.* — c) deest *D.*

être emprunté à l'épitaphe même gravée sur la tombe de Landran. Il en résulte que cet évêque mourut le 5 février 897.

1. Foucher, élu évêque de Nantes en 897, a souscrit une charte du 13 septembre 900 (Mabille, *Inv. norm. dans la Loire, Bibl. de l'Éc. des Ch.,* XXX. p. 445). Il était déjà mort en l'année 912.

2. La cathédrale de Nantes, qui, en 857, à la suite des dévastations des Normands, était tout en ruines (voir plus haut, p. 46), n'avait pu depuis lors être reconstruite en entier ; car de 857 à 890, les pirates danois ne quittèrent pas pour ainsi dire l'embouchure de la Loire, et les évêques de Nantes ne pouvaient entreprendre de rééditier un monument, qui avait souvent déjà excité la convoitise de leurs dangereux voisins. Ces travaux de restauration, faits à la cathédrale par Foucher, prouvent bien que, sous le gouvernement du duc Alain, les Normands s'étaient définitivement éloignés de Bretagne.

tribus suis, vicinis episcopis, ac etiam comitibus et proceribus vicinarum regionum de hac vastitate magnam querelam faciens, precatus est misericorditer precibus obnixis ᵈ, ut suae inopiae et ᵉ suae ecclesiae subvenirent. Qui vero, his querimoniis auditis, omnes ᶠ, suae miseriae condolentes, de proprietate sua plurima administraverunt, unde suam ecclesiam restauraret. Quo tempore, Alani, ducis Britonum, quaesivit misericordiam, ut de possibilitate sua sibi auxilium faceret, ut inde ecclesiam suam emendaret et clericos suos alere posset ᵍ. Qui vero, magna pietate repletus ʰ, abbatiolam Sancti Andreae ¹, prope muros Namnetis sitam, sibi et clericis suis concessit et cartam inde scribere jussit, quae in serie hujus narrationis scribitur.

XXV.

Multipliciter multiplex Dei misecordia per plurimum ᵃ voluit honorare genus humanum, dum cuique mortalium ᵇ largiri dignatus est ut ex terrenis rebus possit coelestia regna mercari, et ex temporalibus et transitoriis sempiterna praemia, dicente Domino: Date eleemosinam, et omnia munda fient vobis. Quapropter nos, in nomine omnipotentis Dei, Alanus rex ², summus Britonum dux, in loco ac castello nomine Seio ³ cum militum multitudine consistentes, percognitum ᶜ et

---

XXIV. — d) misericorditer precibus obnixis *desunt D.* — e) suae inopiae et *desunt D.* — f) vero his querimoniis auditis omnes *desunt D.* — g) ut inde etc. usque ad alere posset *desunt D.* — h) vero magna pietate repletus *desunt D.*

XXV. *A D.* — a) per plurimum *desunt D.* — b) mortali *A.* — c) quod cognitum *D.*

---

1. L'abbaye de Saint-André était en dehors des murs de la ville, construite près de l'Erdre et non loin de l'église Saint-Donatien (voir la charte suivante).
2. Alain prend le titre de roi dans une charte de la même époque, souscrite par Foucher, pour l'église d'Angers (dom Lobineau, *Histoire de Bretagne*, II, 65).
3. Plessé, Loire-Inférieure, arr. Saint-Nazaire, canton de Saint-Nicolas. —

manifestum fore cupimus cunctis Christi et aecclesiae ipsius fidelibus omnibusque Britonum episcopis et ducibus, quoniam accessit ad nostrae pietatis ac paternitatis familiaritatem humilis et venerandus sanctae sedis beati Petri, apostolorum principis, Namneticorum Fulcherius episcopus, deplorans graviter et prodens rerum aecclesiae suae dispendia, et pene totius suae patriae ac episcopiae suae adnullationem [d], propter scilicet frequentissimam Normannorum devastationem, nec se habere ex omni sua parochia unde vel restaurationem suae posset conferre aecclesiae, vel ibi Deo pro catholica aecclesia aut sibi famulantem posset alere clerum, simulque flebiliter expostulans nostrae pietatis ac paternitatis misericordiam quatinus nos, pro aeternae nostrae remunerationis mercede, pariterque conjugis nostrae Ohurguen [e] ac etiam communis prolis [f] seu et pro eleemosina nostrorum omnium episcoporum ac insuper mathibernorum, abbatiolam quamdam pertinentem ad aecclesiam beati Andreae, quae est constructa extra murum Namnetis, inter Sanctum Donatianum et murum ipsius civitatis, super fluvium Herdim [g], nostrae propriae ditioni delegatam, ad stipendia sui cleri sibique famulantium, more regio, aecclesiae suae perpetualiter habendam conferremus. Cujus lacrimosam deplorationem intimo dolore compatientes petitionemque ipsius audientes, atque, quia his eum satis indigere cognoscebamus, benignissime recipientes, reminiscentes insuper bonitatem et misericordiam Dei omnipotentis, dicentis: Quicumque dederit vel calicem aquae frigidae in nomine meo non perdet mercedem suam; et etiam aliud evangelii exemplum: Quod uni ex minimis

XXV. — d) adnihilationem *D*. — e) Ohurgon *D*.

Ce château paraît avoir été, avec Rieux, la demeure favorite du duc Alain (cf. *Cartul. de Redon*, p. 375 à 377).
1. On connaît quatre fils nés du mariage d'Alain et d'Ohurguen : ce sont Guérech, Pascwiten, Budic et Derion (cf dom Lobineau, *Histoire de Bretagne*, II, 65, 66, et *Cartul. de Redon*, 376, 377). Alain eut en outre une fille qui épousa Mathuedoi, comte de Poher (voir plus loin, p. 83).
2. L Erdre se jette dans la Loire à Nantes même.

meis fecistis, mihi fecistis; venite, benedicti Patris mei, percipite regnum a constitutione mundi vobis paratum. De tam evidentissimis Domini promissionibus bene securi, pro remedio animae nostrae ac praefatae conjugis nostrae, sed et infantum nostrorum, omniumque, ut diximus, Britanniae episcoporum nostrorumque mathibernorum eleemosina, seu et pro statu regni nostri, prona voluntate et piissima miseratione conferimus et perpetuo condonamus omnipotenti Deo sanctorumque apostolorum ejus principi Petro, ut ipse, sicut potestatem a Domino acceptam habet ligandi atque solvendi, nostrorum omnium solvat vincula delictorum, praetitulatam Sancti Andreae abbatiam, in pago Namnetico sitam, et in praescripto suburbii loco constructam in honore ipsius aecclesiam, cum hominibus utriusque sexus desuper commanentibus et cum omnibus rebus ad eamdem aecclesiam vel abbatiam pertinentibus et aspicientibus, in quibuscumque adjaceant locis, videlicet cum curte quae vocatur Migro¹ cum omnibus appenditiis¹. Ea quidem ratione firmitatis praenominatam aecclesiam et abbatiam Sancti Andreae sub bona integritate de nostra potestate et de nostro jure in jus et potestatem sanctae matris aecclesiae Sancti Petri Namnetensis condonamus, contradimus atque transfundimus perpetualiter ad possidendam, ut tam praesens domnus et venerabilis Fulcherius episcopus, qui super hoc negotio nostram requirit humanitatem, quam etiam successores ipsius ab hodierna die faciant exinde quicquid voluerunt sive in proprios usus sive in suorum vel aecclesiae famulantium, et ut, quum hujus nostrae donationis eleemosinam per futura tempora successores ipsorum recordati fuerint, in suis precibus nos semper adaptemur, et rememoremur in sacris orationibus, nostrumque regnum propriis eorum intercessionibus semper in Domino

---

XXV. — f) Miguo *D*, Niguo *A*; legendum esse Migro puto.

---

1. Il s'agit probablement ici de Migron, Loire-Inférieure, arr. Paimbœuf, canton de Saint-Père-en-Retz, commune de Frossay.

roboretur. Illud praeterea cum consensu omnium nostrorum fidelium Dominum imprecare et exoptare ac praesenti nostrae conclusionis auctoritate inserere placuit, ut, si fuerit ullo nunquam deinceps tempore, quod futurum fieri posse ullomodo credimus, aliquis tam temerarius successor noster, dux et princeps Britonum, vel quisque mathibernorum, qui, mala et avida cupiditate seductus, hujus nostrae delegationis et concessionis eleemosinam infringere tentaverit, nisi citissime resipuerit, et ex hoc, quod injuste contra Deum, factorem et redemptorem suum, sanctumque principem apostolorum ejus Petrum commiserit, plenissimam satisfactionem reddiderit, primo judicio omnipotentis Dei, contra quem se erigere tentaverit, deinde increpatione beati Petri, cujus res invadere voluerit, cum Anania et ejus uxore Saphira, qui ex hoc quod Deo ad usus pauperum contulerant, aliquid retrahere aut fraudare praesumpserunt, perpetuo anathematis vinculo aeternaque maledictione feriatur ita et corpore et anima, et in die ultimi judicii perpetuo igne cremandus donetur. Nostrae vero hujus promptae ac devotissimae donationis praesens auctoritas, nostris filiorumque nostrorum sanctissimorumque insuper episcoporum ac mathibernorum nostrorum manibus roborata, in Dei nomine firma et inviolabilis in aeternum permaneat.

Signum piissimi ac misericordissimi Britonum regis, Alani, qui hujus eleemosinae auctoritatem fieri et affirmare rogavit. Signum Rodaldi. Signum Guerech. Signum Pascuitani. Signum Budici[1].

XXVI.

De his autem, cum hac   Si estudia ledit Foulcher

XXVI. *A D E F*.

----

1. Rodald était comte de Vannes en 909 (*Cartul. de Redon*, p. 225). Guérech, Pascwiten et Budic sont les fils du duc Alain. — Le chroniqueur

carta recuperatis, atque aliis per patrias et regiones quaesitis[a], bene et honorifice Fulcherius episcopus studuit ecclesiam suam reficere, magnificare ac etiam castrum muro factum circa eam componere, in quo clerici et laici ad tutamentum, si necessitas fuerit, fugientes, se a Normannis defendere possent. Civitas enim Namnetis magna erat et ab antiquis expugnatoribus jam saepe capta et per partes, sicut usque hodie demonstratur, ab illis diruta[1], necnon et cives, tantis vicibus a Normannis capti et detruncati ac per hoc valde diminuti, minime eam defendere valebant. Fuit autem iste episcopus Alano, Britonum duci, valde familiaris et prae ceteris totius Britanniae episcopis dilectione magna ama-

évesque, [selon la chronicque de l'église de Nantes,] reffaire et magnifier honorablement ladite église, et composer autour d'icelle un chasteau fait de mur, auquel les clercs et les laiz, si nécessité estoit, fuissent à refuge et se peussent deffendre des Normans : car la cité de Nantes estoit grande, et avoit ja souvent esté prinse de ses anciens expugnateurs, par lesquels elle avoit esté desrompue par parties, comme jusques à présent l'on peut cognoistre : mesmement les citoyens avoient par tant de fois esté prins, qu'ils ne la pouvoient deffendre. Et pour cause que celuy Foulcher fut moult familier à Allain, et par luy aimé plus que nul autre des évesques de Bretagne, il osa premièrement entrer en la

XXVI. — a) De his autem *etc. usque ad* quaesitis *desunt D.*

de Nantes a certainement omis de transcrire un certain nombre des souscriptions à cette charte. On ne remarque en effet ici aucune des signatures d'évêques annoncées dans les clauses finales. D'autre part, il semble que plusieurs passages aient été remaniés dans le but de rajeunir à la mode du xie siècle le style de l'acte original.

1. Les murs de Nantes avaient été presque entièrement détruits par Nominoé en 850 (*Chronique d'Aquitaine*, dom Bouquet, VII, 223). C'est ce qui explique la facilité que les Normands trouvèrent depuis lors à pénétrer dans cette cité. L'enceinte fortifiée, construite par Foucher autour de la cathédrale, ne put résister aux assauts des pirates danois en 919 : elle fut reconstruite vers 940 par le duc Alain Barbetorte (voir plus loin, ch. xxviii et xxx).

bilis. Namque erat in consilio providus, in responsione callidus, et in omni verbo sapientiae rationator magnus. Ipse parochiam Namneticam praedecessoribus suis ablatam ausus est primus usque Vicenoniam invadere, et ecclesias dedicare, et [b] ministerium episcopale, nihil feritatem Britonum timens, facere, quia ab Alano amabatur et sustinebatur, quamvis Venetenses episcopi post mortem Gislardi eam invaserant. Ipse in curia ducis semper aderat, ipse omnia judicabat, ipse cunctis, sibi parochiam suam auferentibus, omni curia audiente, calumniam inferebat; et, quando dux de plebibus parrochiae Namneticae pro redemptione animae suae alicui sancto dona conferebat, ipse cartas, vidente episcopo Venetensi et nullam sibi calumniam imponente, confirmabat, sicut in cartis Sancti Salvatoris reperitur[1]. Sicque iste vir venerandus, in rebus suae ecclesiae gubernandis fideliter persistens, et in omnibus edificiis ejus restituendis viriliter agens, et in clericis nutriendis paterna dilectione intendens, pastorque bonus supra

parroesse de Nantes qui avoit esté par avant ostée à ses prédécesseurs jusques à Villaigne, et y dédier églises, et faire le ministère épiscopal, combien que les évesques de Vennes, après la mort Gislard, l'eussent saisie (*E*, p. 126). Il estoit toujours présent à la cour du duc Allain et jugeoit toutes choses, qui en sa présence estoient débatues. Et, en fesant telles et semblables œuvres, parvint à la fin de ses jours. Auquel succéda Ysaias qui guères ne vesquit *F*, f° 127 v°).

XXVI. — b) per *A D*; et *restituendum est ex E*.

1. Foucher ne figure pas dans le Cartulaire de Saint-Sauveur de Redon, tel que ce recueil est parvenu jusqu'à nous. Mais il faut observer que, par suite de diverses lacérations dans le manuscrit, plus de cent chartes appartenant à l'époque carolingienne ont disparu de ce cartulaire. Il n'y a du reste aucune raison de suspecter ici le témoignage du chroniqueur de Nantes; c'est au contraire une garantie que notre auteur a puisé à bonne source les renseignements qu'il nous donne sur l'évêque de Nantes, Foucher.

gregem suum vigilans, ad finem vitae suae feliciter pervenit, suitque honorifice sepultus in basilica Sanctorum Donatiani et Rogatiani °. — Cui successit Isaias, et minime vivens longo tempore defunctus est [1].

XXVII.

Postea vero ordinatus est Adalardus [2], cujus temporibus coepit diro rabies Normannorum talis qualis nunquam steterat. Namque Alano, piissimo duce atque magno et strenuissimo defensore, ab hac luce defuncto [3], qui hos saepe forti manu expugnaverat et ab omni regione sua Britannica omnino expulsos fugaverat, nunquam diebus vitae suae finibus Britanniae appropinquare ausi sunt; sed illi, mortem ejus tunc temporis audientes, commoti sunt et contremuit

Et, après la mort d'Ysaias, ordonna le duc Allain Adalardus pour gouverner le siège de Nantes (F, f° 127, v°). Après la mort du duc Allain, (selon l'acteur des chronicques de l'église de Nantes,) la rage desdits Normans recommença à eschauffer tellement que jamais elle n'avoit esté si grande: car celuy débonnaire duc et grand deffenseur Allain décédé, qui lesdits Normans souventes fois par puissance avoit expugnez et du tout expulsez et chassez de toute ladite ré-

XXVI. — c) Ipso in curia ducis *etc. usque ad* Rogatiani *desunt D*.
XXVII. *A D E F*.

1. Isaias, évêque de Nantes, a souscrit une charte de Saint-Martin de Tours, datée du 13 novembre 912 (Mabille, *Mém. cité, Bibl. École des Chartes*, XXX, p. 453). Le fait qu'Isaias ne gouverna que fort peu de temps l'église de Nantes, montre que l'évêque Foucher dut mourir vers 910 et Isaias lui-même vers 915. Pour Isaias et Adalart, il n'y a pas de compte à tenir des dates fournies par le *Gallia christiana*.
2. Adalart, chassé de sa cité épiscopale par les Normands, en 919, se retira en Bourgogne, où il mourut (voir plus loin ch. XXVIII et XXXI).
3. Le duc Alain le Grand mourut en 907 (cf. La Borderie, *Mém. cité, Bibl. de l'Éc. des Chartes*, XXV, p. 409).

terra a facie eorum. Adversus quos Normannos perfidos et paganos nullus rex, nullus dux nullusque defensor surrexit, qui eos expugnaret. Reges enim Franciae omnino adnullati et adnihilati erant, nullaque fortitudo, nullus vigor defensionis in eis erat; ac etiam filii Alani Magni, ducis Britanniae, minime patris vestigia sequentes, omnino defecti fuerunt [1]. Tunc ipsi Normanni, viri diabolici crudelissimique et perversi homines, primum Franciam aggredientes, totam provinciam Rothomagensium in dominicatu suo retinuerunt et Karolo stulto abstulerunt [2]. Deinde, cum ingenti navium classe per mare Oceanum navigantes, totam Britanniam devastarunt; fugientesque inde prae pavore [a] Normannorum gion, et qui depuis n'osèrent nul jour de sa vie approcher ses fins, iceux Normans oyants donc la mort d'Allain furent tous esmeus, et trembla la terre devant leur face: contre lesquels ne s'esleva nul roy, nul duc, ne nul deffenseur qui les déboutast. Car les rois de France estoient du tout annullez, et n'avoient en eux nulle vigueur de deffense. Et aussi les fils d'Allain le Grand, duc de Bretagne, n'ensuivans en rien les vestiges de leur père, furent tous lasches et défaillans. Et ainsi ces Normans, hommes diaboliques, premièrement assaillans France retindrent en leur seigneurie toute la province de Rouen, et l'ostèrent à Charles le Simple. Et de là en après avecques très grande congréga-

XXVII. — a) timore *D*.

---

1. On ignore pourquoi les fils d'Alain le Grand ne succédèrent pas à leur père comme ducs de Bretagne. Peut-être étaient-ils trop jeunes. Toujours est-il que les Bretons à la mort d'Alain choisirent comme chef Gourmaëlon, comte de Cornouaille, qu'aucun indice ne permet de rattacher à la famille d'Alain le Grand (cf. La Borderie, *Mém. cité*, *Bibl. de l'École des Chartes*, XXV, p. 411).

2. C'est en l'année 912, à la suite du traité conclu à Saint-Clair-sur-Epte entre Charles le Simple et Rollon, que la province de Rouen fut définitivement concédée aux Normands établis à l'embouchure de la Seine (voir Dudon de Saint-Quentin, édition J. Lair, p. 165-171).

territi comites, vicecomites ac mathiberni omnes dispersi sunt per Franciam, Burgundiam et Aquitaniam [1]. Fugit autem tunc temporis Mathuedoi [b], comes de Poher [2], ad regem Anglorum Adelstannum [3] cum ingenti multitudine Britonum, ducens secum filium suum, nomine Alanum, qui postea cognominatus est Barbatorta [4],

tion de navires nageants par la mer Océane, dégastèrent toute Bretagne, et s'enfuirent les comtes, les vicomtes et les barons espouvantez pour la peur d'eulx, qui se dispersèrent par France, par Bourgogne et par Acquitaine (*E*, p. 128). Entre lesqueulx nobles, qui fuirent pour la peur des Dannoys, monta sus mer Mathuedons, le comte de

XXVII. — b) Matuedons *A*.

---

1. A cette époque, la Bretagne eut à souffrir une première fois des ravages des Normands depuis l'année 913 jusqu'en 915. Dès 912, les pirates désolaient les bords de la Loire, comme en témoigne une curieuse charte mise au jour par Mabille (*Mém. cité, Biblioth. de l'Éc. des Chartes*, XXX, p. 451). En 913 ou 914, une note d'origine contemporaine nous apprend que l'abbaye de Landévennec, près de Brest, fut complètement détruite par les Danois (L. Delisle, *Littérature latine et Histoire du Moyen-Age*, Paris, Leroux, 1890, p. 19). En 915, la flotte normande abandonna la Bretagne et fit voile pour l'Angleterre. Les annalistes anglais signalent les chefs de cette expédition, qui étaient Otter et Roald (*Florentii Wigorn. chronic.* et *Ann. Cambriae*, Petrie, *Mon. historica britannica*, p. 570 et 836). En 917 et 918 une partie de cette flotte revint en Gaule (*ibidem*, p. 571); mais ce ne fut qu'en 919 qu'au témoignage de Flodoard (dom Bouquet, VIII, 176), la nouvelle invasion atteignit sa plus grande intensité. Toute la Bretagne fut alors mise à feu et à sang. Les Normands de la Seine se joignirent à ceux de la Loire pour piller cette province, qui semble dès lors leur avoir été abandonnée par les Francs. La Bretagne demeura la proie des Normands pendant dix-huit ans, de 919 à 937.
2. Mathuedoi, comte de Poher, est signalé dans deux chartes du Cartulaire de Redon en l'année 913 (p. 223 et 224). — Le comté de Poher avait, suivant toute vraisemblance, les mêmes limites que l'archidiaconé de Poher au diocèse de Quimper.
3. Adelstan devint roi d'Angleterre à la mort de son père Édouard en 924; il mourut le 27 octobre 940 (*Fl. Wig. chron.*, Petrie, livre cité, p. 572-574).
4. Ce ne fut pas dès 919, mais après 924, date de l'avènement d'Adelstan, et plus exactement en l'année 931, qu'Alain, après plusieurs essais infructueux pour chasser les Normands de Bretagne, quitta son pays et se réfugia en Angleterre à la cour du roi Adelstan. Ce fait a été mis en lumière par M. Lair, dans son édition de Dudon de Saint-Quentin, p. 71 et 185.

[c. xxvii, an. 907-919]   NAMNETENSE   83

quem Alanum ex filia Alani Magni, Britonum ducis, genuerat, et quem ipse rex Angliae Adelstannus jam prius[c] ex lavacro sancto susceperat. Ipse rex pro familiaritate et amicitia hujus regenerationis magnam in eo fidem habebat. Pauperes vero Britanni terram colentes sub potestate Normannorum remanserunt absque rectore et defensore[d]. Deinde quomodo isti Normanni furiosi, per fluvium Ligeris cum ingenti strepitu navium ascendentes, ceperunt urbes Namneticam, Andegavinam, Turonicam ac etiam Aurelianensem, devastantes ecclesias et incendentes monasteria, vicos et castella, non est silendum, sed sicut in pluribus relationibus[1] didicimus, posteris nostris notificare[e] voluimus.

Pohel avecques innumbrable multitude de Bretons, et s'en alla au roy d'Angleterre, Aauscence, et avec lui mena son fils nommé Allain, qui dempuix fut seurnommé Barbetorte, lequel il avoit engendré de la fille du duc Allain le Grant, et lequel iceluy roy Aauscence ja paravant avoit levé du saint fons de baptesme. Et pour ceste amittié et familliarité de ceste régénération avoit grant foy en luy. Mais les pouvres Bretons cultivans la terre demourèrent soubz la puissance des Normans. D'illec en après ceulx homes forcenez, montans par le fleuve de Laire, avecques grant flote de neffs prindrent la cité de Nantes, Angiers et Tours jucques à Orléans, dégastans et ambrasans églises, moustiers, villes et chasteaux (F, f° 129 r°).

XXVII. — c) jam prius *desunt D.* — d) absque rectore et defensore *desunt A.* — e) Deinde quomodo isti Normanni *etc. usque ad* notificare voluimus *desunt D.*

1. Le récit, que le chroniqueur de Nantes annonce ici et qu'il dit avoir emprunté à d'anciennes relations, n'a été conservé par aucun manuscrit. Le Baud en a fort heureusement fait une traduction, qu'il a insérée dans l'une et l'autre de ses rédactions de l'*Histoire de Bretagne* (E et F). Ces deux rédactions n'offrent pour tout ce récit que des variantes de peu d'importance, preuve que Le Baud a traduit avec exactitude le texte latin.

XXVIII.

Et premièrement avant toutes autres choses envaïrent[1] la cité de Nantes, qui au temps de lors n'avoit nul bon deffenseur sinon les petiz hommes encores demourans des premières pestillences. Si la prindrent toute fors le chasteau à l'environ de l'église qui avoit esté fait pour la crainte d'eulx[2] et en icelui s'en estoient fuiz touz les citoyens grandement espoventez, fors ceulx que ilz avoient desjà prins chiétifs et ceulx qu'ilz avoient détruncé par glayve, affin que d'eulx mieulx et plus fort se deffendeissent; mais ilz leur peurent petitement résister, et toutesfois, en se deffendant

Si assaillirent lesdits Normans la cité de Nantes qui n'avoit en ce temps nul deffenseur, sinon petits hommes demourez des premières pestilences, et la prindrent fors le chasteau, qui pour la peur d'eux avoit esté faict, auquel tous les citoïens fuirent, fors ceux qu'ils avoient jà prins ou occis, afin qu'ils se peussent mieux deffendre; mais ils ne leur peurent résister. Toutesfois, celuy jour, se deffendirent-ils vertueusement et se sauvèrent jusques à la nuit. Si s'en retournèrent les Normans las à leur navire, quand le soleil fut couché, afin qu'ils mangeassent et se récréassent, espé-

XXVIII. *E F.*

---

1. Cette invasion des Normands dans la Loire, au temps de l'évêque de Nantes Adalart, est certainement celle que Flodoard mentionne dans ses Annales en 919. Une charte du Cartulaire de Redon (p. 228) signale la présence des pirates à cette époque sur les bords de la Loire. Le récit du chroniqueur de Nantes, emprunté, comme il le dit, à une ancienne relation, offre cet intérêt qu'aucun autre annaliste contemporain n'a raconté en détail la marche suivie par la flotte danoise. Notre chroniqueur a ajouté à la fin de ce chapitre le récit d'un épisode, relatif à un combat entre Normands près de Nantes, qu'il a probablement extrait de la vie de saint Convoion (cf. dom Bouquet, VII, 364). Cet épisode est de l'année 856 et non de 919.

2. On a vu précédemment que ce château avait été construit vers l'an 900 par l'évêque de Nantes, Foucher (p. 78).

celui jour par grant force, se sauvèrent touz jucques à la nuyt, et les Normans grandement lassez, quant le souleill fut couschè, s'en retournèrent à leur navire, affin que ilz prenseissent leur viande et se récréassent, espérans le landemain prendre le chasteau avecques touz ceulx qui le deffendoient; et les Nantays, espoventez pour la grant multitude de ceulx cruelz Normans, prindrent à menuyt les ournemens de l'église et toutes les choses qu'ilz porent porter et s'en fuirent touz ès lieux où ilz porent estre asseur, et s'en fuit Adalardus, l'évesque, avecques tous ses clercs jucques en Bourgogne; et les Normans au bien matin descendirent de leurs neffs et parvindrent au chasteau, où ilz ne trovèrent nulz de touz les citoyens. Si entrèrent en l'église, jà moult de foiz par eulx destruitte, et tout ce que estoit illecques demouré des despoulles et des ournemens portèrent à leurs neffs; puix misdrent le feu en la couverture de l'église, laquelle ilz embrasèrent du tout, et les murs du chasteau rans le lendemain prendre ledit chasteau avecques ses deffendans. Mais les Nantois, espouvantez par la grand multitude d'eux, prindrent les ornemens de l'église et toutes les choses qu'ils peurent porter, et s'enfuirent chacun où il peut. Et alla l'évesque Adalart avecques ses clercs en Bourgoigne. Et les Normans au matin descendirent de leurs nefs armez et retournèrent au chasteau; mais ils n'y trouvèrent rien. Si entrèrent en l'église et emportèrent à leurs nefs les despoilles et les ornemens qui y estoient demourez; puis mirent le feu en la couverture de l'église et la bruslèrent, et aussi dérompirent les murs du chasteau. En après, montèrent ces Normans par Loire et entrèrent au fleuve de Mayenne, et, quand leur venue fut entendue par les Angevins, ils fuirent et délaissèrent la cité, à laquelle allèrent lesdits Normans, et bruslèrent les églises et ladite cité, ravissants les despouilles qu'ilz y trouvèrent. De là nagèrent jusques à Tours et la dissipèrent en semblable manière qu'ils

dérompirent. Ces choses ainsi faittes, nagièrent les Normans contre mont Laire et entrèrent ou fleuve du Mainne ; pour quoy les Angevins qui ceste chose ouïrent s'en fuirent et délaissèrent leur cité, à laquelle allèrent ces homes diaboliques, et fortraïrent les despouilles qu'ilz y trouvèrent et embrasèrent les églises et toute la cité. Puix d'ilecques en après montèrent ès neffs et nagièrent jucques à la cité de Tours, laquelle ilz destruisirent en semblable manière qu'ilz avoient fait Angiers, et d'ilecques se départans et nageans, montèrent jucques à Orléans ; à l'encontre desquelx les Aureliénoys s'eslevèrent et appareillèrent leurs armes pour soy deffendre, et toutesfoiz grandement espoventez de veoir celle inumbrable multitude de Normans leur donnèrent grans sommes de peccunes et par ceste voye délivrèrent eulx et leur cité de leurs mains. Lesquelles richesses prinses et saisies, descendirent par le chanel de Laire, chargez de grans despouilles jucques à l'isle de Bièce, située près les murs de avoient fait Angers. Puis après allèrent nageant jusques à Orléans, contre lesquels les Orléanois s'eslevèrent et s'appareillèrent deffendre : mais après, véants la grand multitude desdits Normans, ils eurent peur, et leur donnèrent grands pécunes : par quoy ils délivrèrent eux et leur cité. Lesquelles pécunes receues par lesdits Normans, ils descendirent chargez de grandes richesses jusques à Bièce, une isle située près les murs de Nantes : et ainsi qu'ils y séjournèrent survindrent autres Normans avecques grand abundance de nefs, qui leur demandèrent la moitié de toute la rapine leur être distribuée, autrement ils feroient bataille contre eux ; ausquels les premiers moult contristez respondirent qu'ils ne leur en bailleroient nulles, ains se deffendroient d'eux. Et adonc prindrent les derniers Normans leurs armes, et assaillirent les premiers, qui tout le jour leur résistèrent aigrement ; mais, comme le soleil se fust jà caché, s'enfuirent les premiers délaissants leurs pécunes et leurs nefs, et périrent tant

Nantes¹, et, ainsi qu'ilz demouroient illec, seurvindrent grant habundence d'autres neffs chargées de Normans, qui leur requirent que ilz leur distribuassent la moitié de toute la rapine qu'ilz avoient prinse, ou autrement ilz feroient bataille avecques eulx. Laquelle chose ouye, les premiers Normans grandement atristez respondirent qu'ilz ne leur donneroient nulle partie de leurs choses, mais se deffendroient d'eulx vigoreusement. Et adonc les derroins Normans prindrent leurs armes et combatirent contre les premiers, qui tout le jour aigrement leur résistèrent. Et toutesfois, comme le souleill se couschoit, s'en fuirent les premiers délaissans toutes leurs proyes et navires, et périrent tant des premiers que des derroins les deux pars. Mais les derroins, qui estoient demourez victeurs, substraïrent toutes leurs neffs, peccunes et despoulles, et par le fleuve de Laire retournèrent plus avant en Bretaigne (*F*, f° 129 r° et v°).

des premiers que des derniers bien les deux parts. Les derniers toutesfois qui demourèrent victorieux prindrent les nefs et les despouilles, et par le fleuve de Loire s'en allèrent en la basse Bretagne (*E*, p. 128 et 129).

XXIX.

Civitas autem Namnetica sine ullo habitatore vacua et

Et la cité de Nantes demoura vuide et par long

XXIX. *A D E F*.

---

1. L'île de Biesse est aujourd'hui comprise dans la ville même de Nantes. Il existe encore à Nantes une prairie qui porte ce nom, et deux rues appelées rue de Petite et de Grande-Biesse. — Comme je l'ai dit plus haut, le récit de ce combat, livré entre deux bandes de pirates sous les murs de Nantes, a dû être emprunté par notre chroniqueur à la vie de saint Convoion. Mais cet événement eut lieu en 856, au temps du duc Érispoé. C'est par erreur qu'il est rattaché ici à l'invasion de 919.

omnino longo tempore deserta remansit[1] ; *nam isti Normanni et alii, sperantes eam in potestate sua retinere, ita desertam consulte faciebant, ut cultores prae pavore eorum nunquam ad eam possidendam redirent. Sicque civitas Namnetica per plures annos derelicta, vastata et vepribus spinisque occupata remansit*[a], donec Alanus Barbatorta, Alani Magni nepos, surrexit et hos Normannos ab omni regione Britannica et a fluvio Ligeris, qui illis erat nutrimentum magnum, omnino depulsos dejecit. Iste vero Alanus cum rege Anglorum Adelstanno ab infantia fuit nutritus, corpore validus et fortiter audax, apros et ursos in silva minime curans eos cum ferro occidere nisi cum lignis silvae[b]. Congregata navium parvitate, cum his Britannis, qui ibidem adhuc superstites erant, venit per licentiam regis revisere

temps déserte sans aucuns habitans. Car ces Normans et les autres espérans la tenir en leur puissance de leur bon gré la faisoient déserte, affin que les cultiveurs pour la peur d'eulx jamais ne retournassent à la possider. Ainsi demoura la cité de Nantes délaissée en gast par pluseurs ans et plaine de ronces, d'espines et de grans buissons (*F*, f° 129 v° et 130 r°), jusqu'à ce qu'Allain, surnommé Barbetorte, neveu d'Allain le Grand, s'esleva, qui débouta lesdits Normans de toute la région de Bretagne et du fleuve de Loire, qui leur estoit grand nourrissement. [Duquel Allain, dit outre ledit acteur de la Chronicque de l'église de Nantes, qu'il fut fort de corps, puissant et hardy, en tant qu'il ne daignoit occire les sangliers ne les ours par fer ne par glaive, mais avecques un baston seulement. Si assembla en An-

---

XXIX. — a) nam isti Normanni *etc. usque ad* occupata remansit *desunt A D; addenda et sic restituenda esse videntur ex E et F*. — b) apros et ursos *etc. usque ad* lignis silvae *desunt D*.

---

1. L'occupation de Nantes par les Normands dura dix-huit ans, de 919 à 937. En 921 et 927, la possession du comté de Nantes, que les pirates avoient en fait depuis plusieurs années déjà, leur fut officiellement reconnue par les Francs (cf. Annales de Flodoard, dom Bouquet, VIII, 177 et 184).

Britanniam[1]. Quum autem primum applicuisset Dolo monasterio, reperit ibidem turbam Normannorum nuptias celebrantem, quam ex improviso aggrediens detruncavit omnem[c]. Deinde, audiens quod apud Sanctum Briocum alia habebatur, navigavit illuc et quoscumque invenit Normannos gladio interfecit. Hoc rumore audito, qui erant per totam Britanniae regionem dispersi, totam terram dimiserunt. Britanni vero, Normannis fugatis, ex totis partibus venientes ad Alanum, illum super se ducem erexerunt et constituerunt[2]. Interea, dum haec agerentur, auditum est quod apud urbem Namneticam magna Normannorum phalanga habebatur, qui ipsam urbem volebant habitare.

gleterre petit nombre de nefs, et, après ce qu'il eut prins congé du roy Adelstane, repassa en Bretagne avecques les Bretons, qui encores luy estoient demourez : et, comme il arrivast premièrement au monastère de Dol, il y trouva une tourbe de Normans qui célébroient festes, nopces et esbatemens, laquelle il assaillit en despourveu, et la détrancha et mist en pièces. Et de là en après pour ce qu'il entendit qu'à Sainct-Brieuc y en avoit une autre multitude, il nagea celle part, et occist tout ce qu'il en trouva. Et, quand les autres qui estoient dispersez par toute la région oïrent celle rumeur, ils délaissèrent la terre. Et les Bretons, qui ainsi les eurent chassez, convindrent de toutes parts à Allain, lequel

XXIX. — c) omnes *D*.

---

1. Ce fut en 936, grâce aux secours qu'il reçut du roi Adelstan, qu'Alain put quitter l'Angleterre et rentrer avec une petite armée en Bretagne : *Brittones a transmarinis regionibus, Alstani regis praesidio, revertentes, terram suam repetunt* (Flodoard, *Annales, ad an.* 936). — Le séjour d'Alain en Angleterre auprès d'Adelstan fut donc de cinq ans (931 à 936). Il est fort possible que, dans sa jeunesse, Alain ait été mené par son père Mathuedoi à la cour du roi Édouard et y ait vécu quelque temps en compagnie d'Adelstan, fils de ce prince. On sait que les rapports des rois anglais avec les Bretons étaient fréquents au commencement du xe siècle. D'après le chroniqueur de Nantes, ce serait Adelstan lui-même qui aurait tenu Alain sur les fonts baptismaux (voir plus haut, p. 83).

2. Cette élection d'Alain comme duc des Bretons est de l'année 937.

Quare dux Alanus, congregatis militibus non multis, equitavit usque ad hanc urbem, reperiensque eos in prato Sancti Aniani cum ingenti multitudine hospitatos, pugnavit cum eis. Sed illi, fortitudinem ejus parvipendentes, fugaverunt illum usque ad summitatem montis. Ibique valde lassus et fatigatus residens et sitim magnam patiens, deplorare graviter coepit et beatam Mariam, Dei genitricem, humilibus precibus invocare, ut ei succurrere dignaretur et fontem aquae vivae aperiret ad potandum sibi et suis militibus, unde ipse et omnes sui milites potati vires resumerent [d]. Cujus precibus Virgo Maria ad nutum ejus [e] aperuit illi sitienti fontem aquae vivae, quae adhuc fons Sanctae Mariae vocatur [f]. De qua aqua illius fontis ille Alanus, dux excellentissimus et omnes sui Britones, ibidem pro tunc existentes, sufficienter bibentes, vires receperunt. Quibus [g] acceptis, ad pugnam redire volentes expugnan-

ils constituèrent seigneur et prince sur eux. Et, comme ces choses ainsi se fissent, il fut rapporté à Allain qu'en la cité de Nantes y avoit grand nombre desdits Normans, qui ladite cité vouloient habiter; pour quoy il assembla des chevaliers, non pas grand nombre, et chevaucha jusques à celle cité, où il les trouva logez au pré Sainct-Aignan en grand multitude. Si combatit Allain contre eux; mais les Normans, prisants peu sa force, le chassèrent jusques à la sommité de la montagne, où Allain résidant, grandement las et travaillé, souffrant soif merveilleuse, commença à plorer griefvement, et par humbles prières appeller l'aide de la benoiste vierge Marie, mère de Nostre-Seigneur, qu'elle luy daignast ouvrir une fontaine d'eau, dont luy et ses chevaliers abbreuvez reprinssent leurs forces. Lesquelles prières oyes par la Vierge Marie, elle luy ouvrit à son vouloir une fontaine, qui encores est appellée la fontaine Saincte-

XXIX. — d) unde ipso *etc. usque ad* vires resumeront *desunt D.* — e) *pro* ad nutum ejus *D habet* auditis. — f) juxta manerium de la Hauterie prope Nonnetis *addit A.* — g) viribus *D.*

tesque fortiter Normannos et acriter eis resistentes, omnes detruncaverunt, praeter illos qui aufugerunt. Ipsi equidem Normanni valde perterriti per alveum Ligeris remigando descendentes fugerunt [1].	Marie, de laquelle luy et les siens, suffisamment raffraischis et recréez, recouvrèrent leur vertu, et retournèrent vaillants à la bataille. Si assaillirent fermement les Normans, et leur résistans aigrement les occirent et détranchèrent, fors ceux qui s'enfuirent, lesquels grandement

espouvantez descendirent nageants par le fleuve de Loire, et s'en allèrent (E, p. 132 et 133).

XXX.

Alanus vero, omnibus Normannis devictis et ab omnibus Britanniae partibus et finibus fugatis [2], intravit ur-	Et Allain Barbetorte, quand il eut vaincu tous les Normans et chassé de toutes ses contrées, entra en la cité de

XXX. *A D E F.*

---

1. Les trois combats, livrés par Alain contre les Normands, à Dol, à Saint-Brieuc et à Nantes, appartiennent à l'année 937. Flodoard, dans ses Annales, fait allusion à ces diverses victoires des Bretons : *Brittones ad sua loca post diutinam regressi peregrinationem, cum Nortmannis, qui terram ipsorum contiguam sibi pervaserant, frequentibus dimicant preliis, superiores pluribus existentes, et loca pervasa recipientes.* (Flodoard, ad ann. 937). Sur le combat de Nantes, voy. dans *Séance publique de la Société académique de Nantes* (Nantes, 1825, in-8, p. 77 à 88), un article intitulé : *Sur le champ de bataille où Alain Barbetorte défit les Normands.*

2. Ce ne fut qu'à la suite d'une victoire définitive, remportée sur les Normands le 1er août 939 par le duc Alain, Bérenger, comte de Rennes, et Hugues, comte du Mans, que la Bretagne fut entièrement délivrée de ses envahisseurs. Ce combat eut lieu à Trans (Ille-et-Vilaine, arr. Saint-Malo, canton de Pleine-Fougères) ; pendant longtemps, ce fut une coutume en Bretagne de célébrer le 1er août l'anniversaire de cet événement (cf. Le Baud, *Histoire de Bretagne*, p. 134 et 138). Flodoard, à l'année 939, mentionne cette bataille : *Brittones, cum Nortmannis confligentes, victoria potiuntur, et quoddam Nortmannorum castellum cepisse feruntur.*

bem Namneticam, a pluribus annis desertam a, et ad ecclesiam beatorum apostolorum Petri et Pauli mucrone suo cum omnibus suis Britannis viam faciens, veprium spinarumque resecando densitatem, perveniensque ad ecclesiae introitum, ejus parietes dirutos sine ulla tectura reperit. Oransque ipse atque alii Britones, socii sui, unanimiter apostolorum suffragia, condolentes deplanxerunt eorum ecclesiae pulchritudinis indicia. Perspectisque intus et foris[1] totius urbis commoditatibus, voluit ibi Alanus sedem suam principalem facere, mandansque omnibus Britannis ut victualibus onerati sibi b Namnetis occurrerent, praecepit eis terrarium magnum in circuitu ecclesiae facere, sicut murus prioris castri steterat: quo facto, turrem principalem faciens seu c reficiens, in ea domum suam constituit.

Nantes (*E*, p. 133), qui par plusieurs ans avoit esté déserte, puix alla à l'église de Saint-Pierre et de Saint-Poul avecques touz les siens, faisans voyes à leurs espées, et transchans les espines et les ronces, qui par touz les lieux de la cité estoient creues, mais, come il fut parvenu devant l'entrée de l'église, il trouva les apparoiz dérompuz sans nulle couverture. Icelui Allain et ses compaignons déprièrent de ung mesme accord les suffrages des apostres (*F*, f° 131 r°), plaignant grandement la beauté de ladite église qui estoit détruite, laquelle ils cognoissoient par ses indices. Et quand Allain eut regardé les rues, les marchez et les commoditez de toute la cité, il voulut y faire son siège principal, et manda à tous les Bretons qu'ils allassent à luy à Nantes chargez de vivre; et, quand ils y furent, il leur commanda qu'ils fissent un grand terrare au

---

XXX. — a) pluribus annis desertam *desunt D*. — b) civitati *D*. — c) faciens seu *desunt D*.

---

1. Le Baud traduit ces mots par « les rues et marchés ». Le manuscrit qu'il avait sous les yeux portait *vicis et foris* au lieu de *intus et foris*.

circuit de l'église, comme le mur du premier chasteau avoit
esté; lequel accomply, il refist la tour principale, et constitua
sa maison dedans (*E*, p. 133).

XXXI.

Audientes autem comites, vicecomites et mathiberni, per plures regiones⁽ᵃ⁾ fugitivi et adhuc tunc temporis superstites, quod idem Alanus dux et dominus totius Britanniae erat, fugatis et devictis Normannis, accurrerunt illi valde laetificati; inter quos vero Hostronus[b], britannus[c], Sancti Pauli Leonensis episcopus[1], occurrit[d]. Cui Alanus

Quand les comtes de Bretagne, les vicomtes les barons, qui encores estoient fuïtifs et demourants par plusieurs régions, oïrent qu'Allain Barbetorte, neveu du duc Allain le Grand, estoit prince et seigneur de toute Bretagne et avoit chassé les Normans, ils accoururent moult joyeux à luy; entre lesquels y vint Hoetron, évesque de Sainct-

XXXI. *A D E F.* — a) per plures regiones *desunt D.* — b) Hoctronus *D.* — c) *deest D.* — d) *deest D.*

---

1. Hesdren eut pour successeur, comme évêque de Saint-Pol-de-Léon, Conan, qui mourut quelques années plus tard, vers 945 (cf. Létald, *Miracula S. Maximini*, Migne, *P. L.*, t. 137, col. 809). Dans le même temps, Hesdren, devenu évêque de Nantes, est signalé avec Wicohen, archevêque de Dol, Biinlivet, évêque de Vannes, Salvator, évêque d'Alet, Jean, abbé de Landévennec, Bérenger, comte de Rennes, Hoël et Guérech, fils du duc Alain, et un grand nombre d'autres seigneurs bretons, comme formant l'entourage du duc de Bretagne, Alain (*Cartulaire de Landévennec*, dans la *Collection des Documents inédits*, *Mélanges historiques*, t. V, p. 562-564). — Les historiens bretons ont généralement cru qu'il y avait eu à cette époque deux évêques de Nantes s'étant succédé à quelques années d'intervalle, l'un nommé Hoctron, qui serait celui dont il est ici question, le second, Hesdren, connu par plusieurs autres documents. M. l'abbé Duchesne a récemment conjecturé qu'Hoctron et Hesdren n'étaient qu'un seul et même nom (*Catal. épiscop. de la prov. de Tours*, p. 74, note 3). On peut aujourd'hui regarder cette conjecture comme un fait certain. La cause de la confusion provenait d'une mauvaise leçon du manuscrit que dom Lobineau mit en œuvre pour son édition de la Chronique de Nantes. La forme *Hoctronus* est remplacée par *Hostronus* dans les meilleures copies de la Chronique de

dux auctoritate propria[e] ordinavit ut ecclesiam Namneticam in vita sua regeret, quia defunctus erat Adalardus[f], episcopus, cum suis clericis, exceptis quatuor canonicis, *videlicet Letardo, archidiacono, Ogerio, Hugone et Durando, cognomine Pabion*[g], qui, hoc rumore recuperationis audito, ad urbem Namneticam pervenerunt. Ipsi equidem, valdo condolentes ecclesiae Namneticae dignitatem et suae pulchritudinis nobilitatem, quam oculis suis perspexerant, satis lacrimabiliter referebant, quod urbs tota Namnetica in potestate episcoporum steterat, et omnes ecclesiae intus et foris sitae, et terra tota ab ipso muro civitatis sita usque ad quinque leugas[h], et omnes Ligeris insulae cum omni piscatione hunc terminum continentes, exceptis curtibus et villis, per territorium Namneticum et per Andegavinum pagum consistentibus;

Paul, auquel Allain concéda qu'il gouvernast l'église de Nantes durant sa vie, car Adalard l'évesque estoit mort (F, p. 133), avecques touz ses clercs, exceptés seullement Létard, archediacre, Ogier, Hugues et Durant, seurnommé Pabion, qui, entendans la rumeur de ceste recouvrance, parvindrent à la cité de Nantes, et, pleignans grandement la dignité de leur église et la noblesse de sa beauté, qu'ilz avoient regardée de leurs yeulx, rapportèrent par mémoire et déclairèrent les cens, rentes, possessions, terres, devoirs, privilèges, libertez et franchises de par avant appartenans à ladite église, et dont les chartes royalles estoient dépéries par l'oppression des Normans (F, f° 131 v°). Et divisa Allain, [selon ledit acteur,] le tribut du port de la cité, dont l'évesque par avant avoit une moitié, et l'ordonna en trois parties, desquelles il

---

XXXI. — e) auctoritate propria *desunt* D. — f) Atardus A. — g) *videlicet Letardo, etc. usque ad* Pabion *desunt* A; *addenda et sic restituenda sunt ex* F. — h) lenias A; *corrigendum esse* leugas *puto*.

Saint-Brieuc. La légère différence, qui subsiste entre *Hostronus* et *Hestrenus*, s'explique facilement par une erreur de copiste.

et de his omnibus canonici ecclesiae Namneticae ad eorum stipendia tertiam partem possidebant[1]. Et deinde Alanus Barbatorta proprietates episcopatus Namnetensis valde adminuit[j], quia[j] theloneum Namnetense, unde episcopi medietatem habere solebant[2], in tres partes divisit : sibi primam[k] partem retinuit, secundam episcopis concessit, et tertiam vicecomitibus et proceribus ; et simili modo ipsam urbem, quam episcopi usque tunc ex pristinis temporibus in proprietate sua tenuerant, totam[l] in tres distribuit partes. De quibus pars episcoporum usque in ipso muro civitatis satis evidenter ab Aquilone terminata apparet, et juxta Sanctae Mariae cancellum[3] per quemdam viculum[m] descendit[n] usque ad portam Carariam[4], quae post porticulam episcopalem secunda ad austrum habetur. Terras vero, quae

retint la première à luy, la seconde donna à l'évesque, et la tierce aux vicomtes. Et semblablement divisa la cité en trois, dont il bailla audit évesque l'une, qui estoit terminée au mur par devers Acquillon jusques au port Tararie et aux prez où la Vierge Marie, quand il eut soif, luy ouvrit la fontaine, et les autres deux parties distribua à ses chevaliers (*E*, p. 133).

XXXI. — i) *adminuerat A*. — j) *cum suis clericis, exceptis quatuor canonicis, videlicet Letardo archidiacono, etc. usque ad valde adminuit quia desunt D*. — k) *unam D*. — l) *quam episcopi usque tunc, etc. usque ad tenuerant totam desunt D*. — m) *vinculum A*; *viculum legendum esse videtur*. — n) *et juxta Sanctae Mariae, etc., usque ad descendit desunt D*.

1. Au soin que prend ici le chroniqueur de Nantes d'énumérer, non sans exagération, tous les anciens droits et les possessions de l'évêque et des chanoines de Nantes, on peut présumer qu'il était lui-même membre du Chapitre de cette cité.
2. La moitié du tonlieu de la ville de Nantes avait été accordée à l'évêque Actard en 857 par le duc Érispoë (voir plus haut, ch. xiv).
3. Il faut, je crois, entendre ici par *cancellus Sanctae Mariae* l'église même de Notre-Dame (voir *Glossaire* de Du Cange au mot *Cancellus*). Sur l'église Notre-Dame de Nantes, cf. abbé Travers, *Histoire de la ville et du comté de Nantes*, I, 161.
4. « La porte Charière était entre le château d'aujourd'hui et la Tour du « Mûrier » (abbé Travers, *ibidem*, I, 158).

per territorium Namneticum juris ecclesiae Namneticae et episcoporum steterat, militibus suis distribuit, exceptis quibusdam parochiis eidem⁰ ecclesiae Namnetensi dimissis ᵖ, videlicet ¹.....

XXXII.

Iste dux Alanus fuit vir potens ac valde adversus inimicos suos belligerator fortis, habens et possidens omnem Britanniam, fugatis inde Normannis, sibi subditam ᵃ, et Redonicum pagum et Namneticum, et etiam trans Ligerim Medalgicum, Teofalgicum et Herbadillicum ad se retinuit et recuperavit, ac de ipsis locis ᵇ cum comite Pictavensi, Guillelmo, cognomento Caput de Stupis ², finem fecit, sicut ipsi pagi terminant, id est a flumine Ladionis ⁴, in Ligerim descendente,

Ce duc Allain [selon ladite chronicque de Nantes] fut puissant et grand batailleur à l'encontre de ses ennemis, et, après ce qu'il eut chassé les Normans, eut toute Bretagne sujète, et le païs de Rennes et celuy de Nantes, et mesmement, outre Loire, Maulge, Thiffaulges et Herbauges, dont il fist fin et division avecques le comte Guillaume de Poictiers, surnommé Teste d'Estoupes, ainsi que les Bretons ³ le démontrent : c'est à scavoir du fleuve Ladion descendant en Loire jus-

---

XXXI. — o) ejusdem *A* ; eidem *corrigendum esse puto.* — p) quae post *porticulam, etc., usque ad* dimissis videlicet *desunt D.*

XXXII. *A D E F.* — a) fuit vir potens, *etc., usque ad* subditam *desunt D.* — b) ad se retinuit et recuperavit ac de ipsis locis *desunt D; pro his verbis D habet :* de quibus.

---

1. Le manuscrit *A* offre ici une courte lacune que ni la traduction de Le Baud (*E* et *F*), ni l'édition de D. Lobineau (*D*), ni aucun autre manuscrit actuellement connu ne permettent de combler.
2. Guillaume Tête d'Étoupes, comte de Poitiers de 935 à 963.
3. Le manuscrit *F* (f⁰ 132 r⁰) porte ici plus justement « ainsi que les bournes le déclarent ».
4. Le Layon, affluent de la rive gauche de la Loire.

usque ad Irumnam¹ flumen et Petram Fictam ᶜ et Ciriacum ᵈ et flumen Ledii², quod in mare Occidentis decurrit. Haec omnia et singula idem Alanus Barbatorta in vita sua retinuit ³.

ques à Dirimine, à la Pierre fichée, au Tiriac et au fleuve Lédy, qui décourt en la mer d'Occident, et toutes celles terres tint en repos durant sa vie (*E*, p. 133 et 134).

XXXIII⁴.

Contigit autem quod eodem tempore Ludovicus, Gallorum rex transmarinus, Otho-

[Aussi dit le dessusdit acteur des chronicques de Nantes qu'] en celuy temps le

---

XXXII. — c) Petram Frictam *A*. — d) Airiacum *D*.
XXXIII. *A E F*.

---

1. L'Ironne se jette dans le Layon à Saint-Lambert-du-Lattay, Maine-et-Loire, arr. Angers, canton de Thouarcé. — Le Layon et l'Ironne formaient la limite orientale du pays de Mauge, qu'ils séparaient de l'Anjou.
2. *Petraficta*, Pierrefitte, Deux-Sèvres, arr. Bressuire, canton de Saint-Varent; *Ciriacum*, Chiré, Deux-Sèvres, commune de Saint-Varent; *flumen Ledii*, le Lay, qui se jette dans l'Océan et servait de frontière aux pays d'Herbauge et de Poitou.
3. La date de ce traité entre Alain Barbetorte et Guillaume Tête d'Étoupes doit être l'année 941 ou 942. On a une preuve de l'alliance, qui existait entre ces deux seigneurs en 942, dans le voyage simultané qu'ils firent auprès du roi pour l'assurer de leur fidélité : *Willelmus Pictavensis et Britones cum suis principibus ad regem venerunt* (Flodoard, *Annales*, ad ann. 942; cf. Richer, II, 28).
4. Le récit, contenu dans ce chapitre, a un caractère légendaire très accentué : on y remarque des faits erronés et confus, mêlés à des événements, qui ont l'apparence de la réalité. En 978, l'empereur Otton II, en guerre contre le roi Lothaire, fit le siège de Paris et en fut repoussé par les Francs. Pendant ce siège, il y eut un combat singulier entre l'un des seigneurs enfermés dans Paris et un guerrier allemand de l'armée d'Otton (cf. Lot, *Les derniers Carolingiens*, p. 101, note 1). Ce combat, qui frappa vivement l'imagination populaire, est certainement l'origine de la légende rapportée ici par le chroniqueur de Nantes. Mais alors, Alain Barbetorte était mort. Le siège de Paris, auquel il prit part, ne peut être que celui de 946. A cette date, Louis d'Outremer appela à son aide tous ses vassaux ainsi que le roi Otton Iᵉʳ, afin de se venger des Normands et du duc de France, Hugues le Grand. L'armée des deux rois assiégea Paris et dévasta les environs (cf. Richer, II, 56-58). Il est hors de doute qu'Alain Barbetorte vint au secours

nio imperatori calumniam imponens de Lotharii regno, bella cum eo magna habere voluit. Adversus quem Othonius imperator, magnum movens exercitum, venit usque urbem Parisius ad eam capiendam. Unde rex Ludovicus, valde iratus et adventum imperatoris timens, mandavit suis commilitibus ac omnibus fidelibus, et etiam illustri principi Alano, duci Britanniae, cognomento Barbatorta, jam satis fama probitatis ejus et fortitudine audita[1], verbis amicabilibus scripsit, ut omnes sibi potenti virtute subvenirent. Quum autem omnes ad praefatam urbem defendendam congregati fuerunt, fuit unus ex Saxonibus, vir potentissimus, corpore validus, ex parte Othonis imperatoris, fratris[a] reginae[2], quae erat

roy Loys transmarin imposa calumpnie à l'empereur Othon du royaume Lothaire qu'on nomme Lorraine, et luy voulut faire guerre. A l'encontre duquel ledit Othon empereur meut grand excercite, et vint jusques à la cité de Paris à la prendre. [Et dit après ledit acteur des chronicques de Nantes que] le roy Loys, pour résister à l'empereur Othon, manda tous ses comtes et ses féaux, et aussi Allain, duc de Bretagne, surnommé Barbetorte, dont il avoit jà assez oye la renommée, la proesse et la force, et les pria qu'ils luy allassent aider avecques leurs puissances. Et, quand ils furent tous assemblez à deffendre la dessusdite cité, fut [selon ledit acteur] un des Saxons très puissant, homme

---

XXXIII. — a. frater *A*; *legendum esse* fratris *videtur ex E.*

---

do son suzerain; mais le rôle qu'il joua dans cette campagne n'est pas connu. Quant aux faveurs qu'il obtint alors du roi, ainsi que son alliance avec Thibaut le Tricheur et les événements qui en furent la conséquence, ce sont des faits qui rentrent dans le domaine de l'histoire.

1. Louis d'Outremer connaissait Alain Barbetorte autrement que par la renommée de ses exploits. Ils avaient vécu cinq ans ensemble à la cour d'Adelstan, roi d'Angleterre. Cette vie en commun sur la terre d'exil explique mieux que toute autre raison les bons rapports qui existèrent toujours entre le duc des Bretons et le roi des Francs.

2. Gérberge, femme de Louis d'Outremer, était la sœur du roi de Germanie, Otton Ier.

uxor illius Ludovici regis, qui omni die comites et proceres Franciae solus provocabat, ut meliorem et fortiorem ex eis eligerent, qui cum copugnans defenderet melius et justius regnum Francorum Ludovico pertinere quam Othoni imperatori. Quo audito, omnes proceres et comites Franciae perspicientes staturam Saxonis et magnitudinem, nullam inde audaciam accipere praesumpserunt. Alanus vero, Britonum dux, pluribus diebus exspectans, ut aliquis ex tantis nobilibus, ibidem congregatis et existentibus, contra Saxonem ad jus regium defendendum exiret, magnam inde verecundiam habuit[1]. Quadam autem die, dum ille furibundus Saxo, solus in prato consistens, omnibus Francis

vaillant de corps, de la part de l'empereur Othon, frère de la roine, femme du roy Loys, qui chacun jour appelloit les comtes et les barons de France qu'ils esleussent le meilleur d'eux à combattre contre luy et deffendre que le royaume de France mieux et plus justement appartenist au roy Loys qu'à Othon. Laquelle chose oye par tous les comtes et barons françois, regardans sa stature et sa grandeur, ne présumèrent prendre aucune audace de ce faire. Mais, quand Allain le Breton eut attendu plusieurs jours, et eut cogneu que nul de tant de nobles hommes ne issoit contre luy à deffendre le droict royal, il fut tout honteux. Et un jour, comme celuy furieux Saxon demourast tout seul en la prée,

---

1. M. F. Lot, dans un très intéressant article, intitulé *Geoffroi Grisegonelle dans l'épopée* (*Romania*, XIX, 377-393), a montré qu'au xie siècle on récitait dans l'ouest de la France des poèmes épiques, célébrant la part qu'avait prise le comte d'Anjou dans la lutte du roi Lothaire contre les Allemands en 978. Ces poèmes relataient entre autres épisodes le combat singulier de Geoffroi et d'un Danois sous les murs de Paris. Les circonstances du récit, analysé par M. Lot, offrent la plus grande analogie avec la narration du chroniqueur de Nantes. On peut en conclure que les Angevins attribuaient à leur comte Geoffroi l'honneur d'une victoire que les Bretons reportaient à leur duc Alain Barbetorte. Cette substitution d'un personnage à un autre s'observe fréquemment dans les chansons de geste. — Le récit de la Chronique de Nantes n'a pas été utilisé par M. Lot, qui, mieux que personne, en aurait su tirer parti.

opprobria magna et convitia exprobraret, Alanus, hoc videns, armis latenter acceptis et equo parato [b], fecit naviculam per fluvium Secanae ascendere longe ab urbe, ne iter demonstretur, et sic fluvium pertransivit[1]. Equitansque per pratum adversus Saxonem, pugnavit cum eo et caput ejusdem Saxonis, videntibus cunctis Francis et Saxonibus atque Teutonicis, amputavit. Quod autem ille dependens sellae suae corrigiis ligatum, venit ad ripam fluminis, ubi parva navis sibi parata erat, in qua iterum ascendens, navigando ad praefatam urbem portum

reprouchant les François, Allain print secrètement ses armes, et fist appareiller son cheval, puis se fist monter par un petit navire sur le fleuve de Seine, loing de la cité, afin que sa voye ne fust cognüe : et ainsi le passa, et chevauchant par la prée contre le Saxon, combatit contre luy, véants tous les François, les Saxons et les Theutoniciens, et lui couppa le chef, lequel il pendit à sa celle, lié avecques des courroyes, et retourna à la rive du fleuve, où la nef luy estoit appareillée, en laquelle il entra derechef, et nageant vint prendre port à ladite cité. A

XXXIII. — [b]. *percito A*; parato *legendum est ex E*.

1. Dans le récit relatif à Geoffroi Grisegonelle, le comte d'Anjou, avant de traverser la Seine, pour aller combattre son antagoniste, passe la nuit dans la maison d'un meunier, qui le lendemain lui fournit une barque pour franchir le fleuve (Lot, *livre cité*, p. 378). Cette partie de la légende me semble avoir pour origine une tradition qui avait déjà cours à la fin du xe siècle. Richer (l. II, c. 57) raconte que, lors du siège de Paris par le roi Otton Ier en 946, le duc Hugues le Grand avait donné l'ordre de ne laisser aucune barque sur la Seine, pour empêcher l'armée ennemie de traverser le fleuve. Plusieurs soldats d'Otton parvinrent néanmoins à passer de l'autre côté de l'eau, et, s'étant mis à la recherche des barques, ils arrivèrent chez un meunier, qui leur donna l'hospitalité pendant la journée et une partie de la nuit, et leur fournit enfin le moyen de s'emparer d'un grand nombre de bateaux et de les transporter sur l'autre rive. Tous ces éléments légendaires ont donc leurs sources dans divers épisodes, peut-être réels, des deux sièges de Paris par les Allemands en 946 et en 978. Malgré les trente années qui les séparaient l'une de l'autre, les invasions d'Otton Ier et d'Otton II, notables chacune par l'apparition soudaine des Allemands et des Saxons en France et par un siège infructueux devant Paris, ne devaient pas tarder à se fondre l'une avec l'autre dans la tradition.

accepit ; exilientesque omnes de civitate nobiles et ignobiles contra eum, glorificaverunt Deum, qui superbos humiliat et exaltat humiles. Alanus, superbo hoste devicto, victor gloriosus factus, ostendit regi Ludovico caput inimici sui amputatum. Quo facto, Othonius imperator valde perterritus in patriam suam cum suo exercitu rediit tristis. Sicque urbs Parisiorum ab infestatione inimicorum suorum per manum Alani liberata remansit.

l'encontre duquel saillirent tous ceux de celle cité de Paris, nobles et non nobles, glorifians Nostre Seigneur, qui humilie les orgueilleux et exauce les humbles. Et quant Allain eut ainsi vaincu son orgueilleux ennemy, il s'en alla glorieux victeur, et exaucé sur tous les habitans de France au roy Loys, et luy en montra ledit chef tranché. Après laquelle chose l'empereur s'en retourna en son païs; et ainsi fut la cité de Paris délivrée de l'infestation de ses ennemis par la main d'Allain le Breton (*E*, p. 134 et 135).

XXXIV.

Regina vero, deplangens valde fratris sui opprobrium*, paravit Alanum ducem occidere furtive aut potionibus aut aliis insidiis. Quo audito, Alanus commeatum a rege requirens, deprecatus est eum, ut quicumque servus vel collibertus Britan-

[Et dient après les chronicques de Nantes que] la roine Gerberge, plaignant grandement la honte de son frère Othon, voulut faire occire Allain furtivement par poison ou par autres surprises. Pour quoy Allain, qui l'entendit, se partant du roy

---

XXXIV. *A D E F*. — a) mortem *A*; *corrigendum esse* opprobrium *puto ex E.*

niam, causa manendi ibi, petierit, liber ab omni servitute concessione sua omni tempore permaneret. Namque, timens semper ne iterum Normanni ad eam devastandam redirent, volebat patriam populare ut melius se a barbaris posset defendere[1]. Ac etiam addidit ne amplius ad curiam ejus invitaretur, quandiu regina viveret. Cui rex gratiose concedens omnia, sicut ipse postulaverat, dedit ei licentiam ut ad suam regionem cum gratiarum actione rediret. His itaque pactis, a curia discessit Alanus dux[b], habens Theobaldum, comitem Blesensem[2], ductorem, qui in ipso itinere conventionem cum eo de sorore sua faciens, deduxit eum usque ad castrum Blesii; manensque ibi tribus diebus

Loys luy pria que si aucun serf ou affranchy de son royaume venoit en Bretagne pour y résider, il y peust demourer franc de toute servitude sans qu'il le vendicast: car il craignoit tousjours que les Normands retournassent à la dégaster et la vouloit revestir, afin que, quand elle seroit habitée, elle se deffendist d'eux. Si luy concéda le roy Loys lesdites choses, et luy donna licence avecques action de grâces qu'il s'en retournast à sa région. Adonc se départit Allain, qui eut conducteur en son chemin Thibauld le comte de Blois. Lequel Thibaud fit convention avecques Allain du mariage de sa sœur, et la mena au chasteau de Blois, où Allain demoura par trois jours et l'espousa. Puis s'en retour-

XXXIV. — b) Regina vero deplangens *etc.* *usque ad* Alanus dux *desunt D.*

---

1. M. de la Borderie a montré que cette suppression du servage en Bretagne avait un fondement historique. Une étude attentive des actes du Cartulaire de Redon et des autres archives monastiques l'a conduit à reconnaître qu'il y avait au ixe siècle des serfs en Bretagne, tandis que toutes les chartes des xie, xiie et xiiie siècles attestent l'abolition du servage en cette province. C'est donc, suivant toute vraisemblance, au règne d'Alain Barbetorte que remonte l'origine de cette abolition (*La Bretagne aux grands siècles du Moyen-Age*, Rennes, 1892, in-12, p. 22-23).

2. Thibaut le Tricheur, comte de Blois, de Chartres et de Châteaudun, de 925 environ à 975.

[c. xxxv, an. 960 circa] NAMNETENSE 103

affidavit eam¹. Quam vero secum tunc adducens usque ad urbem Namneticam, comitibus et mathibernis suis mandavit ut ad ejus nuptias omnes convenirent; quibus congregatis, eas cum magna laetitia et exaltationis gloria octo diebus Namnetis celebravit. Postea vero quilibet eorum ad propria rediit^c.

na Allain Barbetorte à Nantes, où il mena sa femme, et manda à ses comtes, à ses vicomtes et à ses barons, qu'ils vinssent à ses nopces. Et, quant ils y furent assemblez, ils les célébrèrent par huict jours en grande joye, gloire, honneur et exaltation, et après s'en retournèrent chacun en son lieu² (*E*, p. 135 et 136).

XXXV.

En celui temps encore estoit demouré des édifices de l'église des appostres Saint-Pierre et Saint-Poul une tour ou milieu d'icelle église de Nantes, laquelle estoit eslevée sus arcs voulteiz et en la sommité d'elle soutenoit une pome dorée. Pour la convetise de laquelle Othron l'évesque moult souvent déceu promettoit à touz que s'il

Et en celuy temps, (selon le dessus dit acteur de la chronicque de l'église de Nantes,) l'évesque Hoctron fist démolir une tour qui encore estoit demourée des anciens édifices de celle église pour la convoitise d'une pomme dorée qui estoit sur ladite tour, dont il fut mocqué et desprisé par ledit duc Allain, et par honte délaissa l'évesché

XXXIV. — c) Postea vero *etc. usque ad* rediit *desunt D.*
XXXV. *E F.*

---

1. On ignore le nom de cette sœur du comte Thibaut. Plusieurs historiens ont cru, sans raison valable, qu'elle s'appelait Gerberge.
2. Le manuscrit *F* (f° 133 r°) ajoute ces mots : « En la manière dessus-« ditte racontent les Cronicques nantaises. »

povoit avoir celle pome qu'il restitueroit tout ce qui estoit destruit en icelle église, et, ne trouvant manière coment il y peust monter, destruisit toute icelle tour dempuix le fondement. Laquelle subvertie, il trouva, entre tant de murailles dérompues une pome de léton doré, mais petit d'or y trouva. Et pour de Nantes, et s'en retourna à Sainct-Paul, où premier il avoit esté ordonné : et adonc le duc Allain esleut Gaultier, fils de Wicohenus, archevesque de Dol, et l'instituu évesque de Nantes (*E*, p. 136).

cesto sotise grandement desprisé du duc Allain et de touz autres, délaissa l'évesché de Nantes, et s'en alla à Sainct-Poul, où il avoit premièrement esté ordonné, et lors le duc Allain et les Nantays esleurent Gaultier, filz Vichohenus, l'archevesque de Dol, et le ordonnèrent ou siège épiscopal de la cité de Nantes[1] (*F*, f° 133 r°).

---

1. La cause, pour laquelle Hesdren abandonna l'évêché de Nantes, est assez obscure. Celle qui est indiquée ici est inadmissible ; elle dérive d'une tradition ecclésiastique, qui permet simplement de supposer qu'Hesdren était impopulaire à Nantes. Il est d'ailleurs à peu près certain que ce prélat jusqu'à la mort d'Alain Barbetorte resta dans les meilleurs termes avec le duc des Bretons (cf. *Cartul. de Landévennec*, dans les *Mélanges historiques*, V, 564). A la date de 958, Hesdren était encore évêque de Nantes (cf. charte du mois de septembre 958 dans Baluze, *Histoire généalogique de la maison d'Auvergne*, II, 23) ; et à la même époque il y avait à Saint-Pol-de-Léon un évêque du nom de Mabbon (cf. *Cartul. de Saint-Père de Chartres*, I, 54). Ce Mabbon se retira vers 960 au monastère de Saint-Benoît-sur-Loire où il finit ses jours (cf. *Miracula S. Benedicti*, édition de la Soc. de l'hist. de France, p. 155, et *Hugues de Fleury*, Migne, *P. L.*, t. 163, col. 889). C'est alors qu'Hesdren, lassé sans doute des difficultés qu'il s'était créées avec ses diocésains, se décida à abandonner l'évêché de Nantes et retourna à Saint-Pol-de-Léon. Chassé de cette ville par une invasion des Normands en 963, Hesdren se réfugia dans l'abbaye de Saint-Benoît-sur-Loire, où il mourut (cf. Bollandistes, *Catalogus cod. hagiog. lat.* Paris., III, 148-149). Hesdren ne fut inscrit sur aucun des catalogues épiscopaux de l'église de Nantes : il y a là un nouvel indice qu'il abandonna réellement son diocèse et qu'il vivait en mauvaise intelligence avec son clergé (cf. abbé Duchesne, *Catal. épisc. de la prov. de Tours*, p. 74). — Gautier, fils de Wicohen, archevêque de Dol, fut élu évêque de Nantes entre les années 958 et 960 (voir plus loin, ch. XXXVIII).

XXXVI.

Post vero non[a] longum tempus Alanus dux, in infirmitatem magnam decidens, mandavit Theobaldo, comiti Blesensi, ut ad se visitandum veniret, necnon praelatos suos, videlicet archepiscopum Dolensem, Redonensem, Namnetensem, Corisopitensem, Macloviensem, Venetensem, Briocensem, Leonensem, Trecorensem[b] episcopos, ac comites et mathibernos totius Britanniae ammonuit, ut ei Namnetis festinanter venirent. Quibus praelatis et proceribus in ejus praesentia congregatis, jussit ut filio suo parvulo, nomine Drogoni, ex muliere sua ultima tunc vivente progenito[c], suoque sororio Theobaldo, filii sui praedicti avunculo, cui omnia sua bona et filium suum committebat, fidem facerent et juramenta, ne unquam ei in jure[d] Britanniae de omni honore ejus infideles fuissent. Qui qui-

Si ne tarda pas longuement après, que ce duc Allain cheut en grand maladie et manda à Thibaud, comte de Blois, frère de sa femme, qu'il veneist à luy le visiter; et aussi admonnesta ses comtes, ses évesques et ses barons qu'ils se hastassent de venir à luy à Nantes, et, quand ils furent tous en sa présence, il leur commanda qu'ils fissent la foy et serment à un petit fils qu'il avoit de sa femme, nommé Drogo, et à son beau-frère, Thibauld de Blois, oncle de son dit fils, auquel il le commettoit en garde avec toutes ses choses; que jamais ils ne luy seroient desloyaux, mais garderoient à l'enfant le droit et l'honneur de toute Bretagne: lesquelles choses parfaites, il vesquit peu de temps depuis, et, après sa mort, fut ensépulturé en l'église des saincts martyrs Donatian et Rogatian. Mais le lendemain son

XXXVI. *A D E F*. — a) *deest A*. — b) necnon praelatos suos, etc. usque ad Trecorensem *desunt D*. — c) ex muliere etc. usque ad progenito *desunt D*. — d) pro ei in jure *A habet* in regione.

dem praelati et proceres hoc promiserunt*e*. Quibus peractis, parvo vivens tempore, defunctus est Alanus Barbatorta, sepultusque fuit apud ecclesiam*f* Sanctorum Donatiani et Rogatiani[1]. In crastino autem die repertum est corpus ejus super terram; quod mirabile fuit magnum omnibus sepelientibus*g*, venientesque iterum omnes ad illum infodiendum, ne unquam inde resurgeret, saxis magnis et truncis onerarunt tumulum. Facto autem noctis crepusculo, equitabant comites per omnes vicos extra civitatem cum sonitu magno phalangae militum usque ad gallicinium, nullusque nocte consurgens extra civitatem valde exterritus audebat exire. Sicque per quatuor dies corpus, omni onere super illud misso undique expulso, super terram iterato repertum est. Omnibus autem Namneticae urbis nescientibus quid de illo facerent, respondit unus, qui valde Alano

corps fut trouvé sur la terre descouvert; laquelle chose fut merveilleuse à tous ceux qui l'avoient ensevely, qui retournèrent et l'enterrèrent derechef; et, afin qu'il ne relevast, le chargèrent de pierres et de grands troncs. Et, depuis le soir jusques au jour, chevauchoient grands multitudes de chevaliers par toutes les rues dehors cité faisans grand bruit, et n'osoit nul s'eslever par nuict. Mais néantmoins par trois jours fut le corps trouvé nud sur la terre, et la charge qu'on mettoit dessus expulsée çà et là. Et comme tous les Nantois fussent esmerveillez, ne sçavans qu'ils feroient de celle chose, respondit l'un qui moult avoit esté son familier en sa vie, que celuy duc Allain sur tous les saincts avoit aimé la Vierge Marie, et toujours l'avoit appellée en ses nécessitez; pour ce, conseilloit qu'ils le portassent en l'église qu'il avoit édifiée en la cité de Nantes à l'hon-

---

XXXVI. — e) qui quidem praelati et proceres hoc promiserunt *desunt D.* — f) pro apud ecclesiam A *habet* in cimiterio. — g) videntibus *D.*

---

1. Le duc Alain Barbetorte mourut en 952. Cf. *Annales Floriacenses*, dom Bouquet, VIII, 254.

in vita fuerat familiaris, quod ille dux nobilissimus sanctam Dei genitricem prae ceteris sanctis dilexerat et in omnibus necessitatibus suis auxilium ipsius gloriosae Virginis Mariae semper invocaverat, ita ut ad ejus ecclesiam, in urbe Namnetica olim ab illo post Normannorum destructionem reedificatam, illud deferrent, et ibi certissime requiem haberet. Quo audito, accipientes illud attulerunt ad ecclesiam Beatae Mariae Namnetensem, per ipsum reedificatam et constructam ac etiam dotatam, et ibidem illud sepelierunt; quo sepulto, requievit corpus ejus et omnis tumultus inde recessit[h].

neur d'elle, et que certainement là il reposeroit. Si lô prindrent et l'y apportèrent, et ensevelirent; et adonc reposa le corps et cessa le tumulte (*E*, p. 136).

XXXVII.

Deinde qualiter urbs Namnetica in contentione remansit et quanta mala illi evenerunt, sub brevitate notificare volumus, ut in pagina ista continetur. Namque Theobaldus, comes Blesensis, Fulconi, comiti Andegavensi[1], tradens sororem suam, relic-

Assez tost après la mort d'Allain Barbetorte, duc de Bretagne, [selon le dessus dit acteur des Chronicques de l'église de Nantes,] Thibault, le comte de Blois, maria sa sœur, qui femme dudit Allain avoit esté, à Foulques, comte d'Anjou, et

---

XXXVI. — h) In crastino autem die repertum est corpus ejus *etc. usque ad inde recessit desunt D*.
XXXVII. *A D E F*.

---

1. Foulques le Bon, comte d'Angers de 942 à 968. — La partie de la Bretagne, sur laquelle Foulques exerça sa domination comme tuteur du jeune Drogon, comprenait le comté de Nantes et peut-être celui de Vannes; les comtes d'Angers, successeurs de Foulques, revendiquèrent jusqu'au XIe siècle le droit de suzeraineté sur le pays de Nantes et sur celui de Mauges qui en dépendait.

tam Alani Barbaetortae ducis, in uxorem, ei dimisit, quandiu Drogo infans, nepos ejus, adultus esset[a], medietatem urbis Namneticae et territorii ejus et telonei et omnium consuetudinum, unde teloneum exigi poterat, ac etiam totius Britanniae medietatem; et residuam partem Britanniae, quam Juhael[b] Berengarii[c] comes[1] et Wicohenus[d] archiepiscopus Dolensis[2], de illo receperunt, in sua potestate retinuit[3]. Et de expletis, quae inde habuit, Carnoti turrem et Blesii et Cainonis perfecit[4]. Quam soro-

luy laissa avoir, tant que l'enfant Drogo, son neveu, fust en aage, la moitié de toute la cité de Nantes et du territoire d'icelle, le tribut du port et toutes les coustumes, et généralement la moitié de toute Bretagne. Et l'autre moitié que le comte Juhael Bérenger et Wicohenus, l'archevesque de Dol, receurent de luy, retint celuy comte Thibault en sa puissance, et du revenu qu'il en eut parfist la tour de Chartres, Blois et Chinon. Si print le comte Foulques sa femme et Drogon, le fils du

XXXVII. — a) *pro adultus esset A habet viveret.* — b) *deest A.* — c) Berangarius *A.* — d) Wichohen *A.*

1. Judicaël-Bérenger, comte de Rennes, et ses successeurs reconnurent jusqu'à la fin du xe siècle la suzeraineté des comtes de Chartres.
2. Wicohen avait été élu archevêque de Dol en 944; son prédécesseur, dont on ignore le nom, avait péri dans la cathédrale de Dol en cette année 944, lors d'une prise de la ville par les Normands (Flodoard, *Annales, ad. ann.* 944). Wicohen fut longtemps en lutte avec les comtes de Rennes au sujet du territoire de la Domnonée, sur lequel il était parvenu à étendre sa juridiction. Il fut vaincu par Conan, fils de Judicaël-Bérenger, et il semble qu'il se retira alors pendant quelque temps, de 967 à 969, à la cour du duc de France, Hugues Capet (cf. Le Baud, *Histoire de Bretagne*, p. 138, et Lot, *Les derniers Carolingiens*, p. 111, note 1).
3. La partie de la Bretagne, dont Thibaut le Tricheur se réserva la suzeraineté, comprenait le comté de Rennes et toute la Domnonée. Au sujet de la domination simultanée de Thibaut de Chartres et de Foulques d'Angers sur la Bretagne, voir R. Merlet, *Les Origines du monastère de Saint-Magloire de Paris (Bibl. de l'Éc. des Chartes,* t. LVI, 1895).
4. C'est vers 955 que Thibaut le Tricheur construisit les donjons de Chartres, de Châteaudun, de Blois et de Chinon. Sur ces différents châteaux, dont la construction suscita contre Thibaut de vifs murmures de la part du clergé, voir une très curieuse pièce de vers, écrite au commencement du xi° siècle et publiée par Marchegay et Mabille, *Chroniques des églises d'Anjou*, p. 247-252. Voir aussi *Cartulaire de Saint-Père de Chartres*, p. 23.

rem ejusdem Theobaldi Fulco comes in uxorem ducens, ac Drogonem, infantem parvulum, in custodia sua ad nutriendum accipiens usque ad XV annos, eosdem matrem et filium deduxit Andegavum, mittensque postmodum servos suos ad res Namneticae civitatis sibi datas recipiendas, eis praecepit ut omnia sibi apud Andegavum afferrent. Quadam autem die, dum Fulco comes in aula sua Andegavis jocaretur ad tabulas, tres sacculos, denariis plenos, sibi attulerunt. Qui vero haec prospiciens, in corde suo valde miratus fuit, et dixit cunctis ibi astantibus, quod nullus vir in toto Francorum regno tam dives et potens erat, sicut ille qui urbem Namneticam possidere valebat. Accedensque, cupiditate pessima ductus, ad nutricem, quae Drogonem puerum nutriebat, indicit ei ut illum occideret, magna illi promittens munera, et, si non faceret, nunquam viva evaderet. Quo audito, nutrix valde turbata et omnino anxia fuit° quid de tanta crudelitate fa-

duc Allain et d'elle, en garde jusques à quinze ans, lesquels il mena à Angers, et envoya ses serviteurs à composer les choses de la cité de Nantes qui lui avoient esté données, ausquels il commanda qu'ils luy portassent tout à Angers. Et, un jour, ainsi qu'il jouoit aux tables en sa salle, luy furent portez trois sacs pleins de deniers et quatre challans pleins de grands poissons, dont il fut moult esmerveillé en son courage, et raconta à tous les assistans qu'il n'y avoit si riche ne si puissant en tout le royaume de France que celuy qui pouvoit posséder la cité Nantes. Si fut lors Foulques prins de convoitise, et pensa que si Drogo, le fils de sa femme, estoit mort, il pourroit avoir la dite cité paisible; pour quoy, comme desloyal et plein de toute malice, vint à la nourrisse de Drogo, laquelle il induisit qu'elle l'occist, luy promettant grands dons et loyers si ainsi le faisoit, et luy adjoustant menaces qu'au cas qu'elle y deffailloit, jamais elle n'eschapperoit vive :

XXXVII. — c) facta .1.

cere posset. Tandem minis tyranni perterrita, ab illo quaesivit quomodo hoc scelus perpetraret. Ipse vero eam docuit ut, quando Drogonis balneum temperaret, frigidum faceret, habensque in patella, supra ignem posita, aquam validissime calidam, illi in aqua frigida balneanti super caput infunderet; et, quum mater ejus, valde intenta ad eum observandum et timida semper ne eidem filio aliquod impedimentum eveniret, vagitus ejus audiret, mox accurreret, requirens quid infans haberet, tangensque balneum, frigidum inveniret; sicque sine culpa hoc facinus perficere posset. His autem nutrix nefandis auditis, fecit sicut comes, vir diabolicus, docuerat[f], et sic furtivo tali ingenio Drogo infans interfectus est, quem mater ejus valde graviter deplorans, semper in corde suo maestitiam illius retinuit[1].

pour lesquelles choses fut ladite nourrice moult troublée, doutant qu'elle pourroit faire de celle crudélité. Toutesfois espouvantée par les menaces du tyran luy enquist comme elle pourroit perpétrer ce mauvais cas; lequel Foulques luy enseigna que, quand elle tempéreroit le baing de l'enfant, elle le fist froid, et eust sur le feu en une poesle eau bouillante, et l'espandit sur la teste, afin que, quand sa mère, qui estoit attentive à le garder et tousjours craintive qu'il luy veint aucun empeschement, oiroit ses soupirs et y accourroit, enquérante qu'auroit ledit enfant, et, attouchant le baing, elle le trouvast froid, et ainsi sans coulpe pourroit-elle parfaire celle emprise. Lesquels mauvais enseignemens oïs par la nourrice, elle fist ainsi que celuy cruel et diabolique homme Foulques luy avoit enseigné, et ainsi mourut Drogo, le très noble

XXXVII. — f) *magna illi promittens munera etc. usque ad docuerat desunt D.*

1. La légende de la mort de Drogon n'est guère admissible. Foulques d'Angers ne pouvait trouver aucun avantage à faire disparaître son pupille. Ce qui est certain, c'est que Drogon mourut à Angers, vers l'an 958, avant d'avoir

enfant du très fort Allain, duc de Bretagne, lequel sa mère plora griefvement et toujours en retint la tristesse en son cœur (E, p. 137).

XXXVIII.

Porro Normanni, piratici et diabolici viri, morte Alani audita, redientes Britanniam coeperunt depraedari et venerunt usque ad civitatem Namnetensem. Qui, Walterium episcopum cum pluribus aliis capientes, tetenderunt insidias ut castrum, in circuitu ecclesiae Namnetensis ab Alano duce pro metu illorum olim factum, capere possent [1]. Qua de re Namnetenses valde timidi mandaverunt Fulconi comiti, qui tunc ratione dotalitii uxoris suae levabat emolumenta Namnetis[a], ut eis succurreret; quod facere promisit, sed non adimplevit. Ipse etenim, legatum retro remittens, man-

Quand les Normans oïrent la mort d'Allain, ils recommencèrent à piller Bretagne, et vindrent jusques à la cité de Nantes, et prindrent l'évesque Gaultier et plusieurs autres, et appliquèrent leurs machines, afin qu'ils peussent prendre le chasteau qu'Allain avoit fait pour la crainte d'eux au circuit de l'église; de laquelle chose furent les Nantois moult craintifs, et mandèrent à Foulques qu'il les secourust, lequel leur renvoya leur message, et leur promist qu'ainsi le feroit briefvement. Et sa femme, qui en oït la rumeur, et cognoissant assez sa paresse, pour l'encourager de ce faire, luy rapporta qu'un

---

XXXVIII. *A D E F*. — a) qui tunc ratione etc. usque ad Namnetis desunt *D*.

---

atteint sa quinzième année. Cette mort de l'héritier légitime de la Bretagne fut la cause première d'une lutte longue et sanglante entre les Normands et les Bretons. ... à ce sujet, R. Merlet, *Origines du monastère de Saint-Magloire de Paris*, mém. cité.

1. Cette attaque de la ville de Nantes par les Normands date de l'année 960. Cf. *Origines du monastère de Saint-Magloire de Paris*, ibid.

davit ei ad praesens succurrere[b]. Conjux autem ejus, hoc rumore audito et ejus inertia satis cognita, retulit quod palus magnus, in ore Ligeris fixus, metum Normannis faciens, ceciderat. At Namnetenses, octo diebus exspectatis, nullum a Fulcone auxilium habentes, cum Normannis pugnaverunt, ac inde cum virtute magna eos fugaverunt. Qui, cum Walterio episcopo et aliis captivis usque ad Guerrandiam venientes, magnam de eis ibi redemptionem receperunt[1].

grand pal estoit tombé en la rive de Loire qui avoit fait peur aux Normans. Mais les Nantois, quand ils eurent attendu huict jours sans avoir nulle aide de Foulques, ils combatirent contre lesdits Normans, et par grand vertu les vainquirent et chassèrent. Si s'enfuirent ceux Normans et emmenèrent l'évesque Gaultier et les autres captifs à Guerrande, où ils receurent grand rançon d'eux, et les laissèrent aller (*E*, p. 138).

XXXIX.

His itaque factis, Namnetenses, Fulconem, Andegavensem comitem, dimittentes[a], Alani Barbaetortae filios, videlicet[a] Hoel et Guerech[3],

[Et rapporte ledit acteur des Chronicques de Nantes que] les Nantois, après la mort Drogo, délaissèrent le comte Foulques d'Anjou, et

XXXVIII. — b) *sed non adimplavit etc. usque ad succurrere desunt D.*
XXXIX. *A D E F.* — a) *deest D.*

---

1. Sur les excès que les Normands commirent alors dans les faubourgs de Nantes et sur la captivité de l'évêque Gaultier, voir plus loin, ch. I et II des *Miracula*.
2. Foulques le Bon, comte d'Angers, mourut peu de temps après le siège de Nantes par les Normands, le 11 novembre 960 (cf. *Origines du monastère de Saint-Magloire de Paris*, mém. cité). Peut être la maladie fut-elle cause qu'il ne vint pas au secours des Nantais.
3. Hoël et Guérech, fils bâtards d'Alain Barbetorte et de Judith, ont souscrit vers 945 une charte de leur père Alain en faveur de l'abbaye de Lan-

in urbe Namnetica dominos constituerunt. Hi nempe progeniti ex nobili matre, nomine Judith, exstiterant, antequam Alanus praefatus sororem Theobaldi, comitis Blesensis, in uxorem duceret; satis nobiles juvenes, quorum unus, scilicet Guerech, nutritus fuerat cum monachis Sancti Benedicti[1] apud Aurelianum. Hoel autem cum matre sua et suis parentibus nutritus exstiterat[b]. Iste Hoel, qui erat major natu[c], omnem principatum et potestatem accipiens, fuit comes validus et potentissimus et multa bella habuit cum Conano, filio Judicael[d] Berengarii, Redonensi comite[e], qui tunc temporis majorem partem Britanniae tenebat de Theobaldo, comite Blesensi; quam partem ipse comes Redonensis in manu sua post mortem Alani tenuerat. Et sic Hoel requirebat patris sui jus et ut

constituèrent seigneurs et princes en la cité de Nantes les deux frères Hoel et Guérech, assez nobles jouvenceaux, qu'Allain avoit engendrez d'une noble mère appellée Judich, avant qu'il preint à femme la sœur du comte Thibauld de Blois, desquels l'un, c'est à sçavoir Guérech, avoit esté nourry à Orléans avecques les moines de Saint-Benoist ; et Hoel avecques Judich, sa mère, et ses autres parents. Lequel Hoel, prenant la principauté et toute la puissance fut moult vaillant et puissant comte, et list batailles contre Conan, comte de Rennes, fils de Juhael Bérenger, qui en celuy temps tenoit la partie de Bretagne du comte Thibaud, laquelle il avoit retenue en sa main après la mort du duc Allain : car Hoel requéroit que du droict d'Allain, son père, Conan le recognoust seigneur

---

XXXIX. — b) nutritus exstiterat *desunt D.* — c) qui erat major natu *desunt D.* — d) Juchael *A.* — e) Redonensis comitis *D.*

---

dévennee (*Cartul. de Landévennec. Mélanges historiques*, t. V, p. 564). Dans une lettre du pape Jean XIII de 970 environ, Hoël et Guérech sont cités, avec Judicaël-Bérenger et Conan, comme principaux chefs des Bretons (Jaffé, *Reg. pont. rom.*, 2e édit., n° 3756).

1. Saint-Benoît-sur-Loire, abbaye du diocèse d'Orléans, Loiret, arr. Gien, canton d'Ouzouer-sur-Loire.

Conanus de jure illo se dominum et principem recognosceret et non dictum Theobaldum[1]. Sed ille Conanus, Redonensis comes, illi resistens, nunquam dominatum ejus recipere voluit. Quapropter Hoel[1] depraedavit totum Redonicum territorium et domos usque ad murum civitatis concremavit[2].

et prince : mais il luy résistoit et ne luy vouloit faire obéissance : pour quoy Hoel pilla le territoire de Rennes, en bruslant les maisons jusques près de la cité (*E*, p. 139).

XL[3].

Conanus autem, videns quia non poterat ei resistere,

Et adonc Conan, veant ainsi gaster sa terre par Hoel,

XXXIX. — 1) *qui tunc temporis majorem partem Britanniae etc. usque ad quapropter Hoel desunt D.*
XL. *A D E F.*

---

1. Conan devint comte de Rennes à la mort de son père Judicaël-Bérenger. Judicaël est signalé comme vivant encore en 966 (cf. Jaffé, *Reg. pont. rom.*, 2ᵉ édit., n° 3756); il décéda peu de temps après, vers 970.
2. La date de cette guerre se place entre l'époque de la mort de Judicaël-Bérenger, comte de Rennes, et celle de la mort de Thibaut le Tricheur, comte de Chartres. Thibaut mourut au plus tard en janvier 977 ; Judicaël décéda vers 970 ; il en résulte que la lutte entre Hoel et Conan doit être de 975 environ. — La soumission, dont Conan témoignait à l'égard de Thibaut le Tricheur, n'était pas fictive. Au mois d'août 979, Conan était à Chartres, à la cour du fils de Thibaut, le nouveau comte Eudes, auquel il était venu sans doute rendre hommage (*Cartul. de Saint-Père de Chartres*, p. 66). Sur la suzeraineté du comte Eudes de Chartres vis-à-vis de Conan de Rennes, voir Richer, IV, 79, 81, 91.
3. Tous les faits, rapportés dans ce chapitre, à savoir la mort de Gautier, évêque de Nantes, le départ de Guérech pour Tours, afin d'obtenir la succession de Gautier, et l'assassinat du comte Hoel, se sont succédé dans un très court laps de temps, suivant toute vraisemblance en 981. En effet, ces événements ont immédiatement précédé la guerre que Guérech déclara à Conan de Rennes pour venger la mort de son frère, guerre qui se termina par la bataille de Conquereuil en cette année 981. D'autre part, on verra plus loin (ch. XLII) que Guérech, après la mort de Gautier et d'Hoel et tant qu'il vécut lui-même, retint en son pouvoir pendant sept ans l'évêché et le comté de Nantes. Il eut pour successeur comme comte de Nantes son fils

ut erat dolo plenus et nequitia, cum quodam milite suo, nomine Galuron, latenter locutus est, promittens ei munera magna ut Hoelum comitem aliquo modo perditionis interficeret. Addidit quoque illi, requirenti quo pacto id ageret, ne animadverteretur, ut cum aliquo de familia sua rixas faceret, et pro hac re insidians ei, dum extra urbem Redonis exiret, illum vulneraret, sicque, pro hoc facto ad Hoelum comitem Namnetis fugiens, credibilis reciperetur. Qui, ita ut commissum erat sibi per Conanum, ad Hoelum fugit, receptusque ab eo honorifice, hoc rumore audito, promisit ut conductor existeret idoneus ad bella contra Conanum agenda. Eodem tempore, Walterius, Namnetensis episcopus, defunctus erat, et in loco ejus a clero et populo Guerech, frater Hoeli comitis, Namnetensis episcopus electus est. Hic, in divinis litteris bene

appella secrettement un sien privé chevalier, nommé Galuron, et luy promist grands dons et loyers, afin qu'il occist ledit Hoel. Et pourtant que Galuron enquéroit le méan de ce faire sans ce que Hoel fust adverty, Conan luy admonnesta qu'il print noaise à aucun de sa famille, et le guettast quand il iroit hors la cité, puis le navrast et s'enfuist à Nantes audit Hoel qui le recevroit fablement. Si le fist Galluron, ainsi qu'il luy avoit esté commis, et fut receu honorablement par Hoel, quand il oït celle rumeur, et Galluron luy promist estre idoine conducteur à faire la guerre contre Conan. Et en celuy temps mourut Gaultier, l'évesque de Nantes, et fut en son lieu Guérech, frère du comte Hoel, lequel estoit bien instruict ès lettres divines, pourveu en toute science et assez idoine à ce mystère (*E*, p. 139). Pour quoy il appareilla toutes ses nécessai-

---

Alain, qui vécut très peu de temps et mourut certainement en 990 (voir plus loin, ch. XLIII). La mort de Guérech ne serait donc antérieure que d'une ou de deux années à celle de son fils Alain. En la plaçant en 988 environ, on arrive à dater l'avènement de Guérech comme comte de Nantes de 981, l'année même de la bataille de Conquereuil. Ces dates ne sont qu'approximatives; mais l'erreur qu'elles peuvent comporter ne saurait être de plus d'un an ou deux.

eruditus et in omni scientia bene providus, satis ad hoc ministerium erat idoneus. *Quapropter, omnibus necessariis suis paratis, Namnetis egressus est, ut, Turonensem archiepiscopum adiens[1], ab eo episcopalem consecrationem requireret, et prima nocte Varadis, territorii Namnetici villae, hospitatus est[a]: Et ille Hoel, ut audivit quod Guerech sic erat egressus[b], decrevit[c] ut ad cervos in saltu capiendos iret, et, quum saltui jam eadem die advesperascente, appropinquaret, praemisit[d] omnes milites suos, excepto solummodo capellano suo, qui sibi vesperas decantaret, ad hospitium sibi parandum. Prospiciensque Galuron omnes sic currere ad hospitia capienda, retro recessit descendensque ab equo simulavit sellam suam erudire. Qua erudita, finxit post*

res, et se parti de Nantes pour aller à l'archevesque de Tours lui requérir qu'il le consacrast en évesque. Et en la première nuict se logea à Varades, une ville du territoire de Nantes. En celui même jour que Guérech parti de la cité de Nantes, proposa son frère le comte Hoel que il iroit aux bois prendre cerfs et venaison (*F*, f° 135 r°); et, comme il approchast de la forest à la nuictant, il envoya tous ses chevaliers et tous ses familiers, fors seulement son chappellain qu'il retint à dire ses vespres, afin qu'ils luy préparassent son logis. Et adonc Galuron, veant que tous courroient ainsi devant s'arresta et descendit de cheval, feignant radresser sa celle, puis après remonta et fist semblant de courir après les autres. Le comte qui en oït le son regarda ar-

---

XL. — a) *quapropter, etc. usque ad hospitatus est desunt A D; addenda et restituenda esse videntur ex F.* — b) *electus A; egressus restituendum esse videtur ex F.* — c) *Pro* et ille Hoel, ut audivit quod Guerech sic erat egressus, *D, ex E (p. 139), errore substituit* nec multo post Hoel Namnetis egressus est. — d) *remisit D.*

---

1. On a ici une preuve, qui s'ajoute à plusieurs autres et montre que les évêques de Nantes ne reconnaissaient pas la suprématie de l'archevêque de Dol, mais étaient demeurés suffragants de l'archevêque de Tours.
2. Varades, Loire Inférieure, arr. Ancenis, chef-lieu de canton.

alios currere; cujus sonitum comes Hoel audiens, respexit retro; quo viso, speravit ut ejus socios sequeretur. Ille autem Galuron, vir diabolicus, currens comitem interfecit. Quo interfecto, dimissis armis suis et equo, in saltum fugit. Capellanus vero fugit ad milites, narravitque quomodo Galuron Redonensis comitem Hoelum interemerat º. Qua re audita, omnes deplorantes et valde tristes venerunt ad locum, ubi comes mortuus jacebat, scrutantesque per omnia loca saltum, minime illum maleficum invenerunt. Nox etenim jam proxima facta obcaecavit eos; redientesque valde lassi ad corpus, illud Namneticae urbi attulerunt et ibidem sepelierunt. Missisque legatis velociter post Guerech, fratrem suum, qui eadem die iter inceperat ad prosequendam electionem suam ¹, ei mandaverunt ut cito rediret.

rière, et quand il l'eut apperceu, il pensa qu'il suivist ses compagnons; mais Galluron s'approcha de luy, et en courant l'occist d'un glaive, et ce fait laissa Galuron ses armes et son cheval et s'enfuit au bois. Le chappellain que Hoel avoit retenu, veant ce misérable fait, courut aux chevaliers au logis, et leur raconta comme Galuron de Rennes avoit occis le comte. Lesquels plorans et moult tristes vindrent au lieu où il gisoit mort, et cherchèrent par la forest Galuron le malfaicteur; mais ils ne le peurent trouver, car la nuict qui estoit obscure les aveugla. Si retournèrent lesdits chevaliers moult travaillez au corps qu'ils portèrent à la cité de Nantes (*E*, p. 139 et 140), puix envoièrent hastivement leurs légats après son frère Guérech et lui mandèrent que tantost il retournast¹ (*F*, f° 135 v°).

XL. — o) *narravitque etc. usque ad interemerat desunt D.* — f) *pro ad prosequendam electionem suam, D, ex E* (p. 140), *substituit ad curiam Lotharii regis.*

---

1. Le Baud, dans son *Histoire de Bretagne* imprimée (*E*, p. 140), a ainsi traduit cette phrase : « et incontinent envoyèrent légats après son frère « Guérech, qui celuy propre jour s'estoit aussi party de Nantes pour aller à la « cour du roy Lothaire de France, et luy mandèrent qu'il retournast. » On

XLI.

Sicque nefanda proditione Hoelo comite interempto, Namnetenses Guerech, jam denominatum episcopum[1], in loco Hoeli, fratris sui, comitem super se constituerunt. Qui, providus in consilio, in bellis faciendis belligerator strenuus et in omni honestate validus et probus, episcopatum et comitatum Namnetensem in suis manibus retinuit et gubernavit[a]. Incipiensque adversus Conanum, Redonensem comitem, bellare valentius et fortius quam Hoelus, frater suus, egerat, illum aggressus est, omnia sua arripiendo et comburendo usque ad muros[b] Redonis. Adversus quem Conanus insurgens cum magna manu suorum et etiam[2] Norman-

Et ainsi Hoel le noble comte de Nantes occis, les Nantois constituérent comte et prince sur eux en son lieu ledit Guérech, son frère, qui jà avoit esté dénoncé évesque, lequel, comme dit a esté, estoit pourveu en conseil, et si estoit vaillant et noble batailleur et prudent en toute chose louable. Si recommença Guérech la guerre à l'encontre de Conan, le comte de Rennes, plus vertueusement que son frère n'avoit fait, et l'assaillit vaillamment en prenant et ravissant toutes ses choses jusques aux murs de Rennes; contre lequel s'esleva aussi Conan avec grand puissance et le poursuit jusques Conquéreux, une ville du territoire Nantois. Si com-

---

XLI. *A D E F.* — a) episcopatum et comitatum *etc. usque ad* gubernavit *desunt D.* — b) portas *A.*

---

a vu plus haut que Guérech était parti pour aller trouver l'archevêque de Tours et non le roi Lothaire. Le Baud a fait ici confusion et dom Lobineau a eu tort d'adopter cette leçon.

1. Guérech n'avait que le titre d'évêque désigné: il n'était pas encore consacré et ne le fut jamais (cf. chapitre suivant). C'est ce qui explique pourquoi il ne fut pas inscrit sur le catalogue des évêques de Nantes (cf. abbé Duchesne, *Catalog. épiscop. de la prov. de Tours*, p. 74).

2. On verra plus loin que, lors de la seconde guerre de Conan contre les

norum° prosecutus est eum usque ad Conquereus[1], Namnetici territorii villam, pugnantesque ibi ambo inter se valde acriter, tandem Conanus, in brachio graviter vulneratus, fugit devictus. Guerech vero, illo fugato, victor ad urbem Namneticam rediit: ne tamen in hoc bello multi perierunt de utraque parte. Deinde quomodo[d] Guerech fines Namnetici territorii, ultra Ligerim constitutos, cum Guillelmo, Pictavensi comite[2], dividens pacificavit, minime est silendum[3], sed,

batirent ces deux comtes avecques leurs pouvoirs ensemble, et fut la bataille dure entre eux ; mais enfin Conan, griefvement navré en un bras, s'enfuit vaincu, et Guérech, quand il l'eust chassé, s'en retourna glorieux à sa cité de Nantes. Toutesfois en celle bataille périrent et furent occis plusieurs d'une part et d'autre (*E*, p. 140). D'ilec en après divisa le comte Guérech de Nantes les territoires de sa comté, situez oultre le fleuve de Loire. Et on pacifia avecques Guillaume de

XLI. — c) et etiam Normannorum *desunt D*. — d) *deest D*.

Nantais en 992, les Normands vinrent également au secours du comte de Rennes.

1. Conquereuil, Loire-Inférieure, arr. Saint-Nazaire, canton de Guémené-Penfao. — Les Angevins, dans cette bataille, combattirent avec les Nantais contre les Rennais et les Normands. *Anno DCCCCLXXXI, Conanus curvus contra Andegavenses in Concurrum optime pugnavit* (*Chroniq. du Mont Saint-Michel*, Labbe, *Nova bibliotheca*, I, 350). Il résulte de ce texte que l'issue du combat dut être douteuse ; le chroniqueur de Nantes a peut-être exagéré le succès de Guérech. Suivant le *Chronicon britannicum*, la bataille daterait de l'année 982 (Dom Lobineau, *Histoire de Bretagne*, II, 32).

2. Guillaume Fièrebrace, fils de Guillaume Tête-d'Étoupes, comte de Poitiers de 963 à 994.

3. Ce traité, conclu entre Guillaume Fièrebrace et Guérech, est un renouvellement de celui que fit, vers 942, Alain Barbetorte avec Guillaume Tête-d'Étoupes (voir plus haut, ch. XXXII). Après la mort de Guérech, le comté de Nantes étant tombé entre les mains d'enfants mineurs, les seigneurs voisins en profitèrent pour violer les clauses de ce traité. Dès la fin du x° siècle, et surtout dans les premières années du xi°, les comtes de Poitiers étendirent leur suzeraineté sur la partie méridionale de l'Herbauge ; les vicomtes de Thouars s'implantèrent en Tiffauge et les comtes d'Anjou revendiquèrent les armes à la main la possession du pays de Mauge. Vers le milieu du xi° siècle, le comté de Nantes ne comprenait plus au sud de la Loire qu'une bande de territoire répondant aux deux doyennés de Retz et de Clisson. C'est pourquoi

sicut tunc temporis divisi fuerunt, posteris nostris notificare debemus, quamvis haec omnia a Pictavensibus invadantur. Fuerunt autem hi fines terminati per haec denominata loca, videlicet Medalgicum, Teofalgicum et Herbadillicum cum suis pertinentiis a flumine Ladionis, in Ligerim descendente, usque ad Irumnam flumen, et usque ad Petram frictum et Ciriacum, et flumen Lodii, quod in mare occidentale decurrit ᵒ.

Poitiers, combien qu'ils eussent esté occupez par les Poitevins, et en furent les fins terminées ès lieux dessusnommez, c'est assavoir en la manière que elles avoient esté par avant entre le duc Allain Barbetorte, père Guérech, et Guillaume, surnommé Teste d'Estouppes, comte de Poitiers (*F*, fᵒ 135 rᵒ).

XLII ¹.

His autem temporibus, ecclesia Namnetica a pastore vidua VII annis remansit, et fuit semper in potestate et manibus Guerech derelicta;

En cest temps demoura l'église de Nantes veufve de pasteur par l'espace de sept ans et fut tousjours délaissée en la puissance du comte

XLI. — *o*) minime est silendum *etc. usque ad* decurrit *desunt D*.
XLII. *A F*.

---

le chroniqueur de Nantes, qui écrivait en 1060 environ, constate que de son temps toute la contrée, comprise entre le Lay, l'Ir onne et le Layon, autrefois soumise à Guérech, était envahie par les Poitevins. Le Baud, dans sa traduction, a commis un contre-sens en interprétant les mots *quemvis haec omnia a Pictavensibus invadantur*. — Ce traité doit appartenir aux premiers temps de l'administration de Guérech et être peu postérieur au combat de Conquereuil : il peut être par conséquent daté de 983 environ.

1. Dom Lobineau a omis, dans son édition, la plus grande partie de ce chapitre. Il s'est contenté de mettre en latin le texte de Le Baud, tel qu'il se lit dans l'*Histoire de Bretagne* imprimée (*E*, p. 140). Mais Le Baud, en cet endroit, ne fait que résumer en quelques mots le récit de la Chronique de Nantes.

cujus destructionem valde deplangens, omnia quae de episcopatu habere potuit, in ejus restitutionem dispensavit ; namque a fundamentis hujus ecclesiae caput destructum reficiens, illud refectum cooperire procuravit [1], *pluraque alia quae usque hodie apparent restituit* [a], et multa alia bona fecit. Quum autem ad curiam regis Lotharii [2] perrexisset et inde rediret per pagum Andegavensem, a Gosfrido Grisonella [3] comite, per omnes vias ei tendente insidias, captus est, et ab ejus captione minime valens exire, nisi urbem Namneticam et partem Britanniae, quam Guérech, lequel pleignant grandement sa destrucion despensoit en la réédifficacion d'elle toutes les choses qu'il povoit avoir et lever de l'évesché, et tant que icelle destruitte dempuix le superfice jucques au fundement, réforma du tout en tout et y restitua maintes autres choses qui jusques au jour de huy y appairent. Et après l'accomplissement de ces choses et de pluseurs autres s'en alla le comte Guérech à la court du roy Lotaire de France. Et, comme il en retournast par le païs d'Angeou, Geoffroy Grisgonelle, comte d'Angiers, qui en toutes manières contre

XLII. — a) pluraque *etc. usque ad* restituit *desunt A; addenda et sic restituenda esse videntur ex F.*

1. Le chevet de la cathédrale de Nantes, reconstruit par Guérech, n'existe plus qu'en partie. Il avait été édifié au dessus d'une crypte que des fouilles récentes ont mise au jour. Cette crypte, dont le plan reproduit celui de l'église supérieure aujourd'hui disparue, est un curieux spécimen de l'architecture religieuse à la fin du xe siècle. Elle offre un des plus anciens exemples de déambulatoire entourant l'abside d'une grande basilique.

2. Le roi Lothaire mourut le 2 mars 986. C'est pour prêter hommage au roi que Guérech dut faire ce voyage à la cour ; la date du récit qui va suivre est donc de 983 environ (voir la note suivante).

3. Geoffroi Grisegonello, comte d'Angers de 960 à 987. Comme en témoigne la suite de ce récit, c'est certainement, afin de se soustraire à la suzeraineté du comte d'Angers, que Guérech voulut prêter directement hommage au roi de France pour le comté de Nantes. Quelques années plus tard, le comte de Rennes, Geoffroi-Bérenger, désireux d'affirmer son indépendance vis-à-vis du comte de Chartres, vint de même à Paris se reconnaître vassal du roi Robert. Cf. R. Merlet, *Origines du monastère de Saint-Magloire de Paris*, Bibl. de l'École des Chartes, t. LVI, 1895.

Fulco Ruffus[1] comes tenuerat, ab illo prius reciperet, timens ne unquam de captione illa evadere posset, fecit sicut ille Gosfridus postulavit. Sicque Guerech, per Medalgicum pagum rediens, Rainaldum, cognomine Turringum[2], ibi ursos, apros et cervos cum canibus insequentem, reperit, ac illum captum usque ad urbem Namneticam secum adduxit. Calumniansque illi, sui juris saltus invadenti, promisit jurejurando nunquam ?lum a captione sua evasurum, nisi sibi fidem faceret ut non amplius, sine licentia ejus, in saltus totos Medalgici pagi pro venatione capienda intraret. Rainaldus hoc audiens cum eo tale pactum fecit ut de omni venatione, quam in illis saltibus capere posset, comes Guerech medietatem haberet. Sicque inter eos hoc pacto, Rainal-

lui avoit tendu ses espies, le print sans ce qu'il s'en donnast garde, et l'on emmena en la cité de Angiers, lui certifiiant qu'il ne povoit issir de ses mains, si tout premièrement il ne lui rendoit la cité de Nantes et celle partie de Bretaigne que Fulco le Roux, son père, avoit tenue et possidée. Si fut Guérech grandement triste et doloreux, quand il entendit ainsi parler ledit Geffroy, comte de Angiers, et, creignant que jamais il ne peust eschapper de la prison, fist serment de accomplir ce que Geffroy lui requéroit. Et ainsi fut délivré le comte Guérech, lequel en s'en retournant par le païs de Médalgie, trouva illecques Reinaldus, seurnommé Turignum, ensuivant avecques ses chiens les ours, les sengliers et les cerffs. Si le print Guérech et l'amena jucques à

---

1. C'est Foulques le Bon, père de Geoffroi Grisegonelle, qui fut, pendant quelques années, suzerain d'une partie de la Bretagne et du comté de Nantes (voir plus haut, ch. XXXVII). Foulques le Roux, grand-père du même Geoffroi, n'eut jamais aucun droit sur la Bretagne ni sur Nantes.

2. Renaud Torench est connu par plusieurs chartes des cartulaires de Saint-Florent de Saumur et de Saint-Maurice d'Angers. Il était père de Renaud, qui fut évêque d'Angers de 974 à 1005. Renaud Torench mourut lui-même avant son fils. Cf. Marchegay, *Archives d'Anjou*, I, 282 ; Mabille, *Introduction aux chroniques des comtes d'Anjou*, p. LXXVI, note 1, LXXIX et LXXX.

dus ad domum suam liber rediit. Postea vero, ad ejus curiam veniens, petivit ut apud Castrum Celsum¹ domum sibi propter commoditatem Ligeris ad hospitandum facere concederet. Qui vero, ei minime credens, omnino illa denegavit: ac tamen post mortem Fulconis filii, Gosfridi Grisonellae², concessionem eam firmam et omni praesidio munitam perfecit³. Eo autem tempore quo comes Guerech curiam regis Lotharii ᵇ expetiit, uxor ejus Aremburgis castrum Ancenisii⁴ composuit, habens secum Alanum, filium suum, Puerum⁵ advocatum, quod, dum vixit, in dominicatu suo retinuit. Guerech vero, a regis curia reversus, acrius et fortius comitem Conanum Redonensem quam antea consue-

la cité de Nantes, et, en débatant le droit de son boays, promist Guérech audit Reinaldus par serment que jamais il n'eschapperoit de sa prison, s'il ne lui faisoit foy que nullement sans sa licence il n'entreroit en touz les boais de Médalgie pour prendre venaisons. Pour quoy Reinaldus fist avecques lui tel convenant, c'est assavoir que de toute la venaison qu'il pourroit prendre en iceulx boais, le comte Guérech en auroit la moitié. Et ce marchié ainsi fait entre eux, Reinaldus s'en retourna franc à sa maison. Et dempuix retourna à la court du comte Guérech auquel il demanda qu'il lui otriast licence de faire une maison à Chasteceaux pour soy herberger pour le proffit de Laire ; mais certainement

XLII. — b) *deest .1 ; addendum esse videtur ex F.*

1. Champtoceaux, Maine-et-Loire, arr. Cholet, chef-lieu de canton.
2. Geoffroi Grisegonelle mourut le 20 ou le 21 juillet 987. Cf. Marchegay et Mabille, *Chroniques des églises d'Anjou*, p. 9, note 1, et p. 21.
3. Le Baud, dans sa traduction, a fait ici un contre-sens. Le chroniqueur de Nantes fait allusion à la construction du donjon de Champtoceaux par Renaud Torench, et non à une concession faite audit Renaud par le comte Guérech.
4. Ancenis, Loire-Inférieure, chef-lieu d'arrondissement.
5. Alain devait être alors très jeune. Guérech, en effet, n'épousa Aremburge qu'après l'année 981, alors qu'il eut renoncé à se faire sacrer évêque de Nantes.

verat debellavit, ita ut Conanus nullum locum tutum haberet praeter Redonensem civitatem[1].

il ne lui voult sa requeste ottrier, ains de tout en tout la lui reffusa. Toutesfois, après la mort de Geffroy Grisgonelle, filz Fulco le Roux, comte de Angiers, lui en parfist-il la concession ferme et entière. Celuy temps, pendant que le comte Guérech fut à la court de Lothaire, roy de France, fust le chastel d'Ancenix composé et édiflié par Aremburgis, sa femme, qui avecques elle avoit son filz appellé Allain, lequel, tant comme il vesquit, le retint en son domaine (F, f° 136 r° et v°. En après, (selon le souvent nommé acteur des Chronicques de l'église de Nantes,) guerroya Guérech le comte Conan de Rennes plus aigrement et plus fort qu'il n'avoit fait par avant, si que Conan n'avoit nul lieu seur à se deffendre, fors la cité de Rennes (E, p. 140).

XLIII.

Mais Conan, qui estoit subtil et plein de toute tricherie, voyant que riens ne lui prouffitoit contendre avec Guérech par batailles ne par autre deffense, manda à Héroicus, abbé du monastère de Redon[2], qu'il se transportast à

Mais adonc ledit Conan, se veant ainsi grevé par les assaux de Guérech, manda Héroicus, abbé de Redon, venir à luy à Rennes, auquel il fit grands complaintes du comte Guérech, et enfin le pria qu'il l'empoisonnast; Héroi-

XLIII. E F.

1. Cette seconde guerre des comtes de Nantes et de Rennes, ayant précédé immédiatement la mort de Guérech, doit être de 987 environ.
2. Héroïc n'est pas signalé dans le *Cartulaire de Redon*. Mais il n'y a pas lieu pour cela de nier son existence en tant qu'abbé de ce monastère. Le Cartulaire de Redon, en effet, ne renferme aucun acte se rapportant à la période de temps, comprise entre l'an 924 et l'an 990, et aucun abbé n'y est

lui à Rennes. Lequel Héroicus, quant il fut en sa présence, il lui enquist pour quelle cause il l'avoit fait venir, et Conan, qui touzjours fut frauduleux, luy sermonna en maintes manières de langage, lui fesant complainte du comte Guérech, qui gastoit sa terre, et, en la parfin, le promist enrichir de grans dons, affin qu'il l'envenimast et occist; quar il estoit médicin et avoit de coustume fréquenter la court dudit Guérech et de le seigner. Adonc Héroicus, corrompu par les promesses de Conan, lui promist ces choses acomplir et vint à la court du comte de Nantes, auquel il remonstra qu'il vouloit faire un loingtain voiage, duquel il ne seroit retourné de long temps, lui ennortant qu'il se feist seigner. Si se appareilla le comte à celle chose, et lors print l'abbé Héroicus une lancette envenimée de laquelle il le seigna au bras, et ce fait demanda licence de s'en retourner. Et après son cus estoit médecin et fréquentoit la court de Guérech, lequel il avoit de coustume de seigner. Si fut Héroicus découpar les dons de Conan et luy promist ainsi faire. Pourquoy il se transporta à Nantes, et, quand il y fut, remonstra au comte Guérech qu'il ne pouvoit illecques longuement demourer et n'y pourroit de longtemps retourner; par ce conseilloit-il qu'il le soignast. Le comte Guérech, quand il l'out oy, s'appareilla à ce faire, et l'abbé print une lancette envenimée, dont il luy ouvrit la veine du bras, puis demanda congé et s'en retourna. Lors commença le bras à enfler au comte, lequel, esmerveillé que ce signifioit, le monstra à ses chevaliers, qui, cognoissans la fraude de l'abbé, luy prièrent qu'ils le luy transchassent; mais il le leur deffendit, disant qu'il recevroit la fin que Dieu luy avoit donnée, et, laissant tout l'honneur de sa comté à son fils Alain, mourut ainsi envenimé. Si fut après sa mort

---

mentionné entre Adémar, qui vivait en 924, et Thibaut, qui gouvernait l'abbaye au temps où Conan était duc de Bretagne (voir p. 309), c'est-à-dire entre 990 et 992. Héroïc aurait donc été le prédécesseur immédiat de Thibaut.

département commença le bras du comte à enfler. De laquelle chose il fut moult esmerveillé et à touz ses hommes monstra ce merveillable fait, leur enquérant que ce signifioit. Lesquelx, cognoessans assez la fraude et la mauvaiseté de l'abbé Héroicus, le prièrent qu'ils luy transchassent le braz, car autre remide ne povaient trouver pour sauver sa vie; mais iceluy comte Guérech leur deffendit ceste chose, disant qu'il vouloit recevoir la fin telle que Dieu la luy avoit donnée, et délaissant tout son honneur à son filz Allain qu'il avoit de Aremburgis, sa femme, ainsi envenimé trespassa de ce siècle et fut ensevéli à Redon[1]. Et peu de temps après son filz Allain, détenu de grieve enfermeté mourut[2]. Et ainsi fut estainte toute la lignée de ensépulturé à Redon, et peu après ledit Alain, son fils, mourut de maladie. Et ainsi fut estainte toute la progénie de Barbetorte, et n'en demoura nuls fors deux enfans, fils du comte Hoel, appellez Judicael et Hoel, qu'il avoit eus d'une concubine, et lesquels leur ayeulle nommée Judith nourrissoit (*E*, p. 140).

---

1. La mort de Guérech est de 988 environ (cf. plus haut, p. 114, note 3). La légende, rapportée ici par le chroniqueur de Nantes, est contredite en partie par le fait même que Guérech fut enterré à Redon, dont Héroic était abbé. Le récit de la mort d'Hoël (ch. XL) a aussi un caractère légendaire très accentué. Il est certain que la fin prématurée des deux frères Hoël et Guérech dut faire une profonde impression sur l'esprit de leurs contemporains. Leur disparition procurait de si grands avantages au comte de Rennes, qu'il parut tout naturel de regarder ce prince comme la cause première de leur mort. Mais la vérité de ces bruits populaires est loin d'être démontrée (voir, au sujet d'accusations d'empoisonnement, faites à la même époque à l'occasion de la mort imprévue du roi Lothaire et de son fils Louis V, Lot, *Les derniers Carolingiens*, p. 166, note 3).

2. Alain, fils de Guérech, mourut en 990 (voir chap. XLIV). A sa mort, il ne restait plus pour gouverner le pays de Nantes que deux fils bâtards du comte Hoël. Ceux-ci, en droit, n'étaient pas aptes à hériter du fief de leur père. Conan de Rennes, soutenu par son suzerain Eudes de Chartres, en profita aussitôt pour mettre la main sur Nantes. De son côté, Foulques d'Angers voulut faire valoir, par la force, les droits que ses ancêtres avaient toujours revendiqués sur le comté de Nantes. Telle fut la véritable cause de la guerre dont le récit fait le sujet du chapitre suivant.

Barbetorte et n'en demoura nuls fors deux enffens, fils du comte Hoel, appellez Judicael et Hoel, qu'il avoit euz d'une concubine et lesquelx leur aïeule appellée Judith nourrissoit (*F*, f° 136 v°).

XLIV.

Adonc, s'esleva de touz points Conan, le comte de Rennes, qui lors envay et occuppa toute Bretaigne et la retint en sa puissance. Car, après ce qu'il eut par force d'armes submises à luy toutes les contrées d'icelle, en la parfin il vint à la cité de Nantes avecques grant exercite et print le chastel où le duc Allain Barbetorte et ses deux filz Hoel et Guérech, successivement comtes de Nantes, avoient habité[1]. Lequel chastel Conan commist et bailla en garde à Auriscandus[2], l'é-

Adonc Conan s'eslevant print et saisit toute Bretagne, sans que nul la deffendist, et la tint en sa puissance, puis vint à la cité de Nantes avecques grand exercite et print le chasteau où Alain Barbetorte et ses fils Hoel et Guérech avoient habité, lequel il commist en la garde d'Auriscandus, évesque de Vennes, et, en l'anglet de celle cité en la partie occidentale près Loire, en édifia premièrement un autre, qui maintenant est appelé le Bouffay, et tint ladite cité deux ans,

XLIV. *E F*.

---

1. La date de la prise de Nantes par Conan est de la première moitié de l'année 990. Le chroniqueur de Nantes dit en effet que Conan retint pendant deux ans la cité de Nantes en son pouvoir, jusqu'à sa mort arrivée le 27 juin 992. D'autre part, aussitôt qu'il se fut emparé de Nantes, Conan se fit proclamer duc de Bretagne, et une charte témoigne que son élection est antérieure au 28 juillet 990 (voir plus loin, p. 128, n. 2). La mainmise par Conan sur le comté de Nantes étant une conséquence immédiate de la mort d'Alain, fils de Guérech, il en résulte qu'Alain lui-même décéda probablement dans les premiers mois de 990.

2. Auriscand est signalé comme évêque de Vannes depuis 971 jusqu'en 990. Il mourut entre le 28 juillet 990 et le 27 juin 992. Cf. *Gallia christiana*, t. XIV.

vesque de Vennes, et fist premièrement, en l'anglet d'icelle cité vers la partie occidentelle jouste le fleuve de Laire, édiffier ung autre chasteau, lequel est maintenant appellé le Bouffay[1]. Et après ces choses se fist Conan duc sur les Bretons[2] et régenta toute Bretaigne universelment, et tint laditte cité de Nantes par deux ans. Mais Haymon le vicomte[3], qui frère estoit desditz Hoel et Guérech, non pas d'un mesme père, mais de leur mère Judith, grandement pleignant la mort de ses frères, s'en alla à Angiers à Fulco, filz Geffroy Grisgonelle, comte d'Angeou[4], et, Mais après le vicomte Hamon, plaignant grandement la mort de ses frères, Hoel et Guérech, non pas qu'il fut engendré d'Alain Barbetorte, leur père, mais fils de Judith, leur mère, s'en alla à Foulques, comte d'Anjou, fils de Geffroy Grisegonne, et luy raconta comment Conan, comte de Rennes, avoit frauduleusement occis ses frères, Hoel et Guérech et occupé la cité de Nantes, qui estoit du droit de leur père. Lesquelles choses ainsi par Hamon rapportées à Foulques, qui lors estoit jouvenceau de l'aage de vingt ans et fort en armes, il luy promist aider à venger leur mort et à requérir la cité

---

1. Le Bouffai fut construit par Conan au confluent de la Loire et de l'Erdre. En 1748, l'abbé Travers écrivait : « Il reste encore quelques murs et tours de « ce château ; la rivière d'Erdre, qui en lavait la cornière, ayant été détournée « depuis peu, coule un peu plus bas » (*Histoire de Nantes*, I, 180). Les derniers vestiges de ce château ont disparu vers 1850.

2. L'élection de Conan comme duc de Bretagne eut lieu en 990, antérieurement au 28 juillet. A cette date, en effet, Conan prend le titre de prince des Bretons et apparaît entouré des neuf évêques de Bretagne, auxquels il ordonne de confirmer une donation qu'il venait de faire à l'abbaye du Mont-Saint-Michel (dom Lobineau, *Histoire de Bretagne*, II, 94-95). On voit par ce même acte du 28 juillet 990 qu'il y avait alors à Nantes un évêque nommé Hugues, qui avait été élu après la mort du comte Guérech. Hugues est inscrit sur le catalogue des évêques de Nantes entre Gautier et Hervisus. Cf. abbé Duchesne, livre cité. p. 66.

3. On ignore de quel pays était vicomte Haimon, frère utérin des comtes Hoël et Guérech. Il fut tué le 27 juin 992 à la bataille de Conquereuil. Cf. *inferius*.

4. Foulques Nerra, comte d'Angers de 987 à 1040. Cf. de Salies, *Histoire de Foulques Nerra, comte d'Anjou*, 1874, in-8.

en soy compleignant, luy raconta comment Conan, comte de Rennes, avoit occis ses frères Hoel et Guérech et frauduleusement trayz, et aussi avoit envaye et occupée la cité de Nantes, lui appartenante par le droict de ses pères. Lesquelles choses ainsi rapportées par le vicomte Haymon, Fulco, lors juvenceau de l'asge de vingt ans[1] et puissant en armes, lui promist venger la mort de ses frères et reconquérir la cité de Nantes indeument par Conan occupée. Si assembla lors pour ce faire grand exercite d'Angeou, de Poitou, du Mainne et de toutes les provinces voisines[2], et vint à la cité de Nantes, laquelle il assègea de toutes parz ou moys de juign, et devant icelle tint son siège par l'espace de trois sepmaines[3]. Adonc esmeut de Nantes. Si assembla grand exercite et vint à ladite cité qu'il assiégea au mois de juin et y tint le siège trois semaines. Et adonc esmeut Conan aussi de sa part son exercite et manda à Foulques que, s'il ne se départoit de devant ladite cité, qu'il feroit bataille contre lui. A quoy Foulques respondit qu'il estoit appareillé de combattre contre luy en la grande lande de Conqueruz, dont autres foiz il s'en estoit fuy. Lors vint premier Conan en celle lande attendre Foulques, et cependant firent les Bretons un grand parfont et large fossé par le milieu d'elle, afin que les Angevins, les Poitevins et les Nantois, qu'il avoit assemblez, ne pussent passer à eux; et, leurs chevaux délaissez aussi, leurs lances retranchées par le milieu, se

---

1. Il résulte de ce récit digne de foi que Foulques Nerra dut naître en 971 ou 972. Ce fait est confirmé par une curieuse charte de Saint-Aubin d'Angers, datée de 988, où Foulques est appelé *elegantissimus juvenis*. Cf. Marchegay et Mabille, *Chroniques des églises d'Anjou*, p. 21, note 3. M. de Salies (livre cité, p. 7) dit qu'il ignore l'année et le lieu de naissance de Foulques Nerra. Ce passage de la chronique de Nantes résout l'une de ces difficultés.

2. Dès le début de l'an 992, avant d'assiéger Nantes, Foulques Nerra avait envahi et dévasté le pays de Blois, fief du comte Eudes de Chartres, qui était le suzerain de Conan de Rennes et soutenait les prétentions de son vassal sur la ville et le comté de Nantes (cf. Richer, IV, 79).

3. La date exacte de l'investissement de Nantes par Foulques Nerra se

meut Conan tout l'exercite de Bretaigne et manda à Fulco que s'il ne se départoit de la cité de Nantes que il combatroit avecques luy. A laquelle chose respondi Fulco qu'il estoit appareillé de commettre bataille contre lui en la grande lande de Conquereuz, où il avoit esté navré et desconfit par avant comme dit est[1]. Lors Conan, cestes choses ouyes, avecques ses Bretons vint premièrement en celle lande et illecques se disposa attendre le comte Fulco et sa puissance, qui leva son siège de Nantes pour illecques venir ; et entre ces choses les Bretons foïrent un grant parfont et large fossé par le milieu d'icelle lande, affin que les Engevins ne poussent à eulx passer légièrement ; et, touz leurs chevaulx délaissez et leurs lanpréparèrent en celle manière deffendre. Et Foulques, le comte d'Anjou, d'autre part, quand il fut venu au lieu assigné pour la bataille, après ce qu'il eut tous les siens appareillez et très sagement ordonnez, commanda que l'enfant Judicael, fils du comte Hoel, luy fust présenté, et, quand il le tint entre ses bras, il rapporta devant tous que le droict de la cité de Nantes plus droictement et plus justement luy appartenoit qu'à quelconque autre : puis après commist et bailla de sa main la bannière et l'enseigne au vicomte Hamon, oncle d'icelny Judichael, afin qu'il les portast à la bataille, pour faire la vengeance de ses frères et pour acquérir le droict de son neveu. Et ces choses ainsi ordonnées, vint Foulques

---

place entre le 1er et le 5 juin 992 ; car le combat de Conquereuil, qui eut lieu un peu plus de trois semaines après, fut livré le 27 juin. — Richer fournit des détails assez circonstanciés sur le siège de Nantes. Foulques Nerra s'empara par trahison de la ville, mais il ne put se rendre maître du château, où Conan avait établi dès 990 une garnison dévouée à sa cause (voir plus haut, p. 127). Aussitôt que Conan eut appris que Nantes s'était rendu à Foulques, il vint à son tour en faire le siège avec une armée de Bretons et une flotte de Normands. C'est alors que les deux antagonistes, d'un commun accord, résolurent de vider leur querelle dans les landes de Conquereuil. Cf. Richer, IV, 81-86.

1. Voir plus haut, ch. XLI.

ces retranschées par le my-
lieu, ainsi appareillèrent se
deffendre. Et Fulco d'autre
part quand il eut touz les
siens appareillez et très sagement ordonnez à faire ba-
taille, il se fist présenter Judicael, l'enfant du comte
Hoel[1], et recorda à touz, es-
piciallement aux Nantais qui
là estoient de sa part, que à
lui plus justement et plus
droituriérement appartenoit
la cité de Nantes que à nul
autre quelconque; puix print
de sa main la bannière por-
tant le signe de ses armes et
la comist et bailla à Haymon
le vicomte, oncle de cestui
Judicael, affin qu'il la portast

finalement au lieu dessusdict,
et, entrant en la lande, environna la fosse que les Bretons luy avoient faite, lesquels
il assaillit par grand impétuosité et les desconfist et
chassa. Si cheut le comte Conan occis. Aussi y mourut de
la part de Foulques le vicomte
Hamon qui portoit l'enseigne;
et ledit Foulques mesmes et
le vicomte de Thouars y furent navrez. [Ainsi rapporte
le dessusdit acteur des Chronicques de l'église de Nantes
la manière de celle bataille.]
(*E*, p. 111).

à la bataille pour faire la vengeance de la mort de ses frères
et acquérir le droit de son neveu. Et ces choses ainsi faittes,
chevaucha Fulco fiablement au lieu devant dit pour venir à
ceste bataille, et, entrant en la lande, environna des siens
le fossé que les Bretons y avoient fait et les ditz Bretons
vigoureusement assaillit. Mais il ne les trouva pas sans résis-
tance. Car de première vue ilz se deffendirent par tel har-

---

1. Judicaël était alors âgé de douze ans au moins, car son père Hoël, mort en 981, avait eu un second fils nommé Hoël (voir chap. précédent, *ad finem*). D'autre part, Judicaël n'avait pas encore quinze ans, âge de majorité pour les princes bretons (voir plus haut, ch. XXXVII, où il est rapporté que Drogon, fils d'Alain Barbetorte, fut confié au comte d'Angers, jusqu'à ce qu'il eût atteint quinze ans, c'est-à-dire sa majorité). Judicaël, en effet, après le combat de Conquereuil, fut pendant un an ou deux placé sous la tutelle du vicomte de Thouars, Haimeri, qui prit alors le titre de comte de Nantes. En 994, Haimeri ne porte plus dans les chartes que le simple titre de vicomte de Thouars. Il en résulta qu'à cette date Judicaël était devenu majeur. Ce prince naquit donc au plus tôt en 978 et au plus tard en 980.

dement qu'ilz emplirent leurs fossez de leurs ennemis mors et navrez, et illecques Haymon le vicomte, oncle Judicael, qui portoit l'enseigne cheut mort avecques mains autres de la partie Fulco. Mais Conan, le prince des Bretons, homme bouillant, chault et peu amoderé par trop se aventurer aux dangiers de ses adversaires, fut illec navré et occis. Après la mort duquel perdirent les Bretons toute espérance de vittoire, et tristes et dollens se mirent à fuir, et le comte Fulco, avecques ses gens qui de la bataille estoient eschappez, s'en retourna à petit de triumphe, car lui, le vicomte de Thouars[1] et presque touz leurs gens avoient esté griefvement navrez en celle bataille[2] (*F*, f° 137 r° et v°).

XLV.

Après que Geffroy, [fils de Conan, comte de Rennes], fut par les Bretons receu duc de Bretagne[3], il assembla son exercite pour venger la mort de son père et pour acquérir le droict de la cité et du ter-

Geffroy, [fils de Conan, comte de Rennes et duc de Bretagne], se voiant servi et amé des Bretons en soustenant la querelle de Conan, son père, à l'encontre de Judicael, compte de Nantes,

XLV. *E F*.

1. Haimeri III, vicomte de Thouars de 987 à 997. Cf. Imbert, *Notice sur les vicomtes de Thouars*, Niort, 1867, in-8, p. 12-14.
2. La date exacte du combat de Conquereuil (27 juin 992) est donnée par le *Chronicon britannicum*: Anno DCCCCLXXXXII, secundum bellum Britannorum et Andegavorum in Concruz, ubi occisus est Conanus, Britanniae consul, V kalendas julii (dom Lobineau, *Hist. de Bretagne*, II, 32. — Cf. *Chronique du Mont-Saint-Michel*, Labbe, *Nova bibliotheca mss.*, I, 350). — Tout ce récit est en concordance absolue avec celui de Richer, contemporain de l'événement (liv. IV, ch. 83-86). Les deux narrations se complètent et se confirment mutuellement. On a ici une preuve que le chroniqueur de Nantes a emprunté son récit à une source d'origine contemporaine et entièrement digne de foi.
3. Geoffroi-Bérenger, comte de Rennes de 992 à 1008, duc de Bretagne vers 995.

ritoire de Nantes, lequel exercite il mena assaillir Judichael, le fils du comte Hoel, qui, après la bataille de Conqueruz, par l'aide du dessusdit Foulques et du vicomte de Thouars, avoit conquis ladite cité de Nantes sur les chevaliers que Conan avoit députez à la garder, lesquels, certifiez de sa mort, l'avoient rendue audit Judichael, qui s'en appelloit[1] comte. [Et dit l'acteur du livre des miracles et chronicques de l'église de Nantes que] Geffroy de Rennes, faisant batailles contre Judichael, comte de Nantes, avecques grand exercite de Bretons, dégasta tout ledit territoire nantois. Finalement contraignit celuy duc Geffroy par sa force ledit Judichael se rendre à sa mercy, auquel toutesfois il laissa posséder la cité de Nantes et toute la comté, parce qu'il promist la tenir de luy et luy entreprint de grant corage la guerre à l'encontre de lui et de Fulco, comte de Angiers, avecques touz ses autres complices et alliez, et faisans batailles à l'encontre dudit comte Judicael pour venger la mort de son père Conan avec grant exercite de Breto gasta toute la comté de N..ntes. Tant contreigny le duc Geffroy celui comte Judicael de Nantes par puissance d'armes et par batailles souvent faittes et reco..mencées que Fulco, le comte de Angiers, ne les autres tenans la secte dudit Judicael ne le peurent préserver ne deffendre qu'il ne lui conveneist cheoir et venir en la miséricorde du duc Geffroy. Car il vint à luy à mercy, lui dépriant qu'il lui laissast sans contens posséder le comté de Nantes et il le tendroit de lui, et lui en feroit obeissance. Si lui pardonna Geffroy son

---

1. Sur la reddition du château de Nantes à Foulques d'Angers, cf. Richer, IV. 86. Foulques confia la tutelle du jeune Judicaël au vicomte de Thouars, Haimeri, qui, dans une charte de l'abbaye de Bourgueil de 993 environ, s'intitule *comes Namneticae civitatis* (dom Lobineau, *Hist. de Bretagne*, II, 97. — Voir aussi Marchegay et Mabille, *Chroniques des églises d'Anjou*, p. 259 et 262). Au mois d'août 994, Haimeri n'est plus désigné que comme vicomte de Thouars (cf. Marchegay, *Archives d'Anjou*, I, 246). Il avait donc dès lors abandonné l'administration du comté de Nantes à Judicaël devenu majeur.

en faire obéissance ¹ (E, p. 143). maltalant et par le conseil de ses barons lui ottria sa demande par la condition dessus ditte, c'est assavoir qu'il le tendroit de lui et lui en feroit obéissance avec recognoessance. Et ce fait furent pacifficz Goffroy et Judicael, et par ainsi demoura par aucuns temps Bretaigne sans guerre (F, f° 137 v° et 138 r°).

XLVI.

Comes vero Judicael ª, quum ad curiam comitis Gosfridi Redonensis pergeret, in via nefanda proditione interemptus est, et Herveus, episcopus Namnetensis, apud castrum Blesii vitam finivit ². Urbs

Ainsi qu'une fois [ledit Judichael] alloit à la court [de Goffroy, selon les chronicques de l'église de Nantes,] il fut occis en la voye par très détestable trahison. Et en ce mesme temps mourut

XLVI. C D E. — a) Judichaelus C.

---

1. C'est pour obtenir l'hommage du comte de Nantes et faire prévaloir son titre de duc de Bretagne que Geoffroi fit la guerre à Judicaël. Foulques Nerra, au dire de Richer, entra alors en lutte avec le comte de Chartres, qui soutenait la cause de son vassal, Geoffroi de Rennes. Le récit de Richer permet de déterminer la date approximative de l'envahissement du comté de Nantes par Geoffroi. C'est en 994-995 que Foulques d'Angers et Eudes de Chartres se disputèrent au sujet de la suzeraineté de la Bretagne, *de principatu Britanniae* (Richer, IV, 89-93). La lutte entre Judicaël et Geoffroi doit être de la même époque, et l'on peut fixer à 995 environ l'année où Judicaël vaincu se vit contraint de prêter hommage au comte de Rennes.

2. Hervisus, évêque de Nantes, apparaît à la cour des comtes de Chartres et de Blois dans deux actes, dont l'un peut être daté certainement des derniers mois de l'année 1003 (ces deux actes ont été publiés, mais mal datés, par M. Lex, *Eudes, comte de Blois* dans les *Mém. de la Soc. Acad. de l'Aube*, 1891, p. 317-318). Le 2 février 1004, Hervisus était à Chartres (*Cart. de Saint-Père de Chartres*, p. 103). C'est après être retourné de Chartres à Blois qu'il mourut en cette ville, comme en témoigne la chronique de Nantes. La mort de Judicaël, qui arriva dans le même temps, se place donc en 1004 environ. Judicaël n'avait alors que 25 ans (voir plus haut, p. 131, note 1). Il laissait deux enfants, Budic, qui lui succéda, et Judith, qui épousa plus tard Alain Cagniart, comte de Cornouaille. Budic n'avait

autem Namnetica, sic de talibus principibus viduata et prorsus in desolatione relicta, post paucos dies recuperavit principes sanctae Dei ecclesiae satis deteriores. Ili videlicet Walterius et Budicus nomine appellantur; qui Walterius[1], natus ex territorio Redonensi et nutritus miles in curia comitis Britanniae Gosfridi, dono ejus efficitur episcopus Namnetensis. Budicus vero[2], filius Judicaeli[b], comitis Namnetensis, in urbe Namnetica comes constituitur. Sed Walterius episcopus, hunc super se principem et comitem urbis Namneticae, eo[c] quod ex concubina natus erat, contemnens adesse, multitudine Britonum fretus, bella contra eum voluit facere, et urbem et comitatum tentavit ei auferre. Nam comitis Fulconis saepe repetens curiam et servitium pro terris

aussi Hervé, évesque de Nantes, et fut ainsi celle cité privée de ses princes, et presque du tout délaissée en desolation, laquelle peu de jours après en recouvra deux autres plus contraires à saincte église, c'est à sçavoir Gaultier et Budic. Lequel Gaultier, né du territoire de Rennes et nourry chevalier en la cour du duc Geffroy, fut par son don fait évesque de Nantes. Et Budic, fils bastard de Judichael, comte de Nantes, fut constitué comte en ladite cité. Mais Gaultier l'évesque, contemnant avoir ledit Budic comte et prince sur luy en la cité de Nantes, pour cause qu'il estoit né d'une concubine, avec multitude de Bretons voulut faire batailles contre luy, et s'efforça luy oster la cité et toute la comté. Si construisit premièrement celuy Gaultier,

XLVI. — b) Judichaelis C. — c) deest C.

alors que neuf ou dix ans au plus. — Une charte du cartulaire de Redon confirme ce que dit ici le chroniqueur de Nantes, à savoir que Judicaël périt assassiné. Cette charte débute ainsi : *Postquam foeda traditione Judicael peremptus est, Budicus ejus filius, etsi nonnulla labore, paterni honoris adeptus apicem* (Cart. de Redon, p. 256).

1. Gaulier, évêque de Nantes depuis 1004 environ, est signalé dans les chartes jusqu'en 1041. Il dut mourir vers 1045.
2. Budic, comte de Nantes de 1004 environ à 1038.

alodiis reddens¹..... Construxit enim ipse Walterius ᵈ primum juxta parietes ecclesiae super terraculum, quod Alanus Barbatorta in circuitu propter metum Normannorum fecerat, domum in praesidio munitam, per quam Budicum comitem expugnaret et ab omni honore projiceret. Hanc autem sic de parentibus suis et de Namnetensibus, quos donis aut promissis potuit habere, armavit, ut die nocteque propter formidinem ejus Budicus de castello quod appellatur Bosfredum exire non auderet. Ad hunc ᵉ sane fortius expugnandum ᶠ, Gosfridum ᵍ supramemoratum cum exercitu totius Britanniae semel aut bis in anno secum adjutorem habebat, qui quae in civitate

jouxte les pariètes de l'église sur le terrare qu'avoit fait Allain Barbetorte à l'environ, une maison deffendable et une mote, laquelle, afin qu'il guerroyast Budic et le déboutast de son honneur, il arma de ses parens et aussi des Nantois qu'il peut attraire et avoir par dons et par promesses, tellement que pour crainte de luy Budic n'osoit jour ne nuict issir du chastel qui est appellé le Bouffay. Et avoit ledit Gaultier pour plus grever le comte Budic, une fois ou deux l'an, le duc Geffroy dessus nommé avecques son exercite, son coadjuteur, qui confondoit par rapine, par embrasement et par dégastement toutes les choses qui estoient trouvées hors et ens la cité; par quoy on

XLVI. — d) ipse Walterius desunt *C*. — e) haec *D*. — f) expugnanda *D*. — g) Alanum *C*.

1. Les sources *C* et *D* offrent ici une même lacune de quelques mots. Il y avait sans aucun doute, à la fin du xvᵉ siècle, sur le manuscrit original de la Chronique de Nantes, une déchirure en cet endroit ou quelques mots effacés par l'usure du parchemin. Le Baud n'a pas non plus traduit ce passage. Le sens de cette phrase, demeurée incomplète, est d'ailleurs facile à interpréter. Budic, aussitôt après son élection, probablement d'après l'avis de ses conseillers, cherche à se rapprocher de Foulques, comte d'Angers, et lui prêta hommage pour certaines de ses possessions. Telle fut la cause de l'hostilité qui se manifesta entre le nouveau comte de Nantes et le duc de Bretagne. L'extrême jeunesse de Budic (il avait à peine dix ans) explique le peu d'énergie qu'il montra d'abord pour se délivrer de l'étroite surveillance dont l'était entouré par l'évêque Gaultier et par le duc Geoffroi.

Namnetensi[h] intus et foris reperiebantur rapina, incendio cunctaque vastatione confundebat. Tempore illo fuit ecclesia despoliata, quoniam Walterius, sperans totam potestatem Namnetis in manu sua retinere et praedictum comitem de castello suo abjicere, voluit in distribuendo omnia bona dictae ecclesiae nobiles Namnetensium sibi auxiliatores adjungere. Ili vero quorum principatu[i] haec mala evenerant, pacem post multum temporis inter se constituerunt et foedus dilectionis perpetuae fecerunt[j].

celuy temps l'église fut despouillée de ses revenus, car Gaultier, espérant la retenir en sa puissance et déjetter ledit comte Budic de son chastel, vouloit en distribuant tous les revenus d'icelle adjoindre à luy les nobles Nantois ses auxiliateurs. Mais ceux par lesquels au commencement ces maux estoient venus, après longtemps constituèrent entre eux paix et alliance de dilection perpétuelle (*E*, p. 144 et 145).

XLVII.

Mansit sane apud eos firma pax et concordia, donec Walterius perrexit Jherusalem. Postquam vero Budicus sensit illum longe esse ab hac regione, destituit quam citius potuit foedera inter se juncta.

Et en celuy temps se renouvella contens entre Budic, comte de Nantes, et Gaultier, évesque de ladite cité. Car, comme, [selon la teneur des chronicques de Nantes,] ledit Gaultier fust allé péle-

---

XLVI. — h) Namnetis *D*. — i) principio *C*. — j) coeperunt *C*.
XLVII. *C E*.

---

1. La réconciliation de Budic et de Gaultier doit dater de la période de troubles, qui suivit immédiatement la mort du duc Geoffroi survenue en 1008, et de l'époque où Budic eut atteint sa majorité et put agir par lui-même, c'est à-dire de 1010 environ.

Primum enim omnem domum episcopi aggreditur et diruit. Remeans autem episcopus post anni circulum, reperit itaque se dolo illusum et de rebus suis prorsus despoliatum. Sed cum nullo modo sua recuperare posse videret, Budico comite omnibusque Namnetensibus sub excommunicatione positis, Britanniam perrexit; deinde vero certamina per comitem Alanum[1] in vindicando adversus Namnetenses movit. *Budicus autem defendere se paravit, et, ne Alani potentia gravaretur, Fulconem, Andegavensem comitem, in auxilium advocavit, promittens ei reddere servitium pro suo comitatu, si per eum Alano resistere valeret*[a]. Postmodum, elapso tempore, bellum quod Walterius moverat inter Budicum et Alanum, variis eventibus satis peractum et ad nullum finem victoriae pertractum, archiepiscopus Do-

rin en Jérusalem, Budic, qui le sentit estre loin de la région, rompit le plus tôt qu'il peut les confédérations et alliances qu'ils avoient faites entre eux. Et premièrement assaillit le palais dudit Gaultier évesque, lequel il dérompit et pilla. Si trouva l'évesque, après le circuit d'un an qu'il fut retourné, qu'il avoit esté déceu et spolié de ses biens, mais, comme il vit que il ne les pouvoit recouvrer par nulle manière, il excommunia le comte Budic et tous les Nantois, et s'en alla au duc Alain (qui premier l'avoit institué en l'évesché[1]); lequel duc Alain voulut adonc faire bataille contre Budic pour restituer Gaultier en son siège, contre lequel aussi s'appareilla Budic deffendre. Et pourtant qu'Alain le grevoit par sa puissance, il appella en son aide Foulques, le comte d'Anjou, et luy promist faire obéissance de sa

---

XLVII. — a) *Budicus autem, etc, usque ad valeret desunt* C; *addenda et sic restituenda esse videntur ex* E.

---

1. Alain, fils de Geoffroi, comte de Rennes et duc de Bretagne de 1008 à 1040. — Le Baud a ajouté ici dans sa traduction un membre de phrase qu'il n'a point emprunté à la chronique de Nantes et qui constitue une erreur historique. On a vu en effet, au chapitre précédent, que Gaultier fut élu évêque de Nantes par le duc Geoffroi et non par Alain.

lensis, nomine Junguineus[1], cujus claritas consilii et industria omnes Britannos supereminebat, quem Alanus tunc temporis consiliarium maximum habebat, providens callide tantam rem belli non posse effici violentia, suo ingenio sedavit; et, Budico latenter promittens magna beneficiorum munera, eos pacificavit, ut, Fulcone Andegavensi relicto, deinceps Namnetensem urbem ipse Budicus ab Alano reciperet. Quae autem Budicus comes jamdudum perficere, quamvis semper verbis propter contrarietatem Walterii illuc usque renuisset, saepe exoptaverat, quia, inops et nihil rerum habens propter longam bellorum devastationem, plures suorum militum deperdiderat, qui ad Alanum confugerant aut quos ipse donis suis aut promissis sibi attraxerat. Insuper abbatiam Sancti Florentii Namnetici territorii, quae erat sui juris[2], Fulco comes recenter abstulerat, et

comté, si par son méan il estoit deffendu d'Alain. Si y eut en celle guerre que Gaultier meut entre le duc Alain et Budic et ses Nantois plusieurs estrifs de batailles. Mais, comme elle eust esté aucun temps démenée entre eux par diverses adventures et ne fust encores tirée à nulle fin de victoire, l'archevesque de Dol, nommé Lunfreneus, dont la clarté de conseil et l'industrie surmontoit tous les Bretons, et lequel Alain avoit adonc très grand conseillier en sa cour, prenant contentement celle bataille ne pouvoir si tost estre parfaite par violence, la fina par son engin, et promettant secrettement à Budic grands bénéfices de dons, les pacifia en ceste manière, c'est à sçavoir que Budic délaisseroit Foulques d'Angers et recevroit d'Alain la cité de Nantes; lesquelles choses Budic avoit souvent désirées en son cœur de parfaire, combien que tousjours il y résistast

---

1. Junguenée est signalé comme archevêque de Dol de 1008 à 1040 environ.
2. Il s'agit ici du monastère de Montglonne, aujourd'hui Saint-Florent-le-Vieil, Maine-et-Loire, arr. Cholet, chef-lieu de canton.

castellum ibi, ne jam sub sua dominatione extraxisset, fecerat[1].

par paroles pour la contrariété de Gaultier, car il estoit pauvre et n'avoit rien pour la longue destruction des batailles et avoit perdu plusieurs de ses chevaliers, lesquels s'en estoient fuis à Alain, qui les avoit attraits à luy par ses dons et promesses. Et en outre Foulques luy avoit nouvellement osté l'abbaye de Saint-Fleurent, qui estoit du droit de sa comté de Nantes, et y avoit faict ledit Foulques un chasteau, afin que Budic ne la reprenist sous sa seigneurie (*E*, p. 147 et 148).

XLVIII.

Ipse Walterius ante episcopatum duos genuerat filios, Helgomarum et Budicum, quem vivens in scholis Sancti Martini Turonis litteras discere miserat et ad pontificatum quem ipse regebat elegit[2]. Sed Mathias, comes

Et en celuy temps, [selon la chronicque de l'église de Nantes,] estoit comte de ladite cité de Nantes, Mathias, le fils du comte Budic; aussi estoit évesque de celle cité Budic, le fils de l'évesque Gaultier; lequel Gaultier,

XLVIII. *C E*.

---

1. La mention de la construction du château de Saint-Florent-le-Vieil par Foulques Nerra permet de dater avec assez de précision la guerre entre Budic de Nantes et le duc de Bretagne Alain. L'historien de Saint-Florent de Saumur rapporte en effet que Foulques Nerra édifia ce château peu de temps après que son fils Geoffroi eut épousé Agnès, veuve du comte de Poitiers. Or, le mariage de Geoffroi et d'Agnès est de l'année 1032 (cf. *Chroniques des églises d'Anjou*, p. 23, 195 et 282). La guerre entre Budic et Alain est donc de 1033 environ. Aussitôt que Budic eut fait la paix avec Alain, il vint avec une armée pour détruire le nouveau château de Saint-Florent-le-Vieil, mais il n'y réussit pas (cf. *Chroniques des églises d'Anjou*, p. 283).

2. L'élection de Budic, fils de Gautier, comme évêque de Nantes, doit être de 1040 environ, c'est-à-dire peu postérieure à la mort de Budic, comte de Nantes. Gautier aura profité de l'extrême jeunesse du nouveau comte pour

Namnetensis, filius Budici comitis, illo tempore adhuc puerulus[1], electioni semper fuit contrarius, donec consiliatoribus suis magna lucrorum munera Budicus dedit; sicque ad episcopatus dignitatem pervenit, et ex eo tempore ambo, pariter connexa copulatione conjuncti dilectionis, usque ad finem vitae suae non sunt separati. *Sed Budicus deinceps, pro hujus simoniae crimine, de sede sua in concilio Remensi a papa Leone[2] depositus est*[a].

avant qu'il fust promeu à l'évesché, avoit engendré celuy Budic et un autre fils, appellé Helgomar, en mariage. Si avoit Gaultier envoyé ledit Budic, son fils, à Tours apprendre les lettres ès escolles Saint-Martin, et l'avoit, luy vivant, esleu à l'évesché qu'il gouvernoit. A laquelle élection le comte Mathias, qui encores estoit enfant, fut tousjours contraire, jusques à ce que Budic donna de grands loyers à ses conseillers, et ainsi parvint à la dignité d'évesque. Et de celuy temps ces deux princes, conjoints par dilection, n'en furent séparez jusques à la fin de leur vie, combien que, [selon ladite chronicque,] Budic fut depuis déposé pour celle simonie au concile de Reims par le pape Léon (*E*, p. 153).

XLVIII. — a) *Sed Budicus, etc. usque ad depositus est desunt C; addenda et sic restituenda esse videntur ex E.*

obtenir à prix d'argent l'assentiment des conseillers de Mathias à cette nomination illégale.

1. Mathias, fils de Budic, comte de Nantes de 1038 à 1051.
2. Le concile de Reims (octobre 1049) fut présidé par le pape Léon IX (1049-1054). — L'évêque Budic mourut l'année même de sa déposition: *Anno MXLIX, obiit Budicus, aliquandiu dictus episcopus, sed postea propter simoniacam haeresim suam apud Remensem metropolim a papa Leone depositus est. Hic prius pacem constituit Namnetensibus.* (Dom Lobineau, *Histoire de Bretagne*, II, 352, *ex veteri collectione manuscripta ecclesiae Namnetensis.* — Voir aussi Labbe, *Conciles*, IX, col. 1041).

MIRACULA ECCLESIAE NAMNETENSIS

I[1].

Quum Normanni, primo tempore Lotharii regis, filii Ludovici Transmarini, patrias et regiones occidentales Galliae prope maritima consistentes, mortuo pro tunc duce Britonum[2], depraedationibus assiduis devastarent, ipsi equidem,

---

1. Les quatre chapitres, qui sont édités ici pour la première fois sous le titre de *Miracula ecclesiae Namnetensis*, n'ont été conservés que grâce à ce fait qu'ils ont été insérés dans la compilation connue sous le nom de Chronique de Saint-Brieuc (*A*). Le style seul de ces chapitres permettrait de reconnaître en leur auteur le même écrivain qui a rédigé la Chronique de Nantes tout entière; on y trouve d'ailleurs des allusions à certains événements qui ne se trouvent relatés nulle part ailleurs que dans la Chronique de Nantes elle-même. De plus, Le Baud témoigne incidemment que le Chroniqueur de Nantes avait joint à son œuvre le récit de plusieurs miracles : c'est du moins ce qui ressort du passage cité plus haut (*E*, p. 142), où Le Baud dit qu'il a emprunté sa narration à l'*acteur du livre des miracles et chroniques de l'église de Nantes*. Enfin, en marge du folio 65 r°, col. 2, du manuscrit latin 9888 de la Bibliothèque Nationale, manuscrit qui contient le texte de la chronique de Saint-Brieuc, vis-à-vis les mots *Quum Normanni, primo tempore Lotharii regis*, etc., on lit *Cronice civitatis Namnetensis*. Ces mots sont d'une écriture du xvi° siècle. On regardait donc alors le récit des miracles comme faisant partie de la Chronique de Nantes : or, il est possible qu'à cette époque le manuscrit original de cette chronique fût encore conservé à Nantes dans les archives du Chapitre, et il y a lieu d'en conclure, je crois, que les miracles étaient transcrits à la suite ou en tête de la chronique dans ce même manuscrit. — On ne peut affirmer si le texte complet du livre des miracles de l'église de Nantes est parvenu jusqu'à nous ou si, au contraire, le chroniqueur de Saint-Brieuc n'en a transcrit que des fragments. Voir ce que j'ai dit à ce sujet dans l'Introduction.

2. Le chroniqueur de Saint-Brieuc (*A*) a remplacé les mots *duce Britonum* par *rege Britonum Armoricanorum*. Cette interpolation est habituelle au chroniqueur de Saint-Brieuc, qui écrivait au xv° siècle et pensait rehausser ainsi l'illustration des anciens ducs de Bretagne.

per alveum Ligeris cum magna classe navigii advecti, urbem Namneticam ex improviso ingrediuntur. Qui, accipientes Walterium episcopum cum pluribus aliis[1], persequuntur quemdam miserrimum hominem, fugientem ad ecclesiam sanctorum martirum Donatiani et Rogatiani, pavidum et timidum, et eorum suffragia precibus obnixis valde anxium proclamantem. Et, quum jam lassus atrium ecclesiae attingeret, nec amplius licentiam fugiendi haberet, et Normanni eum undique circumvenirent, inscius quid agere deberet, ad quamdam quercum, ibi per longam priorum Normannorum vastitatem excretam, ut, sicut melius visum erat illi, ex una parte latitaret, accessit ad refugium. Quae, ex nutu Dei, qui in se sperantes salvat et neminem vult perire, et tantorum martirum meritis, cortices suos et omnes ligni sui materiem confestim aperiens, illi pene examini quoddam latibulum offendit, in quo ad se latendum intraret. Cernensque homo hoc occultum, quamvis semper timidus ne ibi repertus esset, tum quam citius potuit intrare curavit. Et, dum, intus tremens, hostes, sibi cum magna feritate gladiorum occurrentes, exspectaret, illico divina virtute illa quercus tota integra sine ullo foramine et formata sicut antea illis frementibus apparuit. Quum autem jam proximi facti eum capere aut detruncare certissime sperarent, prospicientes undique, nisi solam arborem minime invenerunt. Ex qua re omnes mirantes coeperunt ad invicem dicere : « Quo abiit ille homo, « quo recessit ? Fortasse, aut in coelum ascendit aut terra « absorbuit. » Inquirentesque eum per omnia nusquam reperire potuerunt ; sicque delusi ad naves suas redierunt, narrantes sociis suis mirabilia quae viderant. Quercus vero praedicta, iterum aperiens se, hominem salvum reddidit et ad proprium reversa est naturam. Hoc quoque miraculum, quanto tempore homo ille vixit, vicinis ac incolis istius loci referre solitus erat, ostendens semper illam quercum adesse

---

1. Sur la date exacte de cette prise de Nantes par les Normands et sur la captivité de l'évêque Gautier, voir plus haut ch. **XXXVIII**.

hujus facti testimonium, in qua ipse clausus steterat et liberatus a manibus Normannorum per merita praefatorum martirum incolumis exierat. Walterius vero episcopus, ductus ab istis diabolicis viris[1] usque Guerrendiam captivus, data pro se et pro aliis captivis magna pecunia, ad suam sedem liber rediit.

II.

Nec multo post tempore, iterum ipsi Normanni, ad praedictam urbem redientes, omnia intus et foris depraedantes vastaverunt, ac etiam, praedictorum martirum intrantes ecclesiam, spolia pauperum, ibi ad tutamentum reposita, crudeliter abripiunt. Sed virtus Jhesu Christi, omnipotentis Dei, pro cujus nomine isti sancti martires sunt passi, quorum corpora hic honorifice tumulata requiescunt, nolens hos violatores exire ab ecclesia inultos, magna caecitate percussit; nec etiam ad introitum per quam intraverant remeare sciebant, ita quod nullum lumen videre poterant. Itaque omnes caeci effecti clamabant alter ad alterum quid agere debeant. Et, quum, de tali confusione lacrimabiliter condolentes, nullum possent recuperare consilium, fuit unus ex captivis, quos in eadem ecclesia ceperant, qui sic eos docuit dicens : « Infelices, miseri, ut nihil timentes Deum et suos sanctos « fideles, hunc locum sanctum violare praesumpsistis; « quare vos horum sanctorum martirum Donatiani et Roga- « tiani ausi fuistis, nihil timoris habentes, ecclesiam tam « furiose cum armis intrare ? Deponite arma, confitentes « peccata vestra, et omnipotentis Dei et sanctorum martirum

---

1. *Istis diabolicis viris*, expression familière au chroniqueur de Nantes; elle revient à chaque instant dans son récit et suffirait à montrer qu'il est bien l'auteur de ce chapitre, si d'autre part la relation de l'évêque de Nantes, Gautier, emmené captif à Guérande par les Normands, relation conçue en termes assez semblables à ceux du chapitre XXXVIII de la Chronique de Nantes, ne prouvait que l'un et l'autre récit sont l'œuvre d'un même écrivain.

« misericordiam fideli mente invocate, et a malitia vestra
« cessate. Fortasse ipse exaudiet vos et iniquitatibus vestris
« misericors propitiabitur, et lumen, quod pro culpa de-
« mentiae vestrae amisistis, visum, si fideliter creditis, re-
« cuperabitis. » Qui vero audientes haec percutiebant
pectora sua et adorabant Dominum proni in terram, misericordiam suam implorantes nunquam invocantibus eum in
veritate denegatam, ut eorum miseriae misereri dignaretur.
Necnon etiam praeclarissimorum martirum Donatiani et Rogatiani valde anxii suppliciter auxilium flagitabant ut eorum
intercessione a caecitate sua incolumes liberarentur, promit-
tentes Deo devotissime non amplius, si cum salute ad patriam
remeare possent, ejus sanctuaria violare. Quum autem omnes
unanimiter in orationibus persisterent, Dei virtute et sanctorum martirum meritis lux magna sicut lumen fulguris per
totam basilicam apparuit, unde oculi eorum illuminati sunt.
Sicque omnes visum, praesumptione sua perditum juste et
nunquam, sicut sperabant, in futuro recuperabilem, misericorditer laeti recipientes, gratias Deo et suis sanctis marti-
ribus reddiderunt, et bene castigati, cum magna exulta-
tione ad propria reversi, divulgaverunt hoc factum per omnem
regionem Normannorum[1]. Ex eo autem tempore usque modo
nulli Normanni neque etiam alii praedones, horum martirum
atria depraedantes, intrare praesumpserunt, timentes semper
ne talia illis sicut superius relata se evenirent.

III.

Et hoc quoque sub silentio relinquere nolumus, quod
quidam homo, jam advesperascente die, de urbe Namnetica
egrediens et volens ire ad villam, per cimiterium ecclesiae

---

1. Il s'agit ici de la Normandie.

Sancti Cyriciᵃ martiris¹, quae prope moenia hujus urbis sita est, transiit. Et, dum per illud iter tenderet, memoria fidelium ibidem quiescentium compunctus, benedixit animas quorum corpora hic requiescunt. Quas illico audiens semper amen, amen respondentes, donec infra cimiterium Sancti Andreae², quod est illi proximum, pervenit, valde miratus est, et ipse postea, quot vicibus per hoc cimiterium transibat, solitus erat referre secretum transeuntibus hoc responsum mirabile quod ibi audierat.

IV.

In urbe Namnetica miraculum grande factum est, quod minime oblivioni tradere voluimus, sed, sicut videntes illud nobis scribentibus enarraverunt, huic paginae scriptum commendare studuimus. Nam, quum omnis populus praedictae civitatis, gaudens et exultans, ad ecclesiam Sancti Johannis Baptistae³, in ipsius nativitate convenisset et ibi pernoctans in orationibus et vigiliis fidelissime celebrasset, fuit unus miles ex familia Judicaelis comitis⁴, Nominoius nomine, qui, instinctu diaboli deceptus, hujus sanctissimi praecursoris vigilias dimisit, ac furtive cum quadam meretrice juxta sepes cujusdam horti, viae publicae proximas, infelicissime se commiscuit. Et, quum pacto suae libidinis scelere, ab eadem discedere vellet, divino judicio Dei illico

---

III. — a) Tyrici A ; corrigendum est Cyrici.

---

1. L'église de Saint-Cyr et Sainte-Julitte était située non loin des murailles de Nantes près de la rivière d'Erdre (cf. dom Lobineau, *Hist. de Bretagne*, II, 80, 112 et 163).
2. Sur l'église Saint-André, voir plus haut ch. XXV, p. 75.
3. Sur l'affluence de pèlerins qu'attirait à Nantes la fête de saint Jean-Baptiste, voir plus haut ch. VI, p. 16.
4. Judicaël, comte de Nantes de 992 à 1004. On a ici une nouvelle preuve que le chroniqueur de Nantes écrivait peu après le milieu du xiᵉ siècle, puisqu'il témoigne avoir connu plusieurs personnes, qui avaient vu ce miracle, survenu en l'an mil environ.

captus, sicut canis, ibidem remansit commixtus. Coeuntesque ambo per totam noctem, exinde steterunt ibi jacentes, donec dies illuxisset, ibique mane reperti ab omni populo, ad ecclesiam pergente et egrediente, sic mirabiliter stare videbantur. Et, quum hic lacrimabiliter condolentes, per totam diem misericordiam Domini et sancti Johannis Baptistae invocantes, ut eis peccatoribus misereri dignarentur, usque ad solis occasum sic commixti stetissent, Dei voluntate soluti sunt, venientesque utrique valde pavidi ad ecclesiam Sancti Johannis, per totam noctem ibi orantes, Dominum assiduo precati sunt ut peccata sua illis infelicibus sua gratuita bonitate dimitteret. Quumque autem dies reluxisset, a clericis illius ecclesiae acerrime caesi et verbis correctionis castigati, regressi sunt, tamen ex eo tempore usquead finem vitae suae semper verecundi.

TABLE ALPHABÉTIQUE

DES NOMS DE LIEUX ET DE PERSONNES

Les chiffres romains renvoient aux pages de l'Introduction ; les chiffres arabes aux pages du texte ; la lettre a à la première colonne, la lettre b à la seconde ; la lettre n aux notes.

A.

Aauscenco, v. Adelstan.

Abbon, évêque de Nevers, 56.

Actard, *Actardus, Attardus,* évêque de Nantes, xxxvii n. 2, lvii-lx, 26 ab. n. 2, 27 ab. n. 1, 28 ab, 39 a, 40 ab. n. 1, 41 n. 2, 42 b, 44 ab. n. 2, 46, 48 ab, 49-57, 60, 63 ab, 65, 95 n. 2; évêque de Thérouanne, 41 a. n. 1, 43 a. n. 3; archevêque de Tours, 65 n. 1 et 2.

Adalart, *Adalardus,* évêque de Nantes, lx, 80 ab. n. 1 et 2, 84 n. 1, 85 ab, 94 ab.

Adémar, abbé de Redon, 124 n. 2.

Adelstan, *Adelstannus, Alstanus, Aauscence,* roi d'Angleterre, 82 a. n. 3 et 4, 83 ab, 88 a. 89 b. n. 1, 98 n. 1.

Adrien II, pape, 65 n. 1.

Agius, évêque d'Orléans, 56.

Agnès, femme de Geoffroi-Martel, comte d'Angers, 140 n. 1.

Airard, évêque de Nantes, xxxiii-xxxix, xl. n. 1.

Alain III, comte de Rennes et duc de Bretagne, fils de Geoffroi-Bérenger, 138 ab. n. 1, 139 ab, 140 n. 1.

Alain Barbetorte, *Alanus Barbatorta,* comte de Poher, puis duc de Bretagne, xx, xxvii, xxviii, xlv-xlvii, lxiv, lxv, 78 n. 1, 82 a. n. 4, 83 b, 88-109, 111 ab, 112 a. n. 3, 113 ab, 119 n. 3, 120 b, 126 ab, 127 ab, 128 b, 136 ab.

Alain Canhiart, comte de Cornouaille, xxxi, xxxiv, xxxv n. 4, 134 n. 2.

Alain l'Enfant, *Alanus Puer,* comte de Nantes, fils de Guérech, 114 n.

3, 123 a. n. 5, 124 b, 125 a, 126 ab. n. 2, 127 n. 1.

Alain le Grand, *Alanus Magnus*, comte de Vannes, puis duc de Bretagne, xx, LX, LXIV, 67 ab. n. 2 et 3, 68 b, 69 n. 1, 70 n. 3, 73 b. n. 2, 74 n. 2 et 3, 75 n. 1, 77 n. 1, 78-81, 83 ab, 88 ab.

Aldric, évêque du Mans, 13 n. 3.

Aleth, aujourd'hui Saint-Malo (Ille-et-Vilaine), LIV, 10 n. 5 ;
— diocèse, 37 b, 39 ;
— évêque, *Macloviensis episcopus*, 105 a; v. Salvator.

Alethenses, habitants du pays d'Aleth, 11 b; v. *Dialetenses*.

Alexandrie, *Alexandria*, ville d'Egypte, 2 ab, 3 b.

Allemands, peuple de Germanie, 99 n. 1, 100 n. 1.

Allis (Jehan), chanoine de Nantes, x.

Allurettus, fidèle du duc Erispoë, 48.

Alveus, archidiacre du chapitre de Nantes, xi n. 1.

Amauri, *Amalricus*, archevêque de Tours, LVII, LVIII, 25 ab, 26 n. 1, 34 b, 35 a. n. 1, 40 ab, 49 ab. n. 1.

Amauri, comte de Nantes, 40 n. 1.

Ancenis, *Ancenisii castrum* (Loire-Inférieure), 123 a, 124 b.

Angers, *Andegavis*, *Andegavina urbs*, XLI, XLII, XLV, XLIX, L., LX, 15 n. 1, 27 n. 1, 41 n. 2, 42 n. 2, 44 n. 1, 66 n. 3, 67 ab, 83 ab, 85 a, 86 ab, 109 ab, 110 n. 1, 122 b, 128 a ;
— comté, v. Anjou ;
— comtes, v. Foulques le Bon, Foulques le Roux, Foulques-Nerra, Geoffroi-Grisegonelle, Geoffroi-Martel, Lambert II, comte de Nantes;

Angers, diocèse, 54, 74 n. 2 ;
— églises, v. Saint-Aubin, Saint-Pierre, Saint-Serge ;
— évêques, v. *Domitianus*, Rainon, Renaud.

Angevins, *Andecavi*, *Andegavenses*, 31 b, 32 a, 85 a, 86 b, 99 n. 1, 119 n. 1, 129 b, 130 a, 132 n. 2.

Angleterre, *Anglia*, 82 n. 1 et 4, 89 b. n. 1.

Anjou, *Andegavensis pagus, territorium*, 14 n. 4, 24 n. 2, 29 b, 30 ab. n. 2, 31 b, 32 a. n. 2, 51 b, 94 a, 97 n. 1, 121 ab, 129 a.

Anne, duchesse de Bretagne, xi n. 1, xii n. 1, xiv.

Antrum, v. Indre.

Aquitaine, *Aquitania*, région méridionale de la Gaule, 6 ab, 20 n. 2, 30 n. 3, 31 ab, 82 ab;
— duché, 24 n. 2 ;
— royaume, 4 a, 5 b, 23 ab.

Aquitains, *Aquitani*, *Aquitanici*, 14, 24 a, 25 b.

Aremburge, *Aremburgis*, femme du comte de Nantes Guérech, 123 a. n. 5, 124 b, 126 a.

Argentré (Bertrand d'), historien, XLI.

Attardus, v. Actard.

Aufranius, v. *Eufranius*.

Aurelianum, v. Orléans.

Auriscand, *Auriscandus*, évêque de Vannes, 127 ab. n. 2.

Auréliénoys, v. Orléanais.

B.

Ballon (Ille-et-Vilaine), 32 n. 1.

Bata, *Bas insula* (Loire-Inférieure), 13 ab.

Beauvoir (Vendée), 20 n. 3.

Bégon, *Bego*, successeur du duc Renaud Ier, 23 ab, 24 ab. n. 2 et 3.

Begonis castrum, v. Bougon (la motte de).

Benoît, évêque de Nantes, fils d'Alain Canhiart, xxxvi n. 2.

Benoît III, *Benedictus*, pape, LVIII, 43 ab, 57 ab. n. 2, 59 n. 1, 63 n. 1.

Bérenger, comte de Rennes, 67 n. 3, 70 n. 4, 91 n. 2, 93 n. 1.

Bernard, frère du comte de Poitiers Emenon, 6 n. 2.

Bernard, successeur du duc Bégon, 24 n. 2.

Berthou (M. P. A. de), xvii n. 3, xviii.

Bertualdt, fidèle du duc Erispoé, 48.

Besicle (Pierre), chanoine de Nantes, x.

Biesse, *Bièce*, île de la Loire, près de Nantes, LVII, 86 ab, 87 n. 1.

Bili, chanoine de Nantes, xL n. 1.

Blacidio, fidèle du duc Erispoé, 48.

Blain, *Blanii vicus*, *Bleign* (Loire-Inférieure), 10 ab. n. 3, 11 ab.

Blaison (le). *Blesa*, *Bléson*, rivière, 23 a, 24 b. n. 1 et 3.

Blanchard (M. René), xxxiii, xxxiv.

Blavet, rivière, 67 n. 2.

Bleign, v. Blain.

Blinlivet, évêque de Vannes, 93 n. 1.

Blois, *Blesii castrum*, 102 ab, 134 a. n. 2;

— comté, 129 n. 2;

— comtes, v. Eudes Ier, Thibaut le Tricheur;

— donjon, 108 ab. n. 4.

Bodean, fidèle du duc Erispoé, 45 b, 48.

Boffredum, v. Bouffay (le).

Bordeaux, *Burdegala*, 20 a. n. 2, 21 b.

Borderie (M. A. de la), ix n. 5, xiii, xx-xxii, xxviii, 44 n. 2, 45 n. 1, 67 n. 2.

Bouffay (le), *Boffredum*, château construit à Nantes par le duc Conan, 127 b, 128 a. n. 1, 136 ab.

Bougon (la motte de), *castrum Begonis* (Loire-Inférieure), 23 ab, 25 ab. n. 1.

Bourgogne, *Burgundia*, région orientale de la Gaule, 80 n. 2, 82 ab, 85 ab.

Bourgueil (Indre-et-Loire), abbaye, 133 n. 1.

Bran, fidèle du duc Erispoé, 48.

Bretagne, *Britannia*, *Britannica regia*, duché, royaume, région occidentale de la Gaule, 2 a, 14 n. 2, 30 n. 2, 31 n. 2, 33 ab, 34 ab, 35 ab, 36 ab, 37 ab, 59, 67 n. 2 et 3, 80 a, 81 a, 82 b. n. 1 et 4, 87-89, 91 a. n. 2, 93 ab, 96 ab, 102 ab. n. 1, 105 ab, 107 n. 1, 108 ab. n. 3, 111 ab, 113 ab, 121 a, 122 b. n. 1, 127 ab, 134 b. n. 1, 136 a, 138 a; *Britannia nova*, 12 ab, 15 a. n. 1; *Britannia minor*, 34 a; *Britanniae angulus*, côtes de Bretagne, 13 ab.

Bretons, *Britanni*, *Britanes*, xxix-xxxvi, xlvi, lxiv, lxv, 7 a, 9-11, 14, 31 ab, 42 ab, 43 b, 49 ab, 50 ab, 51 b, 52 a, 55, 56, 57 ab, 61, 62 n. 2, 63 b, 64, 66, 79 a, 82 a, 83 ab, 88 a, 89 ab. n. 1, 90 a, 91 n. 1 et 2, 92 ab, 97 n. 3, 99 n. 1, 110 n. 1, 129 b n. 3, 130 a, 131-133, 135 ab, 139 ab; *Britanni Dialetenses*, v. Dialetenses.

Brice, évêque de Nantes, xxxvi n. 2.

Briocensis episcopus, v. Saint-Brieuc, évêque.

Budic, comte de Nantes, fils bâtard de Judicaël, 134 n. 2, 135-140, 141 a.
Budic, évêque de Nantes, fils de l'évêque de Nantes Gautier II, xxvii, n. 2, xlviii, 140 ab. n. 1, 141 ab. n. 2.
Budic, fils du duc de Bretagne Alain le Grand, 75 n. 1, 77 n. 1.

C.

Cainonis, v. Chinon.
Canabiac, Canabiacum, peut-être Canisy (Manche), lx, 68 ab, 70.
Cararia porta, v. Charière.
Carloman, roi des Francs, 66 n. 4.
Castrum Celsum, v. Champtoceaux.
Caynon, v. Rainon, évêque d'Angers.
Cenomannensis comes, episcopus, v. Mans (le), comtes, évêques; *Cenomannense territorium*, v. Maine, comté.
Champtoceaux, *Castrum Celsum, Chastoceaux* (Maine-et-Loire), 123 ab. n. 3.
Charière, *Cararia porta*, porte de la ville de Nantes, 95 a. n. 4.
Charlemagne, *Karolus magnus, Charles le Grant*, empereur des Francs, 4 ab, 35 a.
Charles le Chauve, *Karolus Calvus, rex, trierarcha, Charles le Chauff*, roi des Francs, lviii, 4-6, 7 a, 8 ab, 9 ab. n. 1, 14, 15 n. 1, 17 n. 2, 24 n. 2, 26 ab, 27 n. 1, 30 n. 2 et 3, 31 a. n. 2, 32 ab, 35 a, 37 b, 38 a, 40 ab. n. 1 et 2, 45 b, 46 n. 1 et 3, 50 ab, 55 n. 2, 61 n. 1, 62 n. 2, 63 ab.
Charles le Grant, v. Charlemagne.
Charles le Gros, *Karolus rex*, empereur des Francs, lx, 65, 66 a. n. 3 et 4, 67 b.
Charles le Simple, *Karolus simplex, stultus*, roi des Francs, xxviii, 57 a. n. 3, 81 ab. n. 2.
Chartres, *Carnoti*, 41 b. n. 1, 43 b, 114 n. 2, 134 n. 2;
— comtes, 108 n. 1, v. Eudes Ier, Thibaut le Tricheur;
— donjon, 108 ab. n. 4;
— évêques, v. Fulbert, Gislebert.
Chastoceaux, v. Champtoceaux.
Châteaudun (Eure-et-Loir), 108 n. 4.
Chinon, *Cainonis* (Indre-et-Loire), donjon, 108 ab. n. 4.
Chiré, *Ciriacum, Tiriac* (Deux-Sèvres), 97 ab, 120 a.
Clisson (doyenné de), au diocèse de Nantes, 119 n. 3.
Clotaire Ier, *Clotarius primus*, roi des Francs, 3 a. n. 4.
Clotaire, *Clotharius*, v. Lothaire Ier, empereur des Francs.
Coitlouh (synode de), xlix, l, lvi, 38 n. 2, 52 n. 1.
Coledoch, *Colledoch*, fidèle du duc Alain le Grand, 69 ab. n. 1, 70.
Conan, *Conanus curvus*, comte de Rennes, puis duc de Bretagne, xliv, xlv-xlvii, 70 n. 4, 108 n. 2, 112-115, 118 ab. n. 2, 119 ab. n. 1, 123 a, 124 ab. n. 2, 125 ab, 126 n. 2, 127-133.
Conan, évêque de Saint-Pol-de-Léon, 93 n. 1.
Conan, *Konanus*, fidèle du duc Erispoé, 45 b, 48.
Conoveus, v. Convoion.
Conquereuil, *Concruz, Concurrum, Conquercus, Conqueruz* (Loire-Inférieure), 114 n. 3, 118 b, 119 a. n. 1 et 3, 128 n. 3, 129 b. n. 3, 130 a, 131 n. 1, 132 n. 2.

Constantiensis episcopus, v. Coutances, évêques.
Constantinus pagus, v. Cotentin.
Convoion, *Conoveus, Convoyon*, abbé de Redon, LI, LVII, 33 ab. n. 2, 34 ab. n. 1 et 3, 35 ab, 36 a, 38 n. 3, 39 n. 1.
Corisopitensis episcopus, v. Quimper, évêques.
Cornouaille, comté de Bretagne, XXXI.
Cotentin, *Constantinus pagus, pays de Constantin*, 68 ab, 69.
Couesnon, rivière, 67 n. 3.
Courantgen, évêque de Vannes, 47 n. 1.
Coutances, *Constances* (Manche), évêques, v. *Romacharius, Seginandus*.
Craon, *Credo* (Mayenne), 27 n. 1, 29 ab. n. 1, 30 n. 1.

D.

Danois, *Dani*, v. Normands.
Derian, fils du duc de Bretagne Alain le Grand, 75 n. 1.
Diablintum civitas, cité de la IIIe Lyonnaise, LIV, LV, 10 n. 5.
Dialetenses, habitants du pays d'Aleth, LIV, 10 ab. n. 5; *Dialetensis ecclesia*, v. Aleth, diocèse.
Dirimine, v. Ironne.
Doda, abbesse de Saint-Clément de Nantes, sœur du comte Lambert, 29 ab. n. 2.
Dol, *Dolum* (Ille-et-Vilaine), 39, 91 n. 1;
— archevêques, v. Festinien, Junguenée, Wicohen;
— cathédrale, 108 n. 2;

Dol, diocèse, XXXVI-XXXIX, XLIX-LVI, 39 n. 1, 54 n. 3;
— évêque, v. Salocon;
— monastère, *Doli monasterium*, 37 b, 39, 89 ab.
Domitianus, évêque d'Angers, 2 a. n. 3, 3 b. n. 3.
Domnolus, évêque du Mans, 2 a. n. 3, 3 b. n. 3.
Domnonée, région septentrionale de la Bretagne, 108 n. 2 et 3.
Donatien (saint), martyr, 69, 72 n. 2.
Drogon, fils du duc Alain Barbetorte, XXVII, XLV, XLVI, LXIV, 105 ab, 107 n. 1, 108 ab, 109 ab, 110 ab. n. 1, 112 b, 131 n. 1.
Droguen, v. Oroguen, femme du duc Alain le Grand.
Duchesne (M. l'abbé), LVI n. 1, LVII, LVIII, 39 n. 1, 93 n. 1.
Dudon de Saint-Quentin, chroniqueur, LXII, LXV.
Dunvallon, fidèle du duc Erispoé, 48.
Durand, chanoine de Nantes, XI. n. 1.
Durant Pabion, chanoine de Nantes, XXXII, 94 ab.
Durenum, v. Saint-Georges de Montaigu.

E.

Édouard 1er l'Ancien, roi d'Angleterre, 82 n. 3, 89 n. 1.
Emenon, comte de Poitiers, 6 n. 2.
Enée, évêque de Paris, 56.
Engevins, v. Angevins.
Erbauges, v. Herbauge.
Ercambert, évêque de Bayeux, 56.
Erchanraus, évêque de Châlons-sur-Marne, 56.
Erdre (l'), *Herdis, Hereda, Erde,*

rivière, 43 ab. n. 1, 73 b, 74 n. 1, 75 n. 2, 128 n. 1, 147 n. 1.

Erispoé, *Herispogius*, duc de Bretagne, x, xix, xxviii n. 2 et 3, lxiv, 14 n. 3, 15 n. 1, 27 n. 1, 30 n. 2, 31 n. 2, 42 ab. n. 2, 43 ab. n. 1 et 2, 44-48, 50 ab. n. 1, 2 et 3, 63 ab. n. 1, 70 n. 4, 87 n. 1, 95 n. 2.

Erpuin, évêque de Senlis, 56.

Etienne, chanoine de Nantes, xl. n. 1.

Eudes Ier, comte de Chartres et de Blois, 114 n. 2, 126 n. 2, 129 n. 2, 134 n. 1.

Eudes, évêque de Beauvais, 56.

Eufronius, Euphronius, archevêque de Tours, 2 a. n. 2, 3 b. n. 3 et 4.

F.

Felecan, v. Flestan.

Félix, évêque de Nantes, xix, lviii, 1 ab. n. 2, 2 a. n. 1, 3 b.

Félix, évêque de Quimper, liii, lv, 37 b, 38 a. n. 3, 55 n. 1.

Festinien, archevêque de Dol, 62 n. 2.

Flavigny (Côte-d'Or), abbaye, 54 n. 2.

Flestan, *Felecan*, chef de pirates danois, xliii, xliv n. 2.

Fontenay-le-Comte, *Fontanetum* (Vendée), 7 a. n 3, 8 b.

Fontenoy-en-Puisaye (Yonne), 7 n. 3, 8 n. 1.

Fortunat, évêque de Poitiers, 2 a. n. 1, 3 b. n. 1, 3 et 4.

Fosse (la), v. Indre.

Foucher, *Fulcherius*, évêque de Nantes, lvii, lx, 64 n. 1, 73 ab. n. 1 et 2, 74 n. 2, 75, 77 b, 78 ab. n. 1, 79 n. 1, 80 n. 1, 84 n. 2.

Foulques le Bon, *Fulco*, comte d'Angers, xxvii, xlv, xlvi, 107 ab. n. 1, 108 b. n. 3, 109 ab, 110 ab. n. 1, 111 ab, 112 ab. n. 2, 122 n. 1, 123 a.

Foulques Nerra, *Fulco, fils Geffroy Grisgonelle*, comte d'Angers, xlvi, 126 n. 2, 128-133, 135 a, 136 n. 1, 138 ab, 139 ab, 140 b. n. 1.

Foulques le Roux, *Fulco Ruffus*, comte d'Angers, 122 ab. n. 1.

France, *Francia*, région septentrionale de la Gaule, 6 ab, 81 a, 82 ab ; la Gaule tout entière, 35 a, 81 a.

Francs, *Franci*, xxxvi, 32 ab, 33 ab, 37 b, 38 a, 62 n. 2, 66 n. 3 et 4, 82 n. 1, 97 n. 4, 99 a, 100 ab ; *Francorum jus regium*, 32 a, *potestas regia*, 38 a ; *Francorum oras maritimas*, régions maritimes de la *Francia*, 7 ab ; *Francorum regnum*, empire franc, 4 ab, 91 a, la Gaule, 35 a, 40 ab, 99 ab, 109 ab.

Frotarius, Frotharius, archevêque de Bordeaux, 51 b, 56.

Fulbert, évêque de Chartres, lxi n. 1.

Fulcricus, évêque de Troyes, 56.

G.

Gallice, *Gallicia*, province d'Espagne, 20 ab. n. 2.

Gallicii, habitants de la Gallice, 20 ab.

Galuron, fidèle du comte de Rennes Conan, xlvii, 115-117.

Gaule, *Gallia*, 2 a, 3 b, 5 a, 48 ab, 53, 82 n. 1 ; *Gallorum fines ma-*

ritimos, régions maritimes de la Gaule, 12 a, 143.

Gautier Ier, *Walterius, Gaultier*, évêque de Nantes, fils de l'archevêque de Dol, Wicohen, LX, 104 n. 1, 111 ab, 112 ab. n. 1, 114 n. 3, 115 ab, 128 n. 2, 144 n. 1, 145 n. 1.

Gautier II, évêque de Nantes, XLVIII, 135 ab. n. 1, 136 ab. n. 1, 137 ab. n. 1, 138 ab. n. 1, 139 ab, 140 ab. n. 1 et 2, 141 b.

Gauzbert, comte du Maine, 30 n. 3.

Gedecaelus, v. Judicaël, comte de Nantes.

Geoffroi Béranger, *Gosfridus comes Britanniae, Geffroy*, comte de Rennes et duc de Bretagne, XLIV n. 3, 121 n. 3, 132 ab. n. 3, 133-136, 137 n. 1 n. 1.

Geoffroi Grisegonelle, *Gosfridus Grisonella, Geffroy Grisgonelle*, comte d'Angers, XLVI, 99 n. 1, 100 n. 1, 121 ab. n. 2, 122 ab. n. 1, 123 a. n. 2, 128 ab.

Geoffroi Martel, comte d'Angers, 140 n. 1.

Gerberge, femme du roi Louis d'Outremer, 98 a. n. 2, 99 b, 101 ab, 102 a.

Girard, seigneur de Tiffauge, 23 ab. n. 1, 24 b.

Girbald, évêque de Châlon-sur-Saône, 57.

Gislard, *Gislardus*, évêque intrus de Nantes, LVIII, LIX, 40 n. 1, 41 ab. n. 2 et 3, 42 ab, 43 ab. n. 2, 60, 79 ab.

Gislebert, évêque de Chartres, 56.

Glonna monasterium, v. Saint-Florent-le-Vieil.

Goëllo, comté de Bretagne, XLIII.

Gohard, *Gunhardus*, évêque de Nantes, 13 a. n. 3, 15 ab, 16 a. n. 2, 17 b.

Gois (le), bras de mer entre Beauvoir et l'île de Noirmoutier, 20 n. 3.

Gonfier, *Gunferius, Gunfroy*, seigneur d'Herbauge, neveu du comte Lambert, 22 ab, 23 ab. n. 1, 24 ab. n. 3, 25 ab.

Gorfard, fidèle du duc Erispoé, 48.

Gosfridus, v. Geoffroi.

Gourmaëlon, comte de Cornouaille, puis duc de Bretagne, 81 n. 1.

Guérande, *Guerranda, Guerrendia, Quiriaca aula* (Loire-Inférieure), LVII, LIX, 42 a, 43 b. n. 2, 49 b, 54 n. 1, 64 n. 1, 112 ab, 145 n. 1.

Guérech, comte de Nantes, XX, XXVII, XLV, XLVII, XLVIII, LVII, LXI, LXIV, 93 n. 1, 112 a. n. 3, 113 ab, 114 n. 3, 115 ab, 116 ab, 117 ab. n. 1, 118-129.

Guérech, fils du duc de Bretagne Alain le Grand, 75 n. 1, 77 n. 1.

Guérinière (gués de la), Vendée, 24 n. 1.

Gui Ier, comte du Maine, 29 n. 3.

Gui II, *Guido*, comte du Maine, 29 ab. n. 3.

Guillaume, archidiacre du chapitre de Nantes, XI. n. 1.

Guillaume Fièrebrace, *Guillelmus*, comte de Poitiers, 119 ab. n. 2 et 3.

Guillaume Tête d'Étoupes, *Guillelmus, Willelmus Caput de Stupis*, comte de Poitiers, 90 ab. n. 2, 97 n. 3, 119 n. 2 et 3, 120 ab.

Gunferius, Gunfroy, v. Gonfier.

Gunhardus, v. Gohard.

Gurguethan, *Gurguethen*, fidèle du duc Erispoé, 45 b, 48.

Gurvand, comte de Rennes, 66 n. 2.

H.

Haimeri III, vicomte de Thouars, comte de Nantes, 131 b. n. 1, 132 a. n. 1, 133 a. n. 1.

Haimon, *Hamon, Haymon*, vicomte, frère utérin des comtes de Nantes Hoël et Guérech, 128 ab. n. 3, 129 a, 130 b, 131 ab, 132.

Halep, fidèle du duc Erispoé, 48.

Hasting, chef de Normands, 66 n. 3.

Hégilon, archevêque de Sens, 54 b, 56.

Helgomar, fils de l'évêque de Nantes Gautier II, 140 a, 141 b.

Hérard, archevêque de Tours, xxxviii, lvii, lviii, 49 ab. n. 1, 50 ab. n. 2, 51 b, 52 a, 56, 62 n. 2, 63 ab, 64 n. 2.

Herbauge, *Herbadillica regio*, comté au sud de Nantes, 18 ab. n. 2, 23 ab. n. 1, 24 n. 2 et 3, 42 n. 2, 96 ab, 97 n. 2;

— comtes, v. Renaud Ier, Renaud II.

Herdis, Herde, Hereda, v. Erdre.

Herio insula, v. Noirmoutier.

Herispogius, v. Erispoé.

Hermeland (saint), 15 n. 2.

Hermengaire, doyen du chapitre, puis évêque de Nantes, lix. lx, 65 n. 3.

Heroïc, *Heroicus*, abbé de Redon, xlvii, lvii, 124 ab. n. 2, 125 ab, 126 ab. n. 1.

Hervé, *Herveus, Hervisus*, évêque de Nantes, 128 n. 2, 134 a. n. 2, 135 b.

Hervé, successeur du duc Bégon, 24 n. 2.

Hesdren, *Hestrenus, Hostronus, Hoctron, Othron*, évêque de Nantes et de Saint-Pol-de-Léon, xlvii, lx, 93 ab. n. 1, 103 ab, 104 n. 1.

Hildebrand, évêque de Sées, 56.

Hildegaire, évêque de Meaux, 56.

Hilduin, évêque d'Évreux, 56.

Hincmar, *Hincmarus, Hingomarus*, archevêque de Reims, 50 b, 51 n. 2, 56.

Hincmar, évêque de Laon, 56.

Hlotarius, v. Lothaire Ier, empereur.

Hoctron, Hostronus, v. Hesdren.

Hoël Ier, comte de Nantes, fils d'Alain Barbetorte, xx, xxvii, xlv, xlvii, lxiv, 93 n. 1, 112 a. n. 3, 113-118, 126 b. n. 1 et 2, 127 ab, 128 ab, 129 ab, 131 a. n. 1.

Hoël II, comte de Nantes, puis duc de Bretagne, fils d'Alain Canhiart, xxxi, xxxiv, xxxv n. 4.

Hoël, fils bâtard du comte Hoël Ier, 126 b, 127 a, 131 n. 1.

Hubert, chanoine de Nantes, xl. n. 1.

Huengen, fidèle du duc Erispoé, 48.

Hugues, chanoine de Nantes, xxxii, 94 ab.

Hugues, comte du Mans, 91 n. 3.

Hugues, évêque de Nantes, 128 n. 2.

Hugues Capet, duc de France, 108 n. 2.

Hugues de Flavigny, chroniqueur, 54 n. 2.

Hugues le Grand, duc de France, 97 n. 4, 100 n. 1.

Hunfrid, évêque de Thérouanne, 56.

I.

Indre, *Antrum, Insularum coenobium, la Fosse, Moustier des Isles* (Loire-Inférieure), monastère, 15 ab. n. 2, 17 a. n. 1, 18.

Innocent III, pape, xxxix.
Ironne (l'), *Irumna, Dirimine,* rivière, 97 ab. n. 1, 119 n. 3, 121 a.
Isaac, évêque de Langres, 57.
Isac (l'), *Isarvus,* rivière, 10 ab, n. 4.
Isaias, évêque de Nantes, 79 b. 80 n. 1.
Isles (Moustier des), v. Indre.

J.

Jean, abbé de Landévennec, 93 n. 1.
Jean, chanoine de Nantes, xl n. 1.
Jean, évêque de Cambrai, 56.
Jean XIII, pape, 112 n. 3.
Jean-Baptiste (fête de saint), 15 b, 16 a. n. 1, 147 n. 3, 148.
Jean de Châteaugiron, sire de Derval, xi n. 1, xiv n. 1.
Jérusalem, *Jherusalem,* 137 a, 138 b.
Jublains (Mayenne), liv.
Judicaël, *Gedecaelus,* comte de Nantes, fils bâtard d'Hoël Ier, xxviii, xliv n. 3, xlvi, xlviii, 126 b, 127 a, 130 b, 131 a. n. 1, 132 ab, 133 ab. n. 1, 134 ab. n. 1 et 2, 147 n. 4.
Judicaël Ier, comte de Rennes, 67 n. 2, 69 b, 70 n. 4.
Judicaël II Bérenger, *Juhael Berengarii,* comte de Rennes, xliii, xliv, 108 ab. n. 1 et 2, 112 n. 3, 113 ab, 114 n. 1 et 2.
Judith, *Judich,* femme illégitime du duc Alain Barbetorte, 112 n. 3, 113 ab, 126 a, 127 b, 128 ab.
Judith, femme d'Alain Canhiart, xxxi, 134 *n.* 2.
Junguenée, *Junguineus, Lunfreneus,* archevêque de Dol, 139 ab. n. 1.

K.

Kan (bataille de), xliii.
Karolus, v. Charles.
Kathodic, fidèle du duc Erispoé, 48.
Komesnanus, fidèle du duc Erispoé, 45 b, 48.
Konanus, v. Conan.

L.

Ladio, Ladio., v. Layon.
Lair (M. J.), lxv.
Lambert Ier, comte de Nantes, 6 n. 1, 8 n. 1.
Lambert II, *Lambertus,* comte de Nantes, xlii, lviii, lxiii, 6 ab. n. 1, 8 ab, 9 ab. n. 1, 10 a. n. 3, 11-15, 20 a. n. 1, 22 ab. n. 2, 27 ab. n. 1, 28 ab, 29 ab, 30 ab. n. 2 et 3, 31 ab n. 1; comte d'Anjou, 14 n. 4.
Landévennec (Finistère), abbaye, 82 n. 1, 112 n. 3;
— abbé, v. Jean.
Landran, archevêque de Tours, 35 n. 1.
Landran, *Landramnus,* évêque de Nantes, lx, 65 n. 3, 66 ab. n. 3 et 4, 67 ab, 68 b, 69, 70 n. 3.
Larchier (Guillaume), doyen du chapitre de Nantes, x.
Lay (le), *Ledii flumen, Lédy,* fleuve, 18 n. 2, 97 ab. n. 2, 119 n. 3, 120 a.
Layon (le), *Ladio, Ladion,* rivière, 96 ab, 97 n. 1, 119 n. 3, 120 a.
Le Baud (Pierre), chroniqueur, xi-xv, xvii, xviii, xxiv-xxvi, xlii-xliv.
Ledii flumen, Lédy, fleuve, v. Lay (le).

Léon IV, *Leo*, pape, li, lviii, 34 ab.
n. 2 et 3, 35 ab. n. 2, 36 a, 38
n. 3, 39 n. 1, 40 n. 1, 41 n. 2,
53 n. 1, 57 ab. n. 1, 59 n. 1, 60,
63 n. 1.

Léon IX, *Leo*, pape, xxvii, xxxiii-
xxxv, xxxvii, 141 ab. n. 2.

Léon, comté de Bretagne, xliii.

Leonensis episcopus, v. Saint-Pol-
de-Léon, évêques.

Leotbertus, archevêque de Mayence,
51 b, 56.

Leprince (Jehan), chanoine de Nantes, x.

Létard, archidiacre de l'église de
Nantes, xxxii, 94 ab.

Libéral, *Liberalis Ocismorensis*,
évêque de Saint-Pol-de-Léon.
liii, lv, 37 b, 38 a. n. 3, 55 n. 1,

Liger, v. Loire.

Liudo, évêque d'Autun, 57.

Lobineau (dom), viii, ix, xv, xvi
n. 2, xxvi, xlii n. 2, xliii n. 1.

Loire, *Liger*, *Laire*, fleuve, 7 n. 1,
12 a, 15 n. 1 et 2, 16 b, 17 n. 2,
18 n. 2, 19 ab, 23 ab, 25 ab, 29
b, 30 a, 31 ab. n. 3, 43 n. 1, 46
n. 1, 47 n. 1, 66 ab, n. 3, 67 a.
n. 3, 68 b, 73 a, n. 2, 82 n. 1,
83 ab, 84 n. 1, 85 b, 86 a, 87 ab,
88 ab, 91 ab, 94 a, 96 ab, 112 ab,
119 ab. n. 3, 120 a, 123 ab, 127
b, 128 a. n. 1, 144.

Lorraine, *Lotharii regnum*, 98 ab.

Lot (M. F.), 99 n. 1.

Lothaire Ier, *Clotharius*, *Hlotarius*, empereur, fils de Louis le
Pieux, 4 ab, 5 ab. n. 2, 31 a. n.
2, 40 a. n. 2, 41 b, 43 a, 44 b.

Lothaire, *Lotharius rex*, roi des
Francs, 97 n. 1, 99 n. 1, 117 n. 1,
121 ab. n. 2, 123 a, 124 b, 126
n. 1, 143.

Lotharii regnum, v. Lorraine.

Louis Ier le Pieux, *Ludovicus imperator*, empereur des Francs, 3 a,
4 ab, 5 ab. n. 1 et 2, 6 n. 1 et 2,
29 n. 3.

Louis IV d'Outremer, *Ludovicus
transmarinus*, *Loys transmarin*,
roi des Francs, 97 a. n. 4, 98 ab.
n. 1 et 2, 99 ab, 101 ab, 102 ab.
143.

Louis V, roi des Francs, 126 n. 1.

Louis VI, roi de France, xxxvi n. 2.

Louis Ier, roi de Germanie, fils de
Louis le Pieux, 4 ab, 5 ab. n. 2.

Ludovicus, v. Louis.

Lunfreneus, v. Junguenée.

M.

Mabbon, évêque de Saint-Pol-de-
Léon, 104 n. 1.

Macloviensis episcopus, v. Aloth,
évêque.

Maine, *Cenomannense territorium*,
comté, xlix, l, 29 n. 3, 32 a. n.
2, 51 b, 129 a.

Maine (la), *Mainne*, rivière, 86 a.

Mans (le), comté, v. Maine;

— comtes, v. Gauzbert, Gui Ier,
Gui II, Hugues;

— diocèse, 54;

— évêques, v. Aldric, *Domnolus*,
Robert.

Maracharius, évêque d'Angoulême,
3 n. 3.

Marcellin (saint), pape, 35 a, 36 b.
n. 1.

Marcherius, chanoine de Nantes,
xl n. 1.

Marguerite, duchesse de Bretagne,
xi n. 1.

Marmohec, *Marmoech*, *Mar* -

mouech, femme du duc Erispoé, 44 n. 2, 45 b, 46 n. 2, 48.
Martène (dom), XIII, XIV, XV n. 1, XVI n. 2, XXV.
Mathias Ier, comte de Nantes, fils du comte de Nantes Budic, XXVII n. 2, XXXI, 140 ab. n. 2, 141 ab. n. 1.
Mathias II, comte de Nantes, XXVI n. 2.
Mathuedoi, *Mathuedons*, comte de Poher, père d'Alain Barbetorte, 75 n. 1, 82 ab. n. 2, 89 n. 1.
Matuedoi, fidèle du duc Erispoé, 48.
Maugo, *Medalgicus pagus, Metallica regio, Maulge, Médalgie*, XLVIII, 18 ab. n. 2, 23 ab, 96 ab, 97 n. 1, 119 n. 3, 120 a, 122 ab.
Mauron (saint), fondateur du monastère de Montglonno, 31 n. 3.
Mayenne, *Meduana*, rivière, 29 b, 30 a. n. 1 et 2, 32 a, 85 b.
Meciacus, Meczac, v. Messac.
Medalgicus pagus, Médalgie, v. Maugo.
Mée (la), archidiaconé du diocèse de Nantes, 43 n. 1.
Meschinot (Jean), chantre du chapitre de Nantes, X.
Messac, *Meciacus, Meczac* (Ille-et-Vilaine), 10 ab, 11.
Metallica regio, v. Maugo.
Migron, Migro (Loire-Inférieure), 76 n. 1.
Montglonno, v. Saint-Florent-le-Vieil.
Mont-Saint-Michel (Manche), abbaye, XLIX, 128 n. 2.
Morinensium episcopus, v. Thérouanne, évêques.
Mormoet, Mormohet, 46 n. 2; v. Marmohec.
Motte (Jacques de la), chanoine de Nantes, X.

Mûrier (le), une des tours de l'enceinte de Nantes, 95 n. 4.

N.

Nain (le comte), v. *Komesnanus*.
Nantais, *Namnetici, Namnetenses*, XXIX, XXX, XXXI n. 2. XXXV, 9 a, 10 ab, 11 b, 20 n. 3, 25 ab, 27 ab, 28 ab, 30 n. 3, 85 ab, 104, 111 ab, 112 ab. n. 2, 118 ab. n. 2, 119 n. 1, 129 b, 136 ab, 137 ab, 138 ab, 141 n. 2.
Nantes, *Namnetica, Namnetensis urbs, civitas*, Introduction *passim*, 5 n. 3, 8 b, 9 ab, 10 n. 3, 12 ab. 13 a, 42 ab, 44 a, 45 b, 46 n. 1, 47 n. 1, 57 a, n. 3, 65 n. 3, 66 ab, 72 a, 83 ab, 84 ab, 87-92, 94 ab, 95 ab, 103-107, 109 ab, 111 ab. n. 1, 112 n. 1, 115-117, 119 ab, 121 a, 122 ab, 126-133, 135 ab, 137 ab, 139 ab, 144, 146, 147;
— cathédrale, *ecclesia sanctorum Petri et Pauli*, 1-3, 12 a, 13 ab, 16 ab. n. 2, 19 ab, 21 ab, 22 ab. n. 1, 46, 65, 69, 70, 73 a. n. 2, 76, 85 ab, 92 ab, 94 ab, 103 ab, 111 ab, 121 ab. n. 1;
— comté, *comitatus, marca, pagus, territorium*, 6-9, 10 a, 13 b, 14, 18 ab, 20 ab, 24 n. 2, 27 ab, 29 ab, 32 ab. n. 2, 42 n. 2, 44 a, n. 2, 67 n. 3, 75, 88 n. 1, 94 a, 95 ab, 107 n. 1, 108 ab, 114 n. 3, 118 a, 119 ab. n. 3, 121 n. 3, 122 n. 1, 126 n. 2, 127 n. 1, 129 n. 2, 133 ab. n. 1, 134 n. 1, 139 a, 140 b.
— comtes, v. Alain l'Enfant, Amauri, Budic, Guérech, Haimeri, Hoël

Ier, Hoël II, Judicaël, Lambert Ier, Lambert II, Mathias Ier, Mathias II, Renaud, Richuin;
— diocèse, *parochia, sedes*, 24 n. 3, 26 ab, 41-44, 49 ab, 50 ab, 54, 64, 79 ab, 95 a, 96, 114 n. 3, 118 a, 120 ab, 137 ab;
— églises, 48 a, 72 a; v. Notre-Dame, Saint-André, Saint-Clément, Saint-Cyr, Saint-Donatien et Saint-Rogatien, Saint-Jean-Baptiste;
— évêques, v. Actard, Adalart, Airard, Benoît, Brice, Budic, Félix, Foucher, Gautier I, Gautier II, Gislard, Gohard, Hermengaire, Hervé, Hesdren, Hugues, Isaias, Landran, Quiriac;
— fortifications, *castrum*, 74, 75, 78 ab. n. 1, 84 ab. n. 2, 85 ab, 86 ab, 92 a, 93, 95 ab, 111 ab, 129 n. 3, 133 n. 3, 136 ab, 147 n. 1; donjon, 92 a, 93, 127 ab; poterne de l'évêché, 95 a; v. Bouffay (le), Charière (porte), Mérier (le);
— palais épiscopal, 136 ab, 138 ab.
Neustrie, *Neustria*, région occidentale de la Gaule, xliii, xliv, 4 ab, 6 ab, 51 b, 54; royaume, 4 a, 5 b.
Neustriens, *Neustrienses, Neustrii*, 5 ab; *Neustriarum oras maritimas*, régions maritimes de la Neustrie, 7 ab, 12 ab.
Nicolas Ier, *Nicolaus*, pape, xvii, xxxviii, lii, lv, lvii, lviii, 35 n. 2, 38 n. 1 et 4, 43 ab, 46 n. 1, 51 ab. n. 2, 57 ab. n. 2, 58 n. 3, 59 n. 1, 62 n. 2.
Noirmoutier, *Herio insula*, île (Vendée), 19 ab, 20 a. n. 3, 21 b.
Nominoé, *Nomenoius, Nomenoius*, duc des Bretons, xix, xxxvi-xxxviii, xlviii-lvi, lix, lxii, lxiii, 7 ab. n. 2, 9 ab, 12 ab, 14 n. 3 et 4, 21 n. 1, 27 n. 1, 28 ab, 29 a, 31-42, 44 b, 45 b, 50 ab. n. 1, 52 n. 1, 53 n. 1, 54 n. 3, 59 n. 1, 60, 62 n. 1, 63 ab, 78 n. 1.
Nominoé, *Nominoius*, fidèle du comte de Nantes Judicaël, 147, 148.
Normandie, *Normannorum regio*, 146 n. 1; v. Rouen.
Normands, *Dani, Normanni, pagani, Norwégiens*, pirates scandinaves, xix, xxviii, xxxii, xli-xliii, xlv, xlvii, 4, 6 a, 7 b. n. 1, 12-20, 25 ab. n. 2, 26 ab, 44 a 46 n. 1, 47 n. 1, 48 b, 55, 56, 57 a. n. 3, 65 n. 3, 66 ab. n. 3, 67 ab. n. 2 et 3, 68 ab, 70 n. 4, 72 a, 73 a. n. 2, 75, 78 ab. n. 1, 80-91, 93 ab, 96 ab, 102 ab, 107 a, 136 a; habitants de la Normandie, lxiv, lxv, 97 n. 4, 104 n. 1, 108 n. 2, 110 n. 1, 111 ab. n. 1, 112 ab. n. 1 et 2, 118 a n. 2, 119 n. 1, 129 n. 3, 143-146.
Norwégiens, v. Normands.
Notre-Dame, *Sanctae Mariae ecclesia*, église de Nantes, 95 a. n. 3, 106 b, 107 a; fontaine près de Nantes, xlvii, 90 ab, 91 n. 1, 95 b.

O.

Océan (l'), *Oceanum, la mer Océane*, 6 a, 7 b, 12 ab, 81 a, 82 b; Atlantique, *Oceanum occiduum, Occidentale mare*, 15 a, 97 ab.
Ocismorensis, *Occismensis episcopus*, v. Saint-Pol-de-Léon, évêques.
Ogier, chanoine de Nantes, xxxii, 94 ab.

Oreguen, *Ohurguen, Orgain, Draguen,* fomme du duc Alain le Grand, 68 b. 70 n. 3, 75 n. 1.
Orléanais, *Aureliénoys,* 86 ab.
Orléans, *Aurelianum,* xlv, 83 ab, 86 ab, 113 ab;
— évêque, v. *Agius.*
Orscand, évêque de Quimper, xxxiv.
Ossismorum civitas, cité de la IIIe Lyonnaise, liii-lv.
Othron, v. Hesdren.
Otter, chef de Normands, 82 n. 1.
Otton Ier, *Otho, Othonius imperator,* roi de Germanie, empereur d'Occident, 97 n. 4, 98 ab. n. 2, 99 ab, 100 n. 1, 101 a.
Otton II, empereur d'Occident, 97 n. 4, 100 n. 1.
Oudon, *Uldo, Udon,* rivière, 29 b, 30 a. n. 1.

Plessé, *Seium castellum* (Loire-Inférieure). 74 n. 3.
Poher, comté de Bretagne, 82 n. 2.
Poitevins, *Pictavenses,* 6 ab.. n. 2, 9 a, 10 ab, 11 b, 119 n. 3, 120 ab, 129 b.
Poitiers, comté, v. Poitou;
— comtes, v. Emenon, Guillaume Fièrebrace, Guillaume Tête d'Étoupes, Ramnulf;
— diocèse, 24 n. 3;
— évêque, v. Fortunat.
Poitou, *Pictavensis comitatus, Pictavium territorium,* 6 b, 7 a, 8 b, 9 ab. n. 1, 97 n. 2, 129 a.
Praecursoris nativitas, v. Jean-Baptiste (fête de saint).
Predren, fidèle du duc Erispoé, 48.
Prostlon, fille du duc Salomon, 62 n. 1.

P.

Paris, *Parisius,* xxvii, xlvi, 97 n. 4, 98 ab, 99 n. 1, 100 n. 1, 101 ab, 121 n. 3;
— évêque, v. Enée.
Pascwiten, *Pascouetenus, Pascuetanus, Paschuetain,* comte de Vannes, 45 b, 47 n. 1, 48, 62 n. 1, 66 n. 2, 67 n. 2, 69 b, 70 n. 2.
Pascwiten, *Pascuitanus,* fils du duc Alain le Grand, 75 n. 1, 77 n. 1.
Pastorel (François), chanoine de Nantes, x.
Pépin, *Pipinus,* roi d'Aquitaine, fils de Louis le Pieux, 4 ab, 5 ab. n. 2.
Pictavensis episcopus, v. Poitiers, évêque.
Pierrefitte, *Petra Ficta,* Pierre fichée (Deux-Sèvres), 97 ab, 120 a.

Q.

Questembert (Morbihan), 67 n. 2.
Quimper, diocèse, *Coriosopitensis civitas,* liv;
— évêques, 105 a; v. Félix, Orscand.
Quiriac, évêque de Nantes, fils d'Alain Canhiart, xxxiv, xxxvi n. 2, xxxix.
Quiriaca aula, salle Quiriacque, v. Guérande.

R.

Rainaldus, v. Renaud.
Rainarius, Rainerius, v. Renier.
Rainelmus, évêque de Tournai, 56.
Rainon, évêque d'Angers, 66 n. 3, 67 ab. n. 1.

Ramnulf, comte de Poitiers, 6 n. 2, 9 n. 1.
Redon (Ille-et-Vilaine), 32 n. 1, 126 ab. n. 1 ;
— abbaye Saint-Sauveur, *Redoni monasterium*, XLIX, LI, LII, LVII, 36 b, 37 a, 38 n. 2, 47 n. 1, 69 n. 1, 79 a. n. 1 ;
— abbés, v. Adémar, Convoion, Héroïc, Thibaut.
Redonensis episcopus v. Rennes, évêque.
Reims, archevêque, v. Hincmar ;
— concile, XXVII n. 2, LVI, 58 n. 1, 141 ab. n. 2.
Rémi, *Remigius*, archevêque de Lyon, 50 b, 56.
Renaud Ier, comte de Nantes et d'Herbauge, puis duc, XLII, 6 ab. n. 2, 9 ab. n. 1, 10 ab. n. 3, 11 ab, 14, 23 ab, 24 n. 2.
Renaud II, comte d'Herbauge, 6 n. 2.
Renaud, évêque d'Angers, fils de Renaud Torench, 122 n. 2.
Renaud Torench, *Rainaldus Turringum*, *Turignum*, seigneur du pays de Mauge, XLVIII, 122 ab. n. 2, 123 ab. n. 3.
Renier, seigneur du pays de Mauge, 23 ab. n, 1, 24 b
Rennais, 119 n. 1.
Rennes, *Redonis urbs*, *Redonensis civitas*, XLIX, L, 115 a, 118 ab, 124 ab, 125 a ;
— comté, *Redonicus pagus*, *territorium*, 7 ab, 11 ab, 24 n. 2, 32 ab. n. 2, 96 ab, 108 n. 3, 114 ab, 135 ab ;
— comtes, v. Alain, Bérenger, Conan, Geoffroi-Bérenger, Gurvand, Judicaël Ier, Judicaël II-Bérenger ;
— évêque, v. *Victorius*.
Retz, pays au sud de Nantes, 42 n. 2 ;

doyenné du diocèse de Nantes, 119 n. 3.
Richer, chroniqueur, 100 n. 1, 129 n. 3, 132 n. 2, 134 n. 1.
Richuin, *Richowinus*, comte de Nantes, XLII, 8 ab. n. 1.
Rieux (Morbihan), 74 n. 3.
Riwalon, fils du duc Salomon, 62 n. 1.
Riwalon, père du duc Salomon, 50 n. 2.
Riwelen, fidèle du duc Erispoé, 48.
Roald, chef de Normands, 82 n. 1.
Robert, évêque du Mans, 56.
Robert le Pieux, roi de France, 121 n. 3.
Rodald, comte de Vannes, 77 n. 1.
Rogatien (saint), martyr, 69, 72 n. 2.
Rollon, premier duc de Normandie, 81 n. 2.
Romacharius, évêque de Coutances, 3 ab. n. 3.
Rome, *Roma*, XXXV, XXXVII, 1 ab, 34 ab, 40 n. 1, 57 a. n. 1 et 2 ;
— *Romana ecclesia*, le Saint-Siège, 35 a, 53, 55, 58, 59 n. 1 ;
— monastère de Saint-Paul, XXXIII, XXXV.
Romel, fidèle du duc Erispoé, 48.
Rothad, évêque de Soissons, 56.
Rouen, archevêque, v. Wénilon,
— *provincia Rothomagensium*, la Normandie, 81 ab. n. 2.

S.

Saint-Aignan, prairie près de Nantes, 90 ab, 91 n. 1.
Saint-André, monastère et église de Nantes, 73 b, 74 n. 1, 75, 76, 147 n. 2.
Saint-Aubin, monastère d'Angers, 129 n. 1.

Saint-Benoît-sur-Loire, *S. Benedicti monasterium* (Loiret), abbaye, 104 n. 1, 113 ab.
Saint-Brieuc, *Sanctus Briocus*, 89 ab, 91 n. 1 ;
— diocèse, LII, LIV-LVI, 39 n. 1 ;
— évêque, 105 a ;
— monastère, 37 b, 39.
Saint-Clair-sur-Epte (Seine-et-Oise), 81 n. 2.
Saint-Clément, église de Craon, 29 n. 1.
Saint-Clément, monastère et église de Nantes, 29 ab. n. 1.
Saint-Cyr et Sainte-Julitte, *S. Cyrici ecclesia*, église de Nantes, 147 n. 1.
Saint-Donatien et Saint-Rogatien, église de Nantes, LX, 72 a, 73 b, 74 n. 1, 75, 80, 105 b, 106 a, 144-146.
Saint-Florent-le-Vieil, *S. Florentii abbatia*, Glonna, Montglonne (Maine-et-Loire), abbaye, 31 ab. n. 3, 139 a ;
— château construit par Foulques Nerra, 140 ab. n. 1.
Saint-Georges-de-Montaigu, *Durenum* (Vendée), 24 a. n. 3, 25 b.
Saint-Jean-Baptiste, église de Nantes, 16 n. 1, 147, 148.
Saint-Malo, v. Aleth.
Sainte-Marie, v. Notre-Dame.
Saint-Martin, monastère de Tours, 41 n. 2, 43 n. 2, 80 n. 1 ;
— écoles de ce monastère, 140 a, 141 b.
Saint-Pierre, église d'Angers, 16 n. 2.
Saint-Pierre et Saint-Paul, v. Nantes, cathédrale.
Saint-Pol-de-Léon, *S. Paul, S. Poul* (Finistère), 104 ab. n. 1 ;
— diocèse, *civitas Ossismorum*, LIII, LIV ;

Saint-Pol-de-Léon, évêques, *Leonensis, Ocismorensis episcopus*, 105 a ; v. Conan, Hesdren, Libéral, Mabbon.
Saint-Serge, monastère d'Angers, XLI.
Saint-Tugdual-Pabut, *S. Tutualis Pabut monasterium*, v. Tréguier.
Saintes, *Santonas, Seinctes* (Charente-Inférieure), 20 a. n. 2, 21 b ;
— concile, XXXIX.
Salocon, *Salaco Dolensis, Salaco Dialetensis*, évêque de Dol, LIII, LV, LVI, 37 b, 38 a. n. 3, 52 b, 54 n. 2 et 3.
Salomon, *Sallomon*, duc de Bretagne, XVI, XVII n. 1, XIX, XLIII, LXIV, 45 b, 47 n. 1, 48, 49 ab, 50 n. 1 et 2, 52 b, 55 n. 1 et 2, 57 ab. n. 2, 58, 59 n. 1, 61 n. 1, 62 n. 1 et 2, 63 ab, 64 n. 1, 66 ab. n. 2.
Salomon d'Alethense, v. Salocon.
Salvator, évêque d'Aleth, 93 n. 1.
Samnon (le), *Semeno*, rivière, 43 a. n. 1.
Sancta Maria, v. Notre-Dame.
Sanctus Salvator, v. Redon, abbaye Saint-Sauveur.
Sapiotimarcher, fidèle du duc Erispoë, 48.
Savennières, *Saponarias, Savenières* (Maine-et-Loire), 30 ab, 31 b.
Saxons, *Saxones*, peuple de Germanie, 98 ab, 99 ab, 100 ab. n. 1.
Seginandus, évêque de Coutances, 56.
Seine, *Secana*, fleuve, 81 n. 3, 82 n. 1, 100 ab. n. 1.
Seium castellum, v. Plessé.
Semeno, v. Samnon.
Senfrid, chanoine de Nantes, XL n. 1.

Sennac, fidèle du duc Erispoé, 48.
Sidroc, chef de Normands, 47 n. 1.
Silvestre (saint), pape, 59.
Soissons (concile de), LVII, LVIII, 38 n. 3, 50 ab. n. 3, 51 b, n. 2, 52 a. n. 1, 62 n. 2.
— évêque v. Rothad.
Susan, *Susannus*, évêque de Vannes, LIII, LV, LVI, 21 a. n. 1, 22 b, 26 n. 1, 37 b, 38 a. n. 3, 52 b, 54 n. 3 et 4.

T.

Tararie (port), v. Charidre, porto.
Tarvanensis episcopus, v. Thérouanne, évêque.
Teofalgicus pagus, v. Tiffauge.
Teutons, *Teutonici*, Theutoniciens, peuple de Germanie, 100 ab.
Thekarno, fidèle du duc Erispoé, 48.
Thérouanne (Pas-de-Calais), LIX, 41 ab, 43 n. 3;
— évêques, v. Actard, Hunfrid.
Thibaut, abbé de Redon, 124 n. 2.
Thibaut le Tricheur, *Theobaldus comes Blesensis*, comte de Blois et de Chartres, beau-frère du duc de Bretagne Alain Barbetorte, XLV, 97 n. 4, 102 ab. n. 2, 103 n. 1, 105 ab, 107 ab, 108 ab. n. 3 et 4, 109 a, 113 ab, 114 a. n. 2.
Thouaret, rivière, 18 n. 2.
Thouars (Deux-Sèvres), vicomtes, 119 n. 3; v. Haimori III.
Tiffauge, *Theophalgia*, *Teofalgicus pagus*, Thiffaulges, région au sud de Nantes, 18 ab. n. 2, 23 ab, 24 a. n. 3, 25 b, 96 ab, 119 n. 3, 120 a.
Tiriac, v. Chiré.

Tours, *Turonica urbs*, XLV, 65, 83 ab, 85 b, 86 a, 114 n. 3.
— archevêques, v. Actard, Amauri, *Eufronius*, Hérard, Landran, Ursmar;
— conciles, XXXIX, 53 n. 1, 58 n. 1;
— diocèse, *metropolis*, *sedes*, XXXVI, XXXVII-XXXIX, XLIX-LVII, 26 ab. n. 1 et 2, 49 a, 50 ab, 52 a. n. 1, 54, 58 n. 1, 64, 65;
— église, v. Saint-Martin;
— province ecclésiastique, 39;
— *Turonenses clerici*, clergé de Tours, XXXVII n. 2, LIII, LIV, LVI, 65.
Trans (Ille-et-Vilaine), 91 n. 2.
Travers (abbé N.), XVI n. 1.
Tréguier (Côtes-du-Nord), évêché, LII, LIV-LVI, 39 n. 1;
— évêque, *Trecorensis episcopus*, 105 a;
— monastère, *S. Tutualis Pabut monasterium*, 39.

U.

Udon, *Uldo*, v. Oudon.
Ursmar, archevêque de Tours, 26 n. 1.

V.

Val-Dieu, chartreuse au diocèse de Séez, XV n. 1.
Vannes, *Venetensis urbs*, Vennes, 41 a, 47 n. 1, 64 n. 1;
— comté, 67 n. 2, 107 n. 1;
— comtes, v. Alain le Grand, Pascwiten, Rodald;
— diocèse, LIV;

Vannes, évêques, 79 a; v. Auriscand, Blinlivet, Courantgen, Susan.
Varades (Loire-Inférieure), 116 ab.
Vendôme (Loir-et-Cher), 42 n. 1.
Verceil (synode de), xxxvii.
Vicenonia, v. Vilaine.
Vichohenus, v. Wicohen.
Vilaine (la), *Vicenonia*, *Villaigne*, rivière, 10 ab, 14, 43 ab. n. 1, 47 n. 1, 79 ab.
Victorius, évêque de Rennes, 3 ab. n. 2 et 3.
Vuicomarc, fidèle du duc Erispoé, 48.

W.

Walterius, v. Gautier.

Wembrit, femme du duc Salomon, 62 n. 1 et 2.
Wénilon, archevêque de Rouen, 51 b, 56.
Wicohen, *Wicohenus*, *Wichohenus*, archevêque de Dol, xliv, 93 n. 1, 104 ab. n. 1, 108 ab. n. 2.
Wigon, fils du duc Salomon, 62 n. 1.
Willelmus, v. Guillaume.

Y.

Ysaias, v. Isaias.

TABLE DES MATIÈRES

Introduction. VII
 Éditions et manuscrits, utilisés pour reconstituer la
  Chronique de Nantes. VII
 Établissement du texte. XXII
 Le Chroniqueur de Nantes. XXV
 Sources de la Chronique. XL
 Conclusion. LXI
Sommaire. LXVII
 Chronique de Nantes. LXVII
 Miracles de l'Église de Nantes. LXXII
Chronicon Namnetense. 1
Miracula ecclesiae Namnetensis. 143
Table alphabétique des noms de lieux et de personnes. . . 149

www.ingramcontent.com/pod-product-compliance
Lightning Source LLC
Chambersburg PA
CBHW071935160426
43198CB00011B/1410